81句炒股口诀

让你轻松学会

股票实战技巧

护城河工 ◎ 著

立信会计出版社

LIXIN ACCOUNTING PUBLISHING HOUSE

图书在版编目（CIP）数据

81句炒股口诀让你轻松学会股票实战技巧/护城河
工著. -- 上海: 立信会计出版社, 2015.8（2021.3重印）
（擒住大牛/荣千主编）
ISBN 978-7-5429-4716-1

Ⅰ.①8… Ⅱ.①护… Ⅲ.①股票投资—基本知识
Ⅳ.①F830.91

中国版本图书馆CIP数据核字(2015)第136324号

策划编辑　蔡伟莉
责任编辑　蔡伟莉　张　寻
封面设计　久品轩

81句炒股口诀让你轻松学会股票实战技巧

出版发行	立信会计出版社		
地　　址	上海市中山西路2230号	邮政编码	200235
电　　话	（021）64411389	传　　真	（021）64411325
网　　址	www.lixinaph.com	电子邮箱	lxaph@sh163.net
网上书店	www.shlx.net	电　　话	（021）64411071
经　　销	各地新华书店		

印　　刷	北京柯蓝博泰印务有限公司		
开　　本	787毫米×1092毫米	1/16	
印　　张	13.75	插　　页	1
字　　数	217千字		
版　　次	2015年8月第1版		
印　　次	2021年3月第3次		
书　　号	ISBN 978-7-5429-4716-1/F		
定　　价	39.00元		

如有印订差错，请与本社联系调换

　　继 2005 年到 2007 年大牛市之后，中国股市在 2014 年年末又迎来了新一波的上涨行情。狂飙的上涨迅速在全国范围内掀起了一股全民炒股风潮，在高收益的"撩拨"之下，不断有新股民加入炒股行列，跃跃欲试者更不在少数。

　　但一个不可忽视的事实是，股市中往往是"一赢二平七亏损"，也就是说赚钱的只是极少数，大多数都是赔钱或者平本的。其实，多数股民亏损的原因很简单，是对股市的复杂性和不可预测性认识不足，缺少股票操作知识，炒股技能不纯熟。只有掌握了与股票相关的方方面面的知识技能，才能措置裕如地操作股票，在股市中笑傲风云。

　　投资者应当掌握股票的量价知识。要知道，市场就是各方力量相互作用的结果。虽然说成交量比较容易做假，控盘主力常常利用广大散户对技术分析的一知半解而在各种指标上做文章，但是成交量仍是最客观的要素之一。掌握量价知识就可以把握市场上升或下探的趋势。

　　投资者应当掌握 K 线、均线系统知识。K 线图就是一张价格表，这也是技术分析最基础的内容，通过看 K 线图，分析股价的波动情况，才能保证自己走在上升通道中。而均线则可以对价格运行起到趋势跟踪的作用，行趋势一旦形成，将在一段时间内继续保持，趋势运行所形成的高点或低点又分别具有阻挡或支撑作用，因此均线指标所在的点位往往是十分重要的支撑或阻力位，均线系统的价值也正在于此。

　　投资者还要掌握技术指标的应用方法。技术指标包含所有股票的实际供需量及其背后起引导作用的种种因素，例如多空买卖，买卖量能，力度，压力，支撑，换手，建仓，出货以及市场上每个人对未来的希望、担心、恐惧等等，灵活应用技术指标，投资者就可以更好地把握自身的投资行为。

投资者还应当做好炒股的心理调整，掌握基本的交易守则及风险规避技巧，这可以大大地提高获利能力。杰西弗·西格尔说："所有成功的交易不外乎三大因素：知识、勇气和经受得起亏损。"炒股不需要热情澎湃、不需要心慌意乱、不需要冲动行事，只有掌握明智的交易规则，建立成熟的投资心态才能够成功。

股市中有五花八门的炒股技巧、千变万化的技术方法，对于股民尤其是新股民来说，要掌握这些方法技巧难度非常大，即使认真去钻研了，实战中也不一定能灵活运用。为了方便投资者，我们特将股市中经典的投资智慧整理成书，《81 句炒股口诀让你轻松学会股票实战技巧》就是为那些新股民、或者实战尚不熟练的股民所编著的。

本书以口诀为索引，带出一个个由前人经验总结得出的实用投资技巧，这是以语言符号为载体的、最佳的核心式的、最利大脑记忆的股票学习方法。内容上有对口诀的要点提示，同时还有图文并茂的详细解释及知识延展，更有利于投资者的理解和记忆。

我们相信押韵且容易记忆理解的词句是综合知识的集成和简化，它可以帮助投资者轻松迅速地掌握复杂的炒股知识技法，并在实战中灵活运用。

愿每一位投资者都能在股市搏击中丰富自己的人生，成为真正的股市赢家！

目 录

第一章　看盘量价盈利口诀

口诀1　放量下跌要减仓，缩量新低是底象

口诀要点

一般来说，底部是一个调整周期的结束部分，由于主力的操作风格不同而形成形态各式各样的底部。有的底部会向下打破关键位，用空间作底形成空头陷阱；有的调至缩量用时间作底。总之，对底部的正确判断是股市成功投资的第一步，这是股民抄底的前提。

口诀详解

这首口诀后面还有两句：增量回升是关键，回头确认要进场。是指一种常见的抄底方式，有较强的实战应用性。多用于超跌反弹，放量下跌是市场的恐慌所造成的，多是有利空配合。这种恐慌如果是由主力引发的，那么增量回升就是在加仓，如果说回升而无增量，将是超跌反弹，产生一轮反转的可能性不大。

股民朋友们应注意两个要点：

一是无量新低，二是增量回升。无量新低是杀跌盘已无主力没有必要再杀跌；增量回升是让看空的股民以为是反弹而继续出货。而回头确认的两个要点是：再次缩量和不创新低。

实战中，成交量配合股价走势进行共同研判，可以非常准确的判断主力意

图以及可能的上涨力度，是及时判断阶段性买点和阶段性卖点的非常重要的工具。

缩量往往是底部出现的前兆。当成交量的底部出现时，往往就是股价的底部出现了。成交量的底部的研判是依据过去的底部来做标准的。

当股价从高位往下滑落后，成交量亦随之萎缩。这时投资者应该减仓或离场，以免因股价下跌受损；当成交量逐步逆减至过去的底部均量后，股价触底盘稳不再往下跌，此后股价呈横档，成交量也萎缩到极限，出现价稳量缩之走势。这种现象就是盘底。底部的重要形态就是股价的波动幅度越来越少，此后，如果成交量一直萎缩，则股价将继续盘下去直至成交量逐步递增且股价坚挺，价量配合之后才有往上攻击的能力。

成交量由萎缩而递增，表示供求状态已经发生改变，虽然股价仍属横盘，但买盘已有介入，人气开始活跃，量价表现为价稳量增形态。这是一个转阳信号。投资者此时应当重点关注该股，一旦股价回头确认就要及时进场，抓住上涨时机。

最具代表性的就是，股价经过充分下跌，有效释放前期获利盘后，成交量日益萎缩直至连续呈现地量或平地量。此时下跌动能耗尽，股票呈现下跌抵抗，等待主力资金运作后，出现量能异动时，股票有很大机会摆脱底部，展开反攻。和顶部一样，底部的形成、确认有时时间比较长，甚至更长，而且容易形成例如圆底、双底、头肩底等阶段k线图形。

例：如图1所示，凌云股份（600480）从2014年4月中旬至2014年8月的日K线图和成交量走势图可以看到量价配合的情况。

从下面K线图中可以看到：

第一阶段，股价大幅下跌，成交量却不断萎缩，这是因为大部分投资者惜售，也是由投资者绝望情绪所致的。

第二阶段，前期可以看到成交量有放量情况，应视为恐慌性抛盘所致。随后股价以7.9元创新低，而成交量也萎缩见地量。

第三阶段，股价上扬，成交量也不断放大，说明散户的心态更加不稳定，害怕股价再一次下跌，纷纷在第二次投机拉升时割肉出场。

第四阶段，此时散户手中持有大量在高位买进的筹码。在底部卖出筹码的散户投资者，均赔本出局，实际上，股价回调后再次上涨才是最佳买入时机，从 K 线图上我们可以看到，在这次回调确认后，股价一路走高。

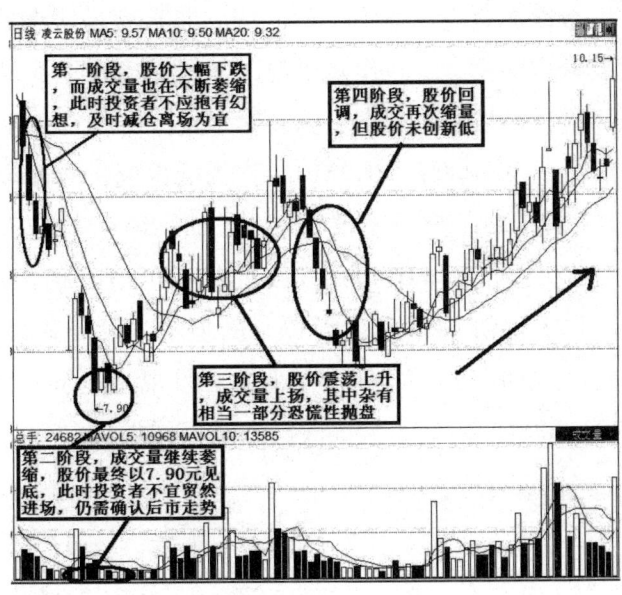

图 1　凌云股份缩量见底买卖图解

口诀点金

抄底是困难的，底部信号的可信度往往是次于顶部信号的。成熟的投资者会秉承安全至上，资金为王的原则，设置好止损位，以缩量见底后量能配合换手率的有效放大为建仓的先决条件，而不会过于迷恋抄底。

口诀 2　缩量势态有阴极，极点就在创新低

口诀要点

缩量后的创新低，就是人们常说的"地量之后有地价"。上升过程中的调整是先见新低后调整，下跌过程中的调整是整理完后再见新低。人气低迷必然形成缩量的态势，再创新低多为主力打压，是短线抄底的买点。

口诀详解

这首口诀告诉投资者缩量是股票到达底部后的一个重要标志。庄家吸货不

会放量，而是不断的缩量，慢慢吸货，散户在这个过程中会非常痛苦在不断的缩量过程中事实上是散户以及短线跟风盘不断的丧失信心的过程，直到已经没有多少抛盘出来，最终成交量就呈现非常低的状态，就是所谓的地量地价的状态了。这个时候要密切注意，一旦出现明显的K线底部组合形成地价，只要没有特别的系统性风险就会展开行情，可以及时追进。

例：如图2所示，飞马国际（002210）作为低价成长的袖珍股，2008年10月静态市盈率仅13倍；动态市盈率仅12倍；市净率＝总市值/总资产＝1.83倍；市销率＝总市值/总收入＝0.40；该股已跌至价值低估区域。不仅如此，飞马国际还在10月23日创下跌10个月以来的地量，投资者应重点关注该股。果然，3个交易日后，该股以5.80元创新低，可以视为地价。后市股价在震荡中一路上涨，到了2009年2月25日该股已涨至13.10元。

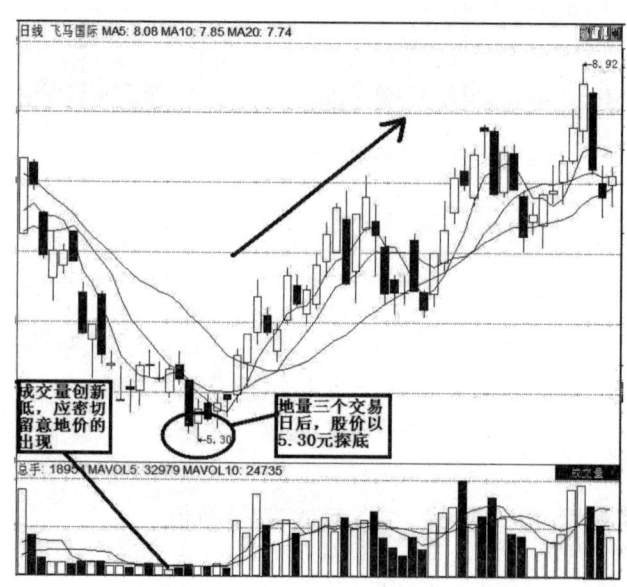

图2　飞马国际地量地价买入图解

但投资者应用地量地价抄底时一定要注意两点。

首先，在经过一段下跌之后，空方的抛售力量开始减弱，但同时买方的意愿也相对薄弱，进而造成的暂时性的多空平衡而形成的。但这又能证明什么呢？只能说明双方都在休息、观望，以便对下一步行动进行决策，即使在空方松懈的时候，多方得以喘息的反弹，也并不能证明这就是最终的地价（底）。地量之后，我们只能考虑在前期趋势中占弱势地位的一方具有反扑的机会和概率，但绝不可轻易臆断这就是地价。一句话，地量不是股市见底的充分条件，也就是说，地量并不意味着必然导致地价的产生，它只是变盘的信号（见图3）。

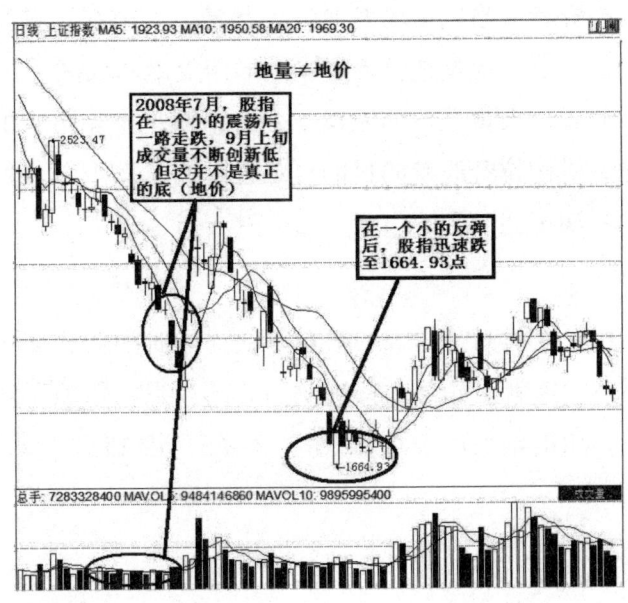

图3　地量地价关系图解

因此，投资者在实际操作中要把握两个要点：

第一，眼见为实，方向明确再行动。地量既然是变盘信号，那就可能向上也可能向下，它要求我们警觉起来，根据突破的方向选择自己的应对策略。人们常规理解的补量过程就发生在这之后。

第二，主动判断突破的方向。判断方向的方法很多，比如量价关系、两市互证、特殊形态综合研判等。当然，最常用的是波浪理论，比如在2007年11月底和2008年4月中旬时，我们都可以非常清晰地看到下跌的5个子浪，时间、空间、浪型可以帮助我们比较好的判断这两个底部，从而把握反弹的机会。

其次，地量地价在市场中的表现有一定的滞后性。举例来说，"5·19"行情后，9月底市场出现了地量，但这并不意味着地价出现，此时介入仍有被套可能。这同主力机构控盘也有一定关系。同时市场中热门股经一轮大的下跌不放量，也证明主力仍在其中并未出局。投资者在操作中具体情况具体分析，可以正确处理好新形势下量与价的关系。市场在变化，目前许多个股的流通筹码被证券投资基金锁定，市场中亿安科技、湘火炬走势也证明来自其他方面资金也在锁仓，一批机构敢于长期持股、持重仓，这种行为会对传统的量价分析法提出新的挑战。投资者应当以市场发展为大背景，大前提，将技术操作有机地融合到大趋势中去，对于地量地价不要走入形而上学的误区。

当然从大方向看，天量天价的原理不会有错误，毕竟再大的机构资金，也要考虑风险问题，机构拉升股票的目的也难说是为了获取分红回报，其最终目的还是要兑现，长期"投机"。

口诀点金

地量地价，也是相对而言的，一般在下跌一段时间后成交量快速变小，可能会有反弹，但不一定就是底部。特别要注意的一点：量缩了还能再缩的，价跌了还能再跌的，用地量地价来研判股市，存在一定风险。

口诀 3　新量新价有新高，缩量回调不必逃

口诀要点

当成交量不断放大，股价步步创新高，股票正处在一个较好的上涨势头上。此时缩量回调也不必太过担心。缩量回调，就是要有明显的缩量特点，一般为放量的二分之一。

口诀详解

这首口诀是教投资者如何看盘逃顶的，但说到这里并不完全，后面还可以再加上一句：一根巨量要警惕，有价无量必须跑。这是说有价无量要离场，一根巨量要减仓，单日放巨量后多以主力要洗盘。因为巨量的形成是多是单边行情所造成的，一般情况下有两周左右的调整期。

"新量新价有新高"（见图 4）其实就是我们通常所说的量增价升，这是一个买入信号：成交量持续增加，股价趋势也转为上升，这是短中线最佳的买入信号。"量增价升"是最常见的多头主动进攻模式，应积极进场买入与庄共舞。

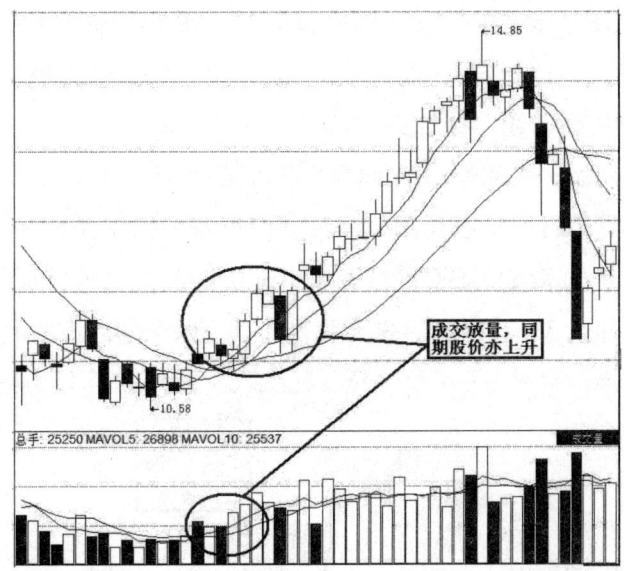

图 4　新量新价买入图解

从图 4 我们可以看到，股价售出一根小阳线时，量能开始逐步放大，很明显是主力入场的信号，当还不明确，因为量能并没有明显放大。但是两个交易日后，量能开始快速放大，当天股价收出一根中阳线，属于加速信号，表明主力建仓完毕，之后将会开始拉升股价。此根中阳及量能的快速放大就是一个买点信号。因此，倘若根据量能快速放大，投资者可以捕捉到该股的后面主升行情。

在量增价升的情况下，股票有时会有小幅的缩量回调，这是很普通的震荡盘整，投资者可以不必惊慌。视其情况可减仓或回档。

"一根巨量要警惕，有价无量必须跑"。俗话说，会买的只是徒弟，会卖的才是师傅，对于投资者来说不卖出股票，利润或者亏损都是纸上的，尤其是利润，纸上的利润一点意义都没有。所以要学会卖股票，尤其是在个股或者大盘即将或已经见顶的时候。

一些投资者总想买在最低点卖在最高点，以求赢利最大化，这是很令人遗憾的。殊不知买最低卖最高在现实中很少发生，最高点往往稍纵即逝，卖在最高的几率可以说是无穷小。所谓逃顶之"顶"并非指顶部的最高点，而是一个区域，至于如何界定顶部区域，没有一个标准，只能大致根据顶部特征来确认。

口诀里说得很清楚，当股票在上升途中出现一根巨量时，投资者应提高警惕，这往往是股价下跌的前兆，投资者应减仓或离场。

一般来说，在上涨途中出现一根巨量时，可能有三种原因：一是主力有预谋洗盘；二是主力出逃；三是部分资金流出，中小散户出逃。不管是哪种情况，投资者都应提高警惕，减仓或离场。

例：如图 5 所示，中兴通讯（000063）在该股 2013 年 10 月 22 日成交量拉出了一根巨量，尽管当日股价以长阳线收盘，但投资者仍需提高警惕，这可能是一次技术破位。但是技术破位需要确认两个"3"：时间上为连续放量下跌 3 天，空间上为下跌幅度超过 3%。巨量后 3 天股价连续下跌，随后该股股价一路下行。

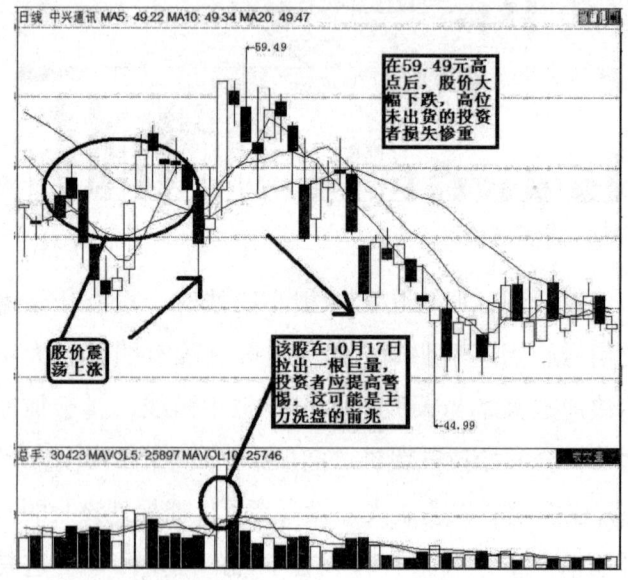

图 5   中兴通讯巨量洗盘图解

口诀点金

股票在高位突然出现成交巨量，投资者应提高警惕。因为这往往是由庄家出货，散户吸纳造成的；另外也可能是换庄，新庄家进场都要洗盘吸筹，一般来说股价都将下跌。

口诀 4   量价相随兄与弟，高位离背势头凶

口诀要点

在高位股价与成交量不成正比关系变化，这是一种很危险的状况。量价背

离进一步表明当前的量价关系与之前的量价关系发生了改变，一般量价背离会产生一种新的趋势，也可能只是上升中的调整或下跌中的反弹。

口诀详解

价量背离通常是指当股票或指数在上升时成交量减少，或下跌时，成交量增大，被称为价量背离。价升量减，谓之量价背离，被认为跌之前兆；价跌量减，谓之量价背离，但不是升之前兆。原因是，上升要量，下跌未必要量。

股价运行到了头部区间往往会出现很多背离现象与量价配合混乱现象。从实战角度讲，真正具有上涨性质的阳线，其盘中量价配合极少背离；而上涨不佳的阳线其量价多出现背离。一般来说，股价的上涨幅度越高其成交量越大，且量价背离现象较多。而股价初涨时成交量相对较小但量价配合完美。

股票在高位量增价跌、量价背离，一般弃卖观望信号（见图6）。股价经过长期大幅下跌之后，出现成交量增加，即使股价仍在下落，也要慎重对待极度恐慌的"杀跌"，所以此阶段的操作原则是放弃卖出空仓观望。低价区的增量说明有资金接盘，说明后期有望形成底部或反弹的产生，适宜关注。有时若在趋势逆转跌势的初期出现"量增价跌"，那么更应果断地清仓出局。

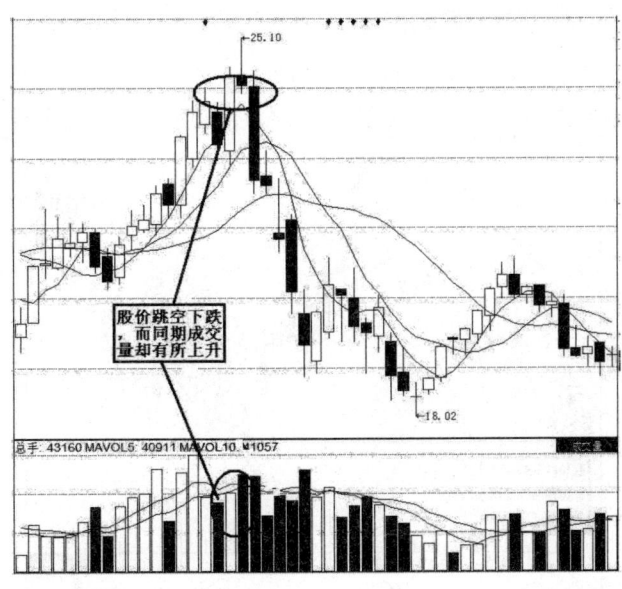

图6　股票高位背离图解

从图中可以看到，此股从标记的那一日开始，量能逐步增大，但股价却下跌。这种高位量价背离的股票属于主力出货行为。持有此股的投资者应及早出货，而观望的投资者应继续观望，等待下一个买点。

那么在高位量价背离的情况下，如何确定卖点呢？

一般来说量价背离卖点的技术特征为：股价在盘中上冲回落后，又出现了上涨但成交量出现了明显萎缩股价却创出了盘中新高。

这是一种主力出货的经典走势，量价背离走势可以判定前期的走势是主力在出货，主力为了在这个区间出货，主力利用了很小的成交量就可以拉高股价；为主力出货打开了空间；为主力出货赢得了时间。空间和时间都有了主力的出货的量会很大。

而对于散户来说，具体的卖出方法就是，盘中最高点是量价背离的卖点，盘中最高点向下勾头时的走势是最好的卖点。这样有助于把股票卖在最高位；量价背离形成的上涨动力不足是不可能给投资者带来收益的；在此时卖出才是我们正确的操作；有时量价背离卖点出现之后没有及时卖出股票的投资者在盘中还出现了精确卖点，此时应抓住时机不要抱有任何幻想果断卖出股票，保住收益。

例：如图7所示，软控股份（002073）于2013年5月出现了一波上涨行情，看起来股价走势良好，但是从5月28日开始成交不断缩量，向投资者发出了下跌预警，投资者应把握卖点及早离场。

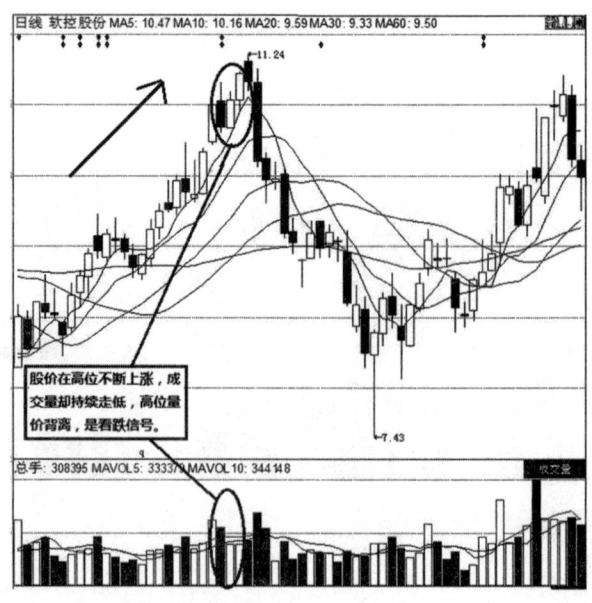

图7 软控股份高位背离图解

口诀点金

高位量价背离出现是向投资者发出的卖出信号，卖点信号发出以后，股价都产生了下跌，每个卖点的准确把握都能减少投资者的损失；因此，投资者应该第一时间卖出手中股票以保证你的收益或减少你的损失。

口诀5　底部量缩到极点，中阳增量握长牛

口诀要点

一段较长时间低位盘整后，股票缩量到低点（地量），此时投资者应加强关注，这很可能是长牛股出现的前兆。在地量后几日，该股成交量开始明显放大，同时股价收出中阳，此时投资者应考虑进场。

口诀详解

成交量可以说是股价的动量。一只股票在狂涨之前经常是长期下跌或盘整之后，这样在成交量大幅萎缩，再出现连续的放大或温和递增，而股价上扬。一只底部成交量放大的股票，就像在火箭在升空前必须要有充足的燃料一样，必须具有充分的底部动力，才能将股价推升到极高的地步。因此，一只狂涨的股票必须在底部出现大的成交量，在上涨的初期成交量必须持续递增，量价配合，主升段之后往往出现价涨量缩的所谓无量狂升的强劲走势。

一只会大涨的股票必须具备充足的底部动力才得以将股价推高，这里所说的充足的巨量是相对过去的微量而言，也就是说，当一只股票成交量极度萎缩后，再出现连续的大量才能将股价推高。成交量是衡量买气和卖气的工具，它能对股价的走向有所确认。因此，精明的投资人对于底部出现巨大成交量的股票必须跟踪，因为当一只股票的供求关系发生极大变化时，将决定股价的走向，投资者绝对不可以忽略这种变化发生时股价与量的关系，一旦价量配合，介入之后股价将必然如自己预期的那样急速上扬。

成交量的形态改变将是趋势反转的前兆。个股上涨初期，其成交量与股价的关系是价少量增，而成交量在不断持续放大，股价也随着成交量的放大而扬升。一旦进入强势的主升段时，则可能出现无量狂升的情况。最后末升段的时

候，出现量增价跌，量缩价升的背离走势，一旦股价跌破十日均线，则显示强势已经改变，将进入中期整理的阶段。

因此，当你握有一只强势股的时候，最好是紧紧盯住股价日K线图，在日K线一直保持在十日均线之上，可以一路持有，一旦股价以长阴线或盘势跌破十日均线，应立即出货，考虑换股操作。

盘整完成的股票要特别注意，理由是其机会大于风险。盘整的末期成交量为萎缩。代表抛盘力量的消竭。基本上，量缩是一种反转信号，量缩才有止跌的可能，下跌走势中，成交量必须逐渐缩小才有反弹的机会。但是，量缩之后还可能再缩，到底何时才是底部呢？只有等到量缩之后又是到量增的那一天才能确认底部。如果此时股价已经站在十日均线之上，就更能确认其涨势已经开始了。

所以，基本上我们应重视的角度是量缩之后的量增，只有量增才能反映出供求关系的改变，只有成交量增大才能使该股具有上升的底部动量。

例：如图8所示，葛洲坝（600068）在2014年3月后经过了一段较长时间的低位震荡，成交缩量。7月14日股价拉出一根中阳线，成交亦明显放量，可以判断底部启动。从这里开始至月底前的数个交易日都是不错的买入时机，股价站到了10日均线上方且不断上涨。

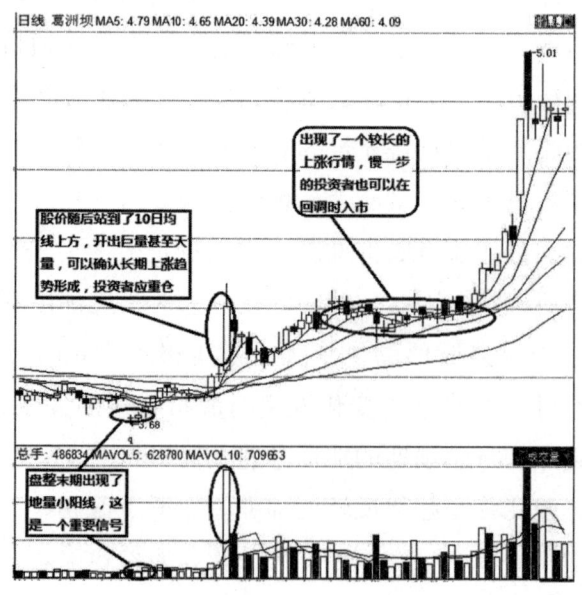

图8　葛洲坝底部买入图解

口诀点金

总结可知，在盘局的尾段，股价走势具有以下特征：波动幅度逐渐缩小；量缩到极点；量缩之后是量增，突然有一天量大增，且盘出中阳线，突破股票盘局，股价站在 10 日均线之上；成交量持续放大，且收中阳线，加上离开底价 3 天为原则；突破之后，均线开始转为多头排列，而盘整期间均线是叠合在一起。

口诀 6　冷洗热卖是前提，放量滞涨行情毕

口诀要点

对于投资者而言，最安全的股票操作手法就是在市场人气低迷时默默地吸纳，在市场人气向好，利好众所周知时出货。而从技术层面看，当股票出现放量滞涨时，往往预示着一波涨情已经完结，投资者应及早出货。

口诀详解

这是一首关于逃顶出货的口诀，从市场层面来说，投资者不妨逆市操作，在市场上人气低迷时分批建仓，市场人气低时往往也是股价在低位时，这时投资者可以选择那些股价被低估的股票建仓，等待上涨；而市场上人气火爆，股价上涨幅度大、利好消息不断传出时，投资者就应提高警惕，逢高出局以免被套。

一些投资者可能会感到疑惑，不是说股票投资一定要顺势而为吗？实际上，在股票操作中顺势而为也不一定会获利，如果在趋势的末期或趋势的转折期顺势而为，也常会受到重创。

我们这里所说的逆市而为正常情况下不可取，但也不是不能获利。在趋势即将转折及转折期逆市开仓，如精于此道，获利也不是不可能。当然趋势的初中期就开始逆市，后果就不提了。

逆市操作法的主要交易思路就是在趋势的末期及转折期开仓，关键是发现原趋势发展的动力消失或反方向动力大增，超过原动力。一般来说，常见的逆市操作法主要有做背离；做回档，反弹；做头部，底部；做超超买，超超卖等。做得好获利也不会少。不过这对操作技术和心态要求极高。

逆市做反弹与回档时，如估计反弹与回档的幅度不大，不应该做，只有估

计反弹或回档的幅度极大才有操作价值，否则风险就太大了。

做头部，底部也一样，不要被市场人气所迷惑，要分清是否有主力介入形成头底，只有主力在这个头部底部大量开仓才有操作的价值，而一般暴跌暴涨形成的头部底部，如没主力大力参与，一般只中续形态，不宜介入。

总的说来，逆市操作法风险较大，技术含量高，心态要求高，还是应以顺市操作法为主。

而放量滞涨是指股价上涨幅度与成交量放大的幅度不匹配。股价上涨幅度不大，成交量却呈巨量。这种情况一般是由于主力出货造成的。庄家无心做多，股价上涨幅度不大，成交量却呈巨量。出货的表现。当然也有另一种情况，当股价突破重要压力位时，也会放出巨量，这需要具体问题具体分析。

高位放量滞涨就是股价经过长期炒作后已经处于相当的高度（或许已经翻了3倍），然后在一段较短时期内出现成交量不断放大而价格却停滞不前的情况（当然也可能创出了历史新高，但总之涨幅较小），此时庄家出货概率较大，大家应当重视。这种情况较多地出现在大幅除权后，因为股价突然变得较低，许多不明真相的投资者一看如此好股才这么点钱，就忍不住想买点，这就是因为高位变得模糊不清而容易蒙蔽人的地方。

例：如图9所示，中粮地产（000031）在2009年9月开始了一轮上涨行

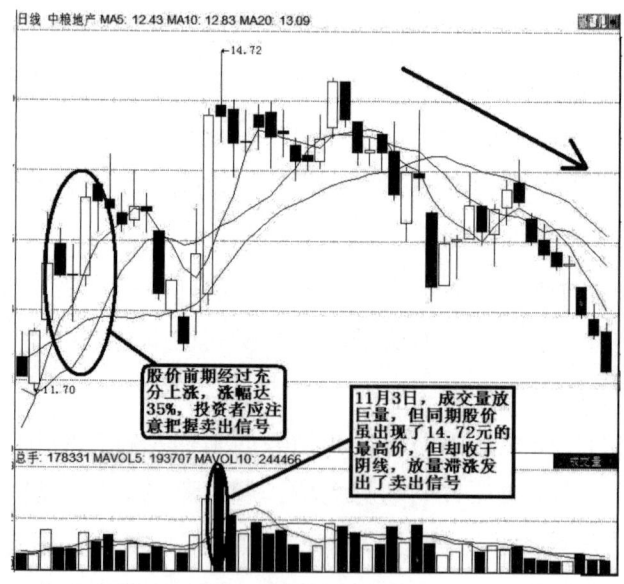

图9　中粮地产放量滞涨卖出图解

情，股价从 9.45 元一路涨至 14.72 元。到了 11 月 3 日，成交量出现巨量，股价却未明显上涨，此时投资者应提高警惕。果然，股价在高位震荡了一段时间后，一路走跌，到了 2010 年 2 月 3 日股价已跌至 9.20 元。

口诀点金

股票放量滞涨可能出现在高位，但很多时候也会出现在低位。股价低位放量滞涨的走势，可能预示着有新的主力资金在打压建仓，而一旦接下来股价在成交量的有效配合下掉头向上，则表明股价的底部已经形成。

口诀 7　缩量震仓洗浮筹，急拉急洗看量比

口诀要点

浮筹是指短线客手中的筹码和持股信心不坚定的投资者，每拉升到一个关键的技术位，筹码容易产生松动，如果主力不出货，浮筹清理的关键在于缩量，特别是在急拉急洗时量比的变化过大也能看出主力的洗盘目的。

口诀详解

这是一首看洗盘的口诀，在这里我们可以逐句解析。

口诀中浮筹是指短线客和持股信心不坚定的投资者手中的筹码。每当股价拉升到一个关键的技术位时，这些筹码容易产生松动，这部分筹码随时有兑现的需求。

如果主力不出货，浮筹清理的关键在于缩量，特别是在急拉急洗时量比的变化过大也能看出主力的洗盘目的。消化浮筹的工作是主力机构的行为，消化的主要对象是散户。这就告诉我们："浮筹"可以消化，"浮筹"必须消化。否则，市场的"平衡"就被打破。"消化"了"浮筹"，主力才可以继续轻松做多。

而实际操作中所谓的主力被动大量收集筹码，是指主力本身筹码比较多，而这时因为别的原因，市场上对该股的抛售数量比较多，主力不想扩大自己的损失，只能接过这部分抛售的筹码，这是不愿意让自己损失扩大而采取的一种保护性措施。

而"急拉急洗看量比"是指通过观察量比来判断主力意图。一般来说，量比反映出的主力行为：量比的数值越大，表明了当日该股当日流入的资金越多，市场活跃度越高；反之，量比值越小，说明了资金的流入越少，高市场活跃度越低。从量比曲线与数值与曲线上，可以看出主流资金的市场行为，如主力的突发性建仓，建仓完后的洗盘，洗盘结束后的拉升。

比如股票量比非常巨大，有时甚至达到几十倍。如果这样的股票当日首次放巨量，或承接前一日放量，高开高走，可追涨买入。

例：如图10所示，景谷林业（600265）在2007年8月21日股票以涨停收盘，8月22日因为碰到牛市中的加息日，高开1.43%。开盘时的量比55倍，高开高走，随后回落，在形成了较标准的头肩底后，再度封停，盘中有多次打开，说明上方抛压较重，第二日可择机卖出。23日开盘11.20元，高开3%以上，此日应逢高出局。

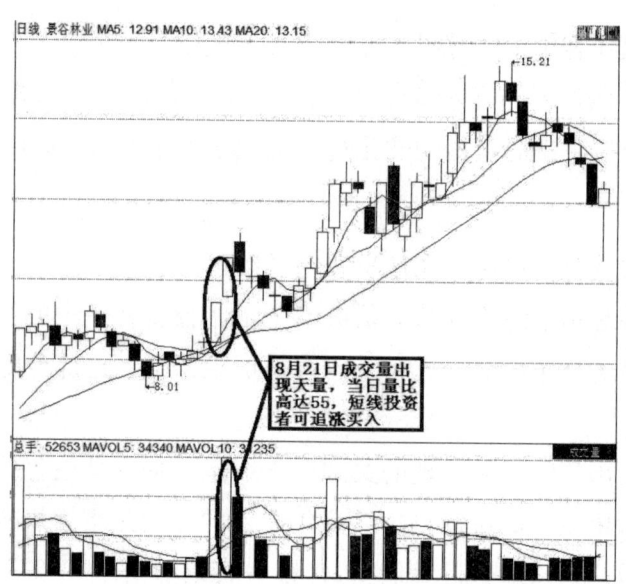

图10　景谷林业巨量买入图解

一般来说：

量比在0.5倍以下的缩量虽然显示了交易不活跃的表象，但同时也暗藏着一定的市场机会。缩量创新高的股票多数是长庄股，缩量能创出新高，说明庄家控盘程度相当高，缩量调整的股票，特别是放量突破某个重要阻力位之后缩量回调的个股，常常是不可多得的买入对象。

量比为 0.8 - 1.5 倍，则说明成交量处于正常水平。

量比在 1.5 - 2.5 倍之间则为温和放量，如果股价也处于温和缓升状态，则升势相对健康，可继续持股，若股价下跌，则可认定跌势难以在短期内结束，从量的方面判断应可考虑止损退出。

量比在 2.5 - 5 倍，则为明显放量，若股价相应地突破重要支撑或阻力位置，则突破有效的几率颇高，可以相应地采取行动。

量比达 5 - 10 倍，则为剧烈放量，如果是在个股处于长期低位出现剧烈放量突破，涨势的后续空间巨大，但如果在个股已有巨大涨幅的情况下出现如此剧烈的放量，则值得高度警惕。

量比达到 10 倍以上的股票，一般可以考虑反向操作。在涨势中出现这种情形，说明见顶的可能性压倒一切，即使不是彻底反转，至少涨势会休整相当长一段时间。在股票处于绵绵阴跌的后期，突然出现的巨大量比，说明该股在目前位置彻底释放了下跌动能。

量比达到 20 倍以上的情形是极端放量的一种表现，这种情况的反转意义特别强烈，如果在连续的上涨之后，成交量极端放大，但股价出现"滞涨"现象，则是涨势行将死亡的强烈信号。当某只股票在跌势中出现极端放量，则是建仓的大好时机。

口诀点金

庄家的震仓，成交量萎缩较快，多数个股的成交量比前几日量萎缩到 1/4 ~ 1/10；庄家的出货，成交量不萎缩，甚至还适当放量或突然放量到 20% 左右。个股缩量并不可怕，放量就也注意个股是否被高估，如果是，那么庄家肯定在出货而不是在震仓。

第二章 均线战法盈利口诀

口诀 1 金叉死叉是个宝，去伪存真才能炒

口诀要点

均线也有很强的选股作用，即当某只个股短期、中期以及长期均线指标黏合交叉时，往往意味着该只个股蕴含巨大的投资机会：金叉做多，死叉做空。

口诀详解

移动平均线还有两种特殊的形态：黄金交叉和死亡交叉。

上升行情初期，短期移动平均线从下向上突破中长期移动平均线，形成的交叉叫黄金交叉。预示股价将上涨：5 日均线上穿 10 日均线形成的交叉；10 日均线上穿 30 日均线形成的交叉均为黄金交叉（见图 11）。

当短期移动平均线向下跌破中长期移动平均线形成的交叉叫做死亡交叉。预示股价将下跌。5 日均线下穿 10 日均线形成的交叉；10 日均线下穿 30 日均线形成的交叉均为死亡交叉（见图 12）。

那么，短周期与中场周期移动平均线各指什么呢？一般来说无论是哪种均线组合，人们总习惯地将日子最少的 1 根均线称之为短期均线，日子最长的 1 根均线称之为长期均线，余下的那根均线称之为中期均线。

短期均线组合：最常见有 5 日、10 日、20 日和 5 日、10 日、30 日两种组合。

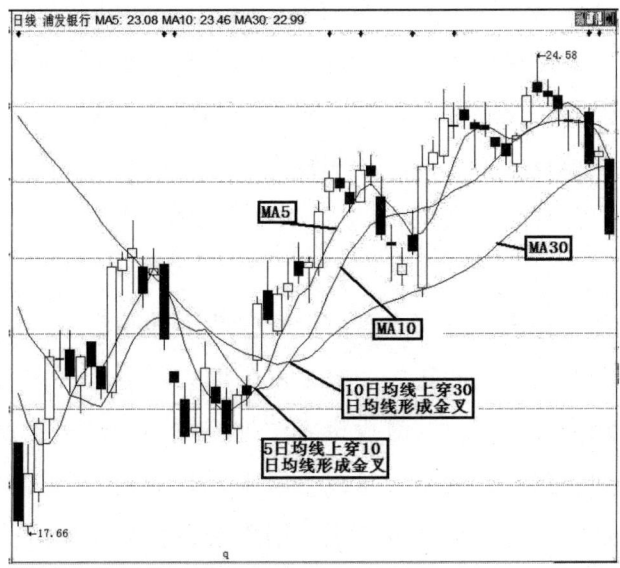

图 11 移动平均线黄金交叉形态

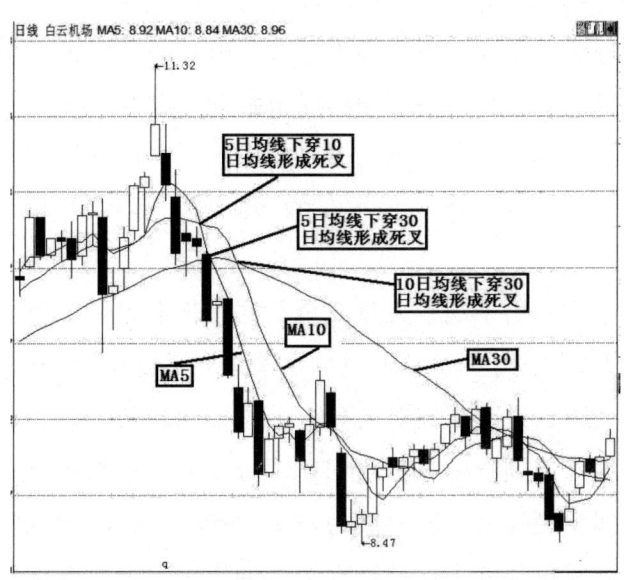

图 12 移动平均线死亡交叉形态

这两种短期均线组合就其技术意义和使用规则来说是相同的，效果都不错。目前市场上用的人很多。短期均线组合主要用于观察股价（股指）短期运行的趋势，例如 1 个月到 3 个月股价走势会发生什么变化。一般来说，在典型的上升通道中，5 日均线应为多方护盘中枢，不然则上升力度有限；10 日均线则是多头的重要支撑线，10 日均线被有效击破，市场就可能转弱。在空头市场中，人气低迷时，弱势反弹阻力位应是 10 日均线；20（30）日均线是衡量市场短，中期趋势强弱的重要标志，20（30）日均线向上倾斜时可短期看多，做多；20（30）日均线向下倾斜时，则短期看空，做空。

中期均线组合：最常见的有 10 日、30 日、60 日和 20 日、40 日、60 日两种组合。

中期均线组合主要用于观察大盘或个股中期运行的趋势，例如，3～6 个月大盘或个股走势会发生什么变化。一般来说中期均线组合呈多头排列状态，说明大盘或个股中期趋势向好，这时投资者中期应看多，做多；反之，当中期均线组合呈空头排列状态时，说明大盘或个股中期趋势向淡，这时投资者中期应该看空，做空。从实战意义上来说，用中期均线组合分析研究大盘或个股的趋势比短期均线组合来得准确可靠。例如，在大盘见底回升时，如你对反弹还是无法把握，中期均线组合就会给你很大帮助。当 30 日均线上穿 60 日均线时，会出现一次级别像样的中级行情，当中期均线组合黏合向上发散常常预示着大行情的来临。可见，了解和懂得中期均线组合的作用和使用技巧，对投资者来说是非常重要的。

长期均线组合：最常见得有 30 日，60 日、120 日和 60 日，120 日，250 日两种组合。

长期均线组合主要用于观察大盘或个股的中长期趋势，例如，半年以上的股价走势会发生什么变化。一般来说，当长期均线组合中的均线形成黄金交叉，成为多头排列时，说明市场对大盘或个股长期趋势看好，此时投资者应保持长多短空的思维，遇到盘中震荡或回调，就要敢于逢低吸纳；反之，当长期均线组合中的均线出现死亡交叉，成为空头排列时，说明市场对大盘或个股中长期趋势看淡，此时投资者应保持长空短多的思维，遇到盘中震荡或弹升，就要坚持逢高减磅。

在应用均线金叉、死叉买卖股票时，一定要注意辨别真伪。

从形态上来说，特别需要注意的是，均线交叉之后的 2 根均线的方向，如果不是一致朝上或者朝下的，那就是普通的均线交叉，而不是"金叉"或"死叉"了。

而从技术上来讲，由于均线相互之间运行方向受到股价成交情况的影响，所以对于短期均线运行，主力可以通过对敲等形式进行操作，从而人为地制造出一系列的次叉叉。因此，不能只单纯地看到金叉就买入，以为可以高枕无忧，因为今天的金叉明天可能就会变成死叉。如果大盘明显处于下跌行情中，个股出现次金叉不可盲目杀入，因为这可能是主力做的假次金叉；同样在大盘上升行情中出现次死叉也不宜盲目清仓，因为这也可能是主力做的假次死叉，需要结合盘面实际情况来对待。

口诀点金

与任何技术选股一样，均线交叉选股法也存在着局限性。一旦选择错误，应及早出局控制风险；而一旦确认选择正确就要坚定持有。

口诀2　5 线低位画金叉，30 线上买入它

口诀要点

5 日线低位金叉 30 日线后，就不再回头，一直支持着股价向上攀升，直到第一上升浪结束后，才转向整理，但在整理过程中也不跌回 30 日线以下。5 日线这种走势称为低位一次金叉。但很多时候，5 日线由下降趋势转为上升趋势中，常常出现低位金叉 30 日线后，又回落到 30 日线之下，两次探底后，再次上穿 30 日线，这种走势称为二次金叉。5 日线二次金叉是强烈的买进信号。

口诀详解

先从低位一次金叉说起。低位一次金叉出现后，股价后势上升的力度一般比较大。金叉日应积极介入是强烈的买进信号。

例：如图 13 所示，武钢股份（600005）在 2009 年前期股价经过了一段时间的低位震荡，6 月 2 日 K 线图上 5 日均线上叉 30 日均线形成黄金交叉，股价迅速上涨，5 日均线距 30 日均线越来越远，在 7 月初股价虽然有所回落，但是一直稳定地站在 30 日均线上方，因此投资者可以放心持有。

在出现这种形态时，投资者在实战中应该怎样操作呢？

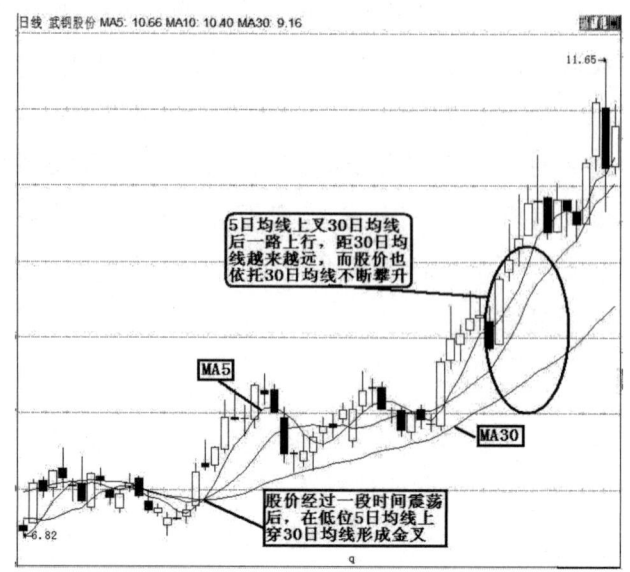

图 13　武钢股份金叉买入图解

如果该股走势凶猛，买入应该果断坚决。万一错过第一买入机会，股价急升后，不要追涨，回档后再买入。

低位一次金叉较难确认，因为大多数股票一般要在低位反复筑底，5 日均线会出现两次三次金叉 30 日线的走势，其中的第一次金叉就可能是卖出信号。所以对于低位一次金叉要持谨慎态度：观察在金叉前是否走出了 W 底头肩底圆弧底等图形形态。

如果一次金叉买入股票，不升反降，5 日线也掉头向下，再次回到 30 日线之下时，静观其变，若在前期低点附近就跌不下去后，证明前期低点就是底部，此次低点与前期低点构成双底，可补仓，即使后市无大行情，股价也会上升到 30 日线之上，可解套。

5 日线低位两次金叉甚至三次金叉也是比较常见的，而在操作中要更注意细心观察。

例：如图 14 所示，首创股份（600008）于 2009 年 6 月 3 日在低位由 5 日均线上穿 30 日均线形成金叉，但股价很快回落。6 月 12 日，5 日均线跌破 30 日均线形成死叉，使得部分投资者匆忙出局，但是仅仅过了 8 个交易日，5 日均线再度上叉 30 日均线形成金叉，这时候该股底部就出现了两个金叉，向投资者发出了强烈的买入信号。

图 14 首创股份低位两次金叉买入图解

对于二次金叉的操作，投资者应注意哪些方面呢？

二次金叉较好识别，不需要参考其他技术指标的确认，只要 5 日线二次金叉就可立即进场，安全系数较高，只要没有突发事件，至少会有一个月以上的中级行情。

有时也出现失败的走势，即股价仅短暂上升几日，就停止上升，5 日线也随之滑落，再次回到 30 日线之下。经验告诉我们，这种情况多为构造三重底，回跌到前期底点附近，就会止跌企稳转势向上，形成三次金叉后，股价会稳健上行。三次金叉时，可加码买进。

口诀点金

10 日线也像 5 日线一样，低位二次金叉，但金叉点位在 5 日线金叉 30 日线之后，相隔时间约 3 ~ 5 日，买入信号比 5 日线形成的金差的买入信号更强烈。稳健的投资者尽量采取这一买入方法。

口诀 3　5 线处可能套住，10 线处小心介入

口诀要点

一只股票在主升浪时，一般会沿着 5 日均线上移，5 日线不破即可一直持

有。而对于均线，上涨的股票一般破 5 日线后会去寻求 10 日线的支撑，因此，买 5 日线，获利的概率是一半，买 10 日线，对于上升趋势的个股，获利概率会大于 50%。

口诀详解

股票操作的一个基本原则是：5 日线上买，买错也要买；5 日线下卖，卖错也要卖。

当 MACD 指标为红柱时，收盘价在 5 日线上，成交量也满足 5 日线，就大胆买进。

买进后，当股价低于持仓成本 3% 30 分钟以上就止损出局。

买进后，收盘价连续两天跌破 5 日线就全部沽空；反之，收盘价在 5 日线上就一直持股待涨，不惧盘中震荡。

一般来说，获利机会多存在于基金重仓的绩优白马股，有实质性题材且尚未兑现的品种。私募机构及涨停板敢死队一般不按套路出牌，只有一两天就跑光了，中小散户别指望能跟上他们。

所以散户所买股票应选择基本面不存在明显问题，历史股性较为活跃；股性呆滞，无人气和题材支撑的股坚决不碰。

在 5 线上买入时还要结合 W%R、CCL、MACD、SAR 指标来使用。坚决不追高，尤其是在技术指标严重超买的情况下，要保持冷静，选择相对低点介入。

例：如图 15 所示，深发展（000001）在 2009 年 5 月，股价小幅上升后跌至 5 日线下方。27 日，5 日均线上穿 10 日均线形成金叉，同时股价也站到了 5 线上方。第二日 MACD 指标出现金叉，发出了买入信号。6 月 1 日，以均价 18.30 元买入股票，16 日以均价 22.59 元卖出股票，每股获利 4.29 元。

但是很多时候，但靠 5 日均线买入股票风险巨大，很多散户都有过倚靠 5 日线而被套牢的经历。如果投资者在买入股票时能够参照 10 日线，那么获利几率可能会更大一些。

在上升趋势中，10 日均线虽然是强支撑线，但有的庄家在洗盘时却有意将股价砸破 10 日均线，将短线客洗出局，然后再很快拉回 10 日均线上方并继续大幅上涨。为回避风险或保存利润，在股价跌破 10 日均线时卖出后，如股价在短期内又回升至 10 日均线上方且 10 日均线仍继续上行应再次买入甚至要追涨买入以防踏空，因为庄家洗盘的目的正是为了大幅拉升，涨升仍将继续。

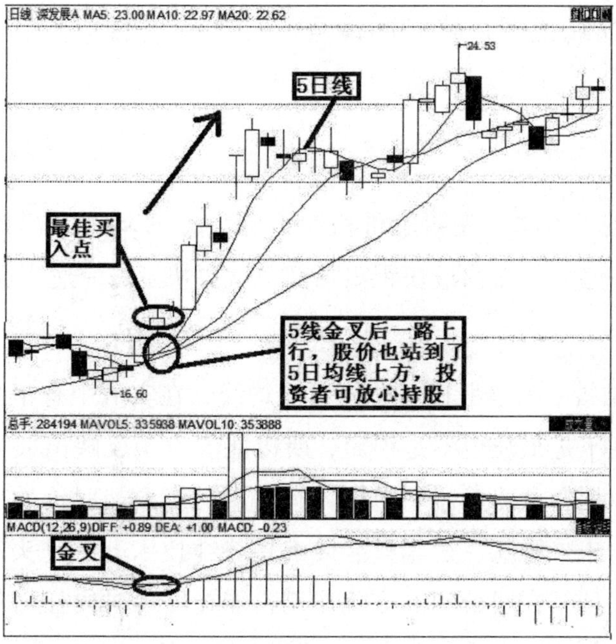

图 15 深发展 5 日线买入图解

对于散户来说，股价回调往往是买入的时机，但庄家有时出于种种目的，将一些重要的支撑位击穿，人为制造头部的假象，将短线客特别是根据技术操作者洗出局，然后再扎空上涨，以便让更多的投资者追涨抬轿，上升趋势中股价先跌破 10 日均线很快又重回 10 日均线之上就是庄家典型的骗线之一，而防止骗线的唯一方法就是当股价重回 10 日均线之上时再次买入。

另外，只要上升行情未结束，股价跌破 10 日均线的时间往往很短且成交量明显缩小，一般最多不超过 5 个交易日，股价就会重回 10 日均线之上，否则放量跌破 10 日线又时间太长才回 10 日均线之上，上升的力度有限或是别的中途调整形态。

口诀点金

上升趋势中股价跌破 10 均线又很快重回 10 日均线之上是买入时机，在上升行情的初期和中段较为可靠，如果是在股价大幅上涨已久之后或第三次特别是行情末期出现时，还是要小心为妙，很可能是庄家制造的多头陷阱，当股价跌破 10 日均线时应坚决止损，特别是入量长阴线跌破 10 日均线时。

口诀 4　20 线上翘，犹如冲锋号

口诀要点

20 日均线若平斜向上表明股价稳健上涨，20 日均线若呈现立型上翘表示行情有加速上涨趋势，涨幅过快距离顶部也就更快了，应适当逢高获利卖出。

口诀详解

20 日均线常被一些老股民戏称为万能均线，在实战中有很强的应用性。它的意义在于周期不是很长也不是很短，所以能够真实反映出股价的最为接近的趋势，它的低位拐弯意味着短期内趋势有好转的迹象，股价如果能够即时站稳于上就说明股价未来看涨，否则只能代表趋势纯技术上的空头趋势。这一均线是经过长时间验证其在股价间的变化作用，能在任何时候任何位置给出一个明确的操作买卖信号，这也是"万能"二字所在的真实含义。

在实战操作中，当 20 日均线在低位走平时投资者就应予以关注，20 日均线开始向上拐头、股价站上 20 日均线之上时买入，回调确认时加仓，均线向上移动一路持有；当 20 日均线在高位走平时要警惕，一旦收盘时股价跌破 20 日均线立即清仓，日后如果 20 日均线继续上移，股价再次站上 20 日均线时再买入，如此反复操作，直到股价不再创新高并跌破前低，而且 20 日均线调头向下时结束该股操作。

例：如图 16 所示，深圳能源（000027）在 2009 年 8 月股价出现了大幅下跌，从 8 月末开始股价开始了横盘震荡整理，后市不明朗。值得注意的是，该股 20 日均线由下行转为走平，可加强对该股的关注。10 月 14 日，5 日均线上叉 10 均线形成金叉，同时 MACD 指标、均量线均出现金叉，投资者可在此轻仓买入。26 日，原本走平的 20 日均线拐头向上，投资者可在此加仓。该股股价随后一路上行，11 月 20 日以 14.57 元见顶，结束了一波涨情。

关于 20 日均线的实战应用，投资者应牢记以下要点：

（1）20 日均线向上，K 线在 20 日均线上方运行，无论 K 线多么难看，都是安全的。

（2）20日均线向下，K线在20日均线下方运行，无论K线多么好看，都是危险的。

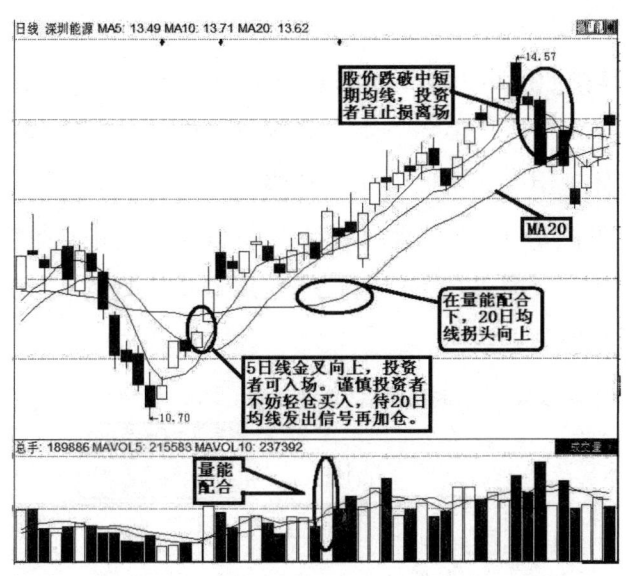

图16 深圳能源20日均线买卖图解

多头市场中，K线就是依附在20日均线上，向上攀爬。偶尔跳空上冲，终究还要回来。所以20日均线附近是很好的加仓点，只有懵懂的新手才会追在远离20日均线的高点上。

空头市场中，K线就是在20日均线的压制下，向下运行。远离20日均线下跌太多时，就会发生反弹，此时，20日线附近是最好的减仓点。

口诀点金

在20日均线向下移动和横盘整理中，保持空仓观望，耐心等待新一轮上升趋势形成后再择机介入。考虑到每天股价在盘中波动，主力运作的意图只有到收盘时才明朗，因此坚持到每天最后一刻（2点45分以后）买卖。

口诀5 半年线下穿，千万不要沾

口诀要点

半年均线也就是指120日均线，120日均线是上是下对股市的主导性很大，向上表明股市可长达半年的时间上涨，向下可表示股市要长达半年的时间调整下跌，这时候千万不要轻易涉足。

口诀详解

120日均线是按照股市120个交易日收盘点数相加的总和除以后120而来。120日均线一般被认为是"牛""熊"分界线，由于120日均线所代表的周期较长，因此更能体现出一只个股的长期趋势。

在熊市中（见图17），120日均线会压制市场的走势，维持一个较长时间的下跌行情。因此在大盘表现不佳时，一旦跌破120日均线，投资者最好不要轻易介入，离场观望为上。

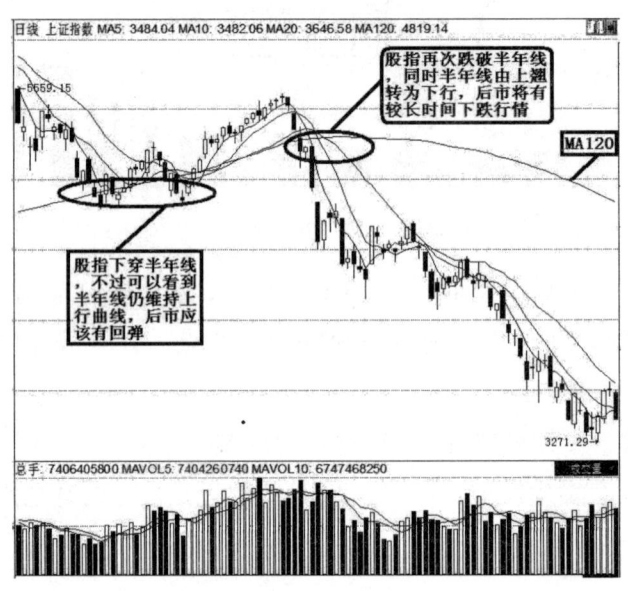

图17　120日均线下行图解

但是牛市中120日均线的操作方法与熊市就有一些不同。我们知道即使在大牛市中，市场也会出现调整，有时甚至会出现幅度较大的下跌，也就是所谓的在大牛市格局中出现局部熊市。归纳起来，牛市中有三类回调方式：一种是回调到60日线附近受到支撑，这种属于强势调整，往往是快速上涨的时期；第二种是调整到半年线附近，这种是正常的调整，其幅度和空间相对较大；第三种就是跌破半年线逼近年线的大调整，这种情形往往是由于突发性的大利空导致的，如受到世界性股灾的影响等。其中，考验半年线是正常的调整，是大牛市的中期阶段出现的。

在正常情况下，如果支撑大牛市的基本因素没有改变，此时股指的下跌就主要是由于累积涨幅过大导致的技术调整。这主要看两个方面：一是经济快速增长是否促使上市公司业绩保持着较快的成长，二是市场的资金面是否比较充裕。在这种情况下，市场回调的最大空间一般在半年线附近就会得到强劲的技术支撑。虽然在短期可能会出现击破半年线的情况，但都是暂时的，不会有效跌破半年线。衡量的标准就是离半年线的点位不会超过2%。还要强调的是，在一轮超级大牛市中，第一次下跌到半年线附近往往就是阶段性底部的时候。

例：如图18所示，深康佳（000016）在2009年9月至10月间进行了一段横盘震荡，10月末股价跌破半年线，以4.18元探底后股价开始回弹，10月20日股价重新回到半年线的位置，此后一路上行。

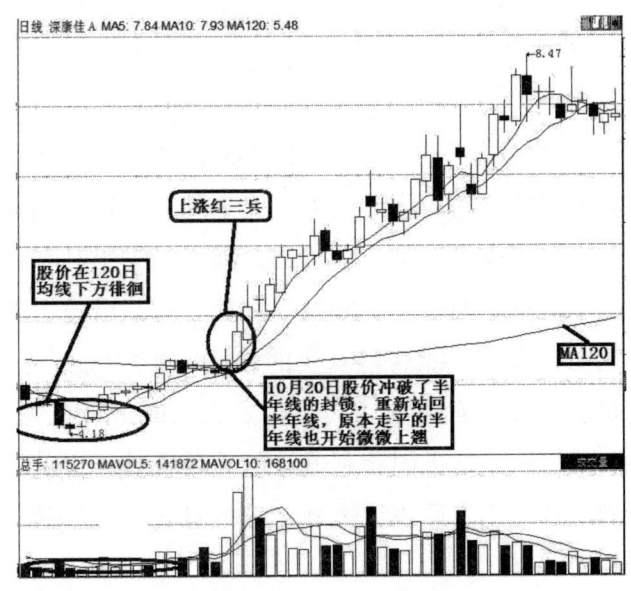

图18　深康佳半年线买入图解

所以，当股指下跌到半年线附近的时候，也是可以逐步建仓的时候了。当然，这个时候由于前期跌幅巨大，一般难以立即大幅上涨，市场往往会呈现出反复震荡的技术走势特征。如果在半年线附近盘整一段时间后再次出现了急跌，则是最后一跌，也是最后参与抄底的良机。这个过程中如果伴随成交量的温和放大，就意味着有机构资金开始逢低买入了，这也是一个重要的参与信号。

口诀点金

120 日线一般是长庄慢牛的券种主力的平均成本区，同时对大多数低位建仓的股票 120 日线都是他们的成本，当这条均线在股价上方时，走平是最好的情况，如果向下则说明主力至少未曾全身投入甚至根本未进场。

口诀6　7 与 14 双跨线，周线放量骑黑马

口诀要点

一是均线运行要素。当 7 周均线上穿 14 周均线时，坚决买进；反之，当 7 周均线下穿 14 周均线时，就应毫不留恋地卖出。二是成交量要素。当一周成交量超过前周 4 ~ 5 倍时，就可以放心买入。

口诀详解

利用周均线与一般而言，在周 K 线中寻找的黑马一旦上升，多在 5 周时间，这是指每一波上行的时间，这 5 周中，无论周阴线还是周阳线，到达这一时间限度，不论你赢多赢少最好是卖出了结，因为周线黑马往往以升幅大小来衡量，以上升时间来衡量，如果不掌握这一规律，那么就有可能由盈到亏。必须依照这一时间周期办事，才能获得真实的收益。在均线交叉、成交量放大 4 倍以上和 5 周时间这三大要素中前二大要素是买入的最佳机遇，是抓住黑马、迅速骑上的条件。而后一条是巩固获利成果的重要条件，也就是说，你骑上黑马，跑了段获利的上升通道之后该让黑马休养生息了，如果超出这一限度，势必会产生人仰马翻的后果。

当周 K 线上出现 7 周与 14 周双双跨越 34 周均线之时，便是黑马标识最为强烈的时候，也是建仓的最佳良机。

第一波的回档已近底部，显示出又一次建仓机遇，而且第二波的上升将远远超过第一波。同时 7 周均线又一次与 14 周均线形成黄金交叉，这一标志是黑马第二次腾飞的重要信号。当然此时 5 周均量与 10 周均量呈黄金交叉，MACD 快线与慢线呈黄金交叉，DMI 中 + DI 上穿 - DI 呈黄金叉，KDJ 周线指标呈黄金交叉，RSI7 天与 14 天呈黄金交叉，可见多项技术指标已万事俱备，张箭

待发。

例：如图19所示，熊猫烟花（600599）在2006年5月8日至12日这一周7周均线、14周均线上叉34周均线，成交量放量，并且5周与10周均量线也形成了金叉，可视为一个很好的买入时机。该股经过三周的上涨后，出现了震荡整理局面。此时股价仍在34周均线上方，投资者可以不必恐慌。到了9月18日到22日这一周，7周、14周均线再次在34周均线上方形成金叉，而均量线与MACD指标同时出现金叉，以当周均价5.90元买入，第二周股价即跳空高开上涨，该股拉开了一个小行情，到2007年6月股价已涨至13.18元。

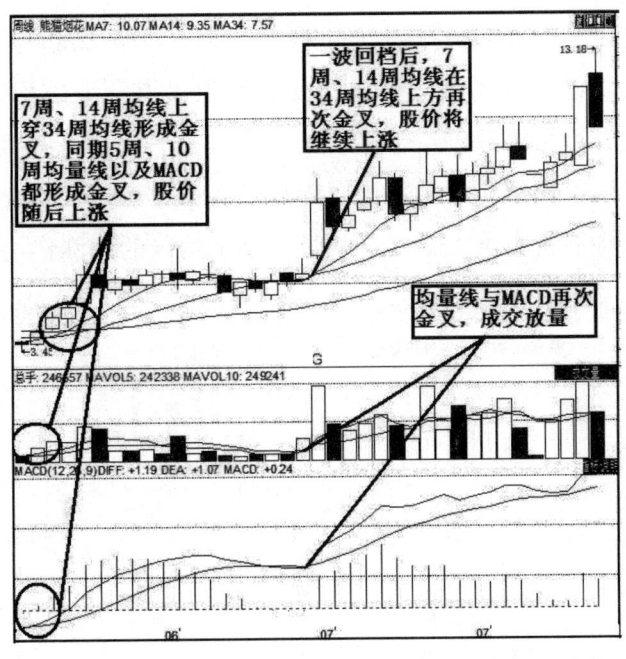

图19　熊猫烟花周线金叉买入图解

口诀点金

月线金叉异曲同工。月均线分别为3、8、17，在3月均线与8月均线形成黄金交叉时，月KDJ指标也形成黄金交叉，10RSI与12RSI形成黄金交叉，5月均量与10月均量形成黄金交叉，DMI指标显示＋DI向上表明有买盘主动进入。技术指标显示，黑马踪迹已初露端倪，此时建仓，正是抓住黑马跃上马背的最佳时机。月K线的均线形成黄金交叉时，便是中长线黑马初步产生的最佳时机，此时应果断买入。

口诀7 上升初期三线托，不破均线不回落

口诀要点

低位震荡盘整后，股价依托5日、10日、30日均线上涨，这将是一次较强劲的上涨行情，投资者可积极介入，股价不跌破平均线就可以放心持有。

口诀详解

这首口诀是说当均线多头排列（见图20）时，是市场趋势呈强势上升势，操作思维为多头思维。进场以均价线的支撑点为买点，下破均价线支撑止损。一般来说，在上升行情中股价位于移动平均线之上，走多头排列的均线可视为多方的防线；当股价回档至移动平均线附近，各条移动平均线依次产生支撑力量，买盘入场推动股价再度上升，这就是移动平均线的助涨作用。

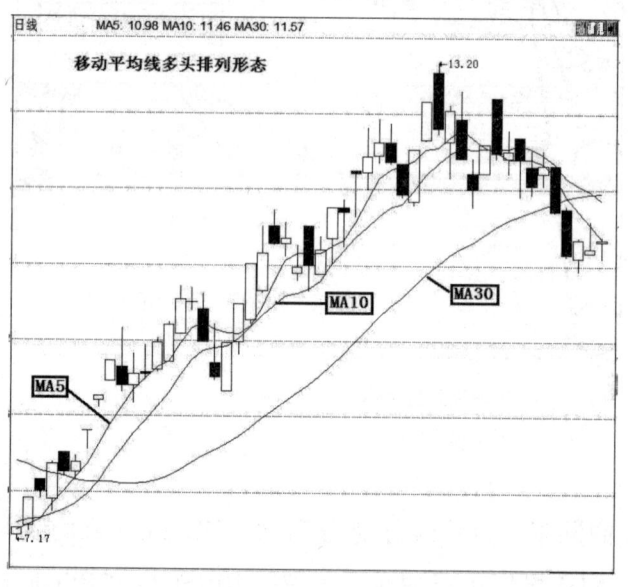

图20 均线多头排列示意图

选股均线多头排列，代表的是多方进攻的力量，代表的是多方启动行情的趋势。在均线多头排列初期，及时地介入中线成长价值牛股，会获得极大的收益。利用均线多头排列选股成功率比较高，但要注意千万别选到涨到末端、涨

到头的个股，注意其涨幅以及主力是否还在其中。

一般情况下，均线多头排列的个股多半是业绩优良的蓝筹股，因此投资者要注意对个股业绩进行分析。

所谓"上升初期三线托"，就是挑选那些低位经过一段时间震荡横盘吸货之后，开始启动的个股，初期呈现均线多头排列的时候，可以及时跟进，会有极大收益。前提是投资者要对个股的基本面分析要有一定的水平，多挑选那些业绩好的个股，最好有基金重仓。

图21中，该股大阳放量启动进攻，均线开始多头排列，可以在股价贴近5日或10日均线处买入。

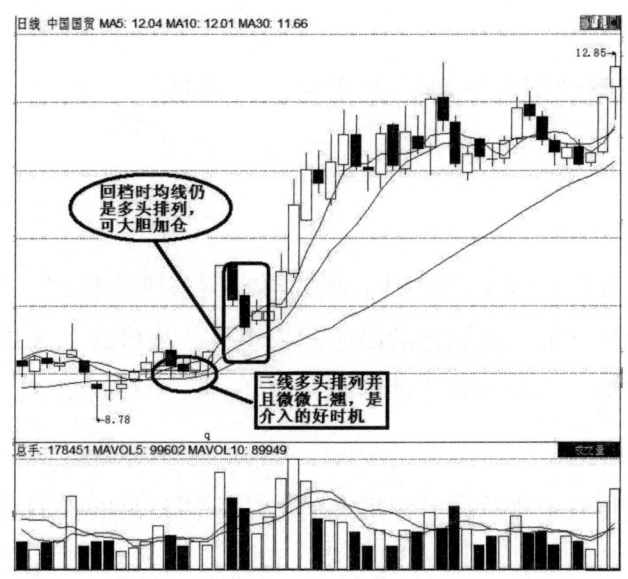

图21　三线上托买入图解

口诀点金

均线多头排列挑选中线牛股，但也分慢牛股和快牛股。一般地，基础建设类或周期行业类个股如调整公路、机场、港口等属于慢牛股类型，而成长型行业类个股，特别是受商品价格变化波动比较大的一旦形成底部横盘爆发后的均线多头排列，则很容易产生快牛股。

第三章 波浪理论盈利口诀

口诀 1 调整浪型有三种，之字平坦三角形

口诀要点

很多投资者都是在推动浪阶段上赚钱再在调整阶段输钱。在波浪理论中，一个推动阶段包括五浪，而调整阶段由三浪组成。从形态上来讲，调整浪主要有之字形、平坦形、三角形等几种形态。

口诀详解

这是一首描述波浪理论调整浪形态的口诀。调整浪的浪型分为三种：即之字形、平坦形、三角形，这个不用多说，但是后面我们还应该加上关键的一句：之字三段 a b c，5-3-5 浪要记清。

意思是说，调整浪是对主要趋势的反方向修正，在之字形整理中 a 和 c 段与主趋势方向相反，b 段和主趋势方向相同（b 段是对主要趋势的反方向修正的反方向修正，即哲学上所谓的反动之反动是也），a 段和 c 段都由 5 个小浪组成，b 段由 3 个小浪组成；特殊情况双之字，七波两个之字体；所谓"双之字"形，指的是一个"之字形"调整之后有一个"x"浪，其后会再出现一个"之字形"调整浪，加在一起，以七浪的复杂形式完成调整。一般情况下，这种浪形不是很常见，多见于大熊股中，这种浪形的结构是 a(5) + b(3) + c(5) + X + a(5) + b(3) + c(5)。

下面我们就来细述一下调整浪的三种形态。

如图 22 所示，一个"之字形调整"是一个三浪模式，其中 B 浪不能回调到 A 浪的75％之上。C 浪将在 A 浪之下形成一个新低，之字形调整的 A 浪经常会有五浪。在另外两个调整（平坦形调整、不规则形调整）中，A 浪有三浪。这样，如果你能识别一个有五浪组成的 A 浪，你就能断定这个调整是之字形调整浪。

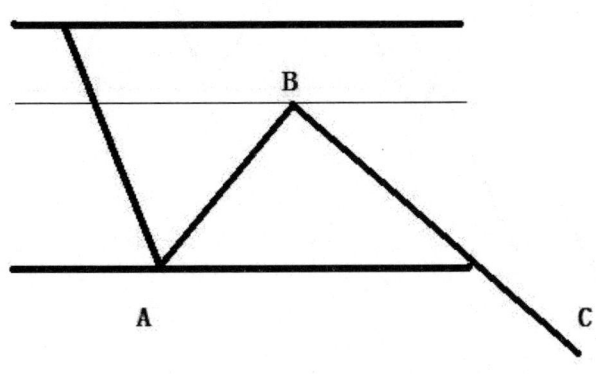

图 22　之字形调整浪示意图

之字形调整浪的主要特点：可以再分割为 5—3—5 的十三个小浪，浪的顶点明显低于浪开始的地方，在熊市中，基本形态不变，不过以相反的方向出现。双重之字形，属于较为罕见的形态，在两个之字形的调整浪中间加着一个逆流反弹的三个小浪。

实战中，当 A 浪以超越 C 浪终点的方式运行，同时 C 浪也可以清楚地划分为低一级的五个小浪，此时动力指标出现极度超卖的信号。C 浪通常与 A 浪等长，或是 B 浪的 1.618 倍左右。

一组之字形的调整浪可能构成高一级的第二浪或第四浪，而利润目标至少应收回之字形的失地。

如图23所示,在平坦形调整浪中,每一浪的长度是相同的。经历过一次五浪的推动模式之后,市场进入浪A。

而后,市场波动向上形成浪B,并到达前期高位。最后,市场下滑形成浪C,并到达前期浪A的低位。

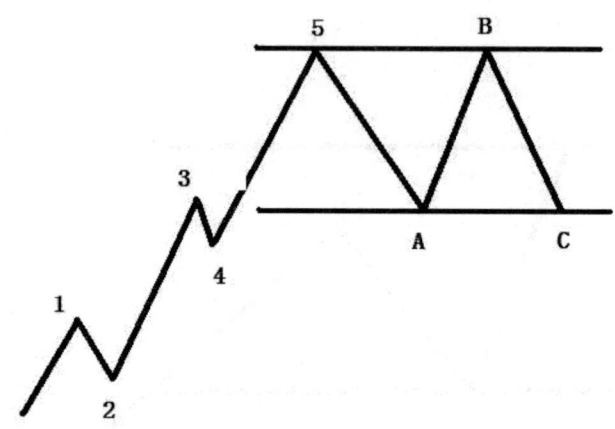

图23　平坦形调整浪形态示意图

平坦形调整浪的主要特点:

平坦形调整的低一级浪可以再分割为3—3—5的一个小浪,有别于5—3—5形态;

A浪由于欠缺足够的力量下行,只包含三个小浪;

B浪经常可以升到五浪开始的地方,或出现超过五浪起点的情况;

在熊市中,以上情况会以相反方向出现。

平坦形调整浪可分三种情况:

普通平坦形、不规则调整形、顺势调整形。

平坦形调整浪的买卖策略是:

在平坦形调整浪的底部买入,可以获得第三浪或第五浪上升的收益。如果平坦形调整的浪与浪的起点相差不远,可以预期调整B浪会与第五浪幅度基本接近;当B浪超过调整浪的起点,则会构成不规则的调整,浪与浪将以黄金比率维系;在目标利润方面,最低限度会收回平坦型调整的失地。

如图24所示,三角形是五浪结构,被分别标记为A,B,C,D,E。运行在由波浪 A 和波浪 C 的终点画出的线和波浪 B 和波浪 D 的终点画出的线构成的通道内。三角形一般是调整浪。三角形是一种比较特别的调整浪形态，大致上可以分为四大类，上升三角形，下降三角形，对称三角形以及扩张三角形。三角形只在第四浪、B 浪中出现，有别于推动浪中第五浪出现的倾斜三角形。

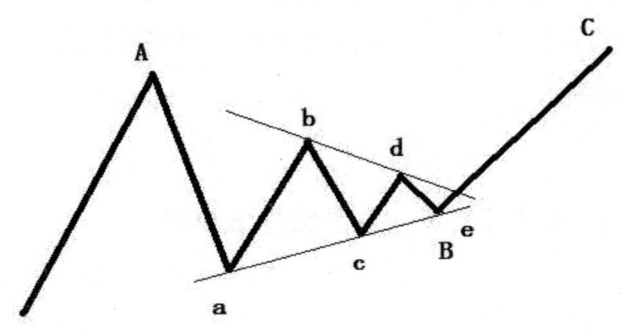

图24　三角形形态示意图

　　三角形形态的主要特点包括：三角形以 3—3—3—3—3 五浪的方式运行，总共十五个小浪；由于可以分割为低一级的五浪，有别于正常的三浪调整；三角形的走势基本上属于横行性质的巩固形态，等待市场形成突破；形态内的五个小浪通常会受到奇异数位组合的比率维系，如，同方向的波浪，固然受到黄金比率的影响，如 0.618；第五浪通常会超越三角形的界限，形成假突破，然后恢复向原来的主流作最后的冲刺。这种情况在对称三角形和扩张三角形中较为常见。

　　三角形的调整浪同时具有向好和向淡的意味，向好时，市场会在三角形完成后，恢复向上的趋势，但由于恢复向上运行的波浪将会属于最后的推动浪，因此，上升趋势持续时间不会太长：三角形形态完成后，最后的推动浪（第五浪），将会以快速冲刺的方式完成。随着三角形形态后市场的升、跌幅度，大致上为三角形内最宽的距离。

　　三角形形态的买卖策略是：

　　市场上下波动，五个浪的组合不知所终，而上下波动的幅度逐步减小，相隔的波浪以 0.618 的比例相互维系，当市场以三个浪又三个浪的方式运行，三角形形态将出现。

至 B 浪运行完毕后，可以在浪的底部买入，因为接下来的升势将较为凌厉。预期的目标将是突破后的快速上升，缺口是较为常见的现象，上升目标最少是三角形的最宽幅度。

口诀点金

分析调整波浪市势的时候，由于变化多端，图表分析者要极小心处理。举例说，三个波浪可能构成平坦形调整的 A 浪，但亦可以代表之字形（A、B、C）的整个调整波浪。

口诀 2 一三五浪可加长，每段细分五小浪

口诀要点

该口诀指的是推动浪的第一子浪，第三子浪和第五子浪都可能有扩展形态，要点为：若一子浪加长，即一子浪扩展，则三子浪和五子浪等长；若三子浪加长，即三子浪扩展，则一子浪和五子浪等长；若五子浪加长，即五子浪扩展，则一子浪和三子浪等长。

口诀详解

所谓浪的延伸，是指浪的运动发生放大或拉长的现象。当波浪发生延伸时，将会使得此一波浪序列形成大小相似的九浪，而如果延伸浪中再出现延伸，则我们会见到十三个大小相似的波浪。

延伸浪（见图 25）出现的频率较倾斜三角形和失败形态高，在三个推动浪中，有一个浪的走势显得较为夸张悠长，这个延伸浪一般包含五个与其他四个上浪差不多长度的小浪，形成九个波浪的走势，注意：

通常一浪、二浪、五浪三个浪中，只有一个浪会出现延伸的情况：假如第一浪与第三浪长度相若，则第五浪将会成为延伸浪，此时，如果第五浪成交量比第三浪多，则可以进一步验证第五浪出现延伸。如果第三浪属于延伸浪，则第五浪形态将较为简单，其长度和运行时间将与第一浪相似。如果第五浪属于延伸浪，接着出现的调整将会以双重回吐的形态展开。其中，可以再分为下列

两种不同的情况。

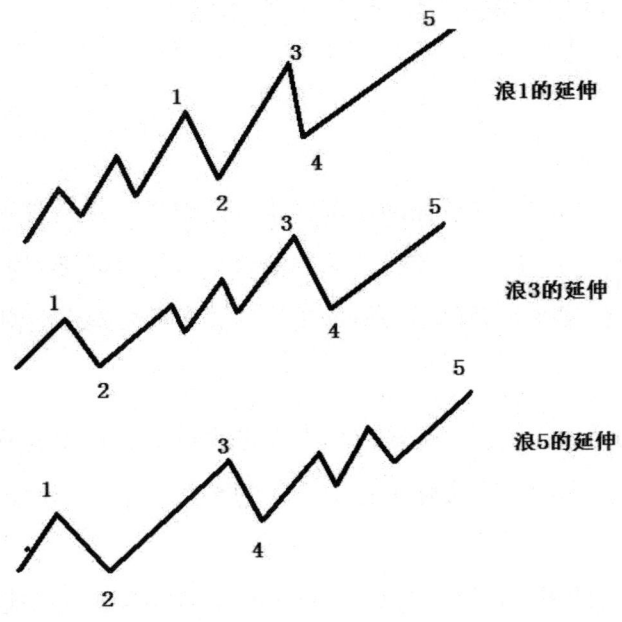

图25 延伸浪示意图

如果第五浪的高一级波浪属于第一小浪或第三小浪，第一个回吐将属于第二小浪或第四小浪，将价位带回到延伸浪开始的地方，其后，第三小浪或第五小浪将会推动价位至新高峰。

如果第五浪属于第五小浪中的一个小浪，双重回吐，首先浪将价位带回到延伸浪开始的地方，接着浪将会把价位推至新高价，成为第二个回吐，最后浪将会出现，令价位以5个波浪的形态下跌。

口诀点金

在现实中波浪的延伸是经常出现的，也许在未来，浪的延伸会被认为是推动浪的正常形态。如果在分析中无法辨认是哪一个波浪出现延伸，这不要紧。因为在艾略特的理论体系中，五浪、九浪与十三浪甚至十七浪的意义是一样的。

口诀3　找准启动第一浪，后浪买卖不慌张

口诀要点

波浪理论是一门技术性较强的投资技术，波浪理论在具体运用中，经常会遇到较为难以分辨的情况，因此找准第一浪就变得格外重要。找准启动的第一浪后，剩下的工作就变得简单了，根据具体的买卖策略操作后浪即可。

口诀详解

在整个波浪循环开始后，一般市场上大多数投资者并不会马上就意识到上升波段已经开始。因此，在实际走势中，大约半数以上的第一浪属于修筑底部形态的一部分。

第一浪的确认及操作（见图26）。首先投资者要确定上一趋势的浪型结构是否已经运行完毕，这是确定一浪的先决条件。一浪有个显著的特点就是突破30线，MACD由0轴下方突破了0轴，这标志着上一个下降或上升趋势被扭转了，并为下一波的攻击提供了形态和技术上的准备。

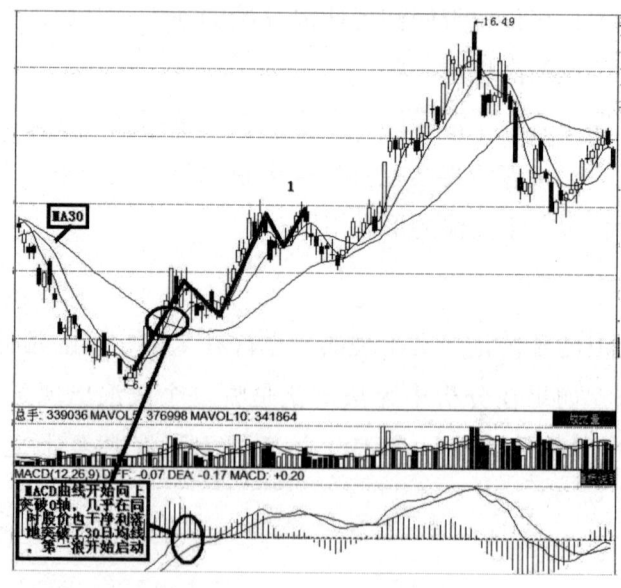

图26　第一浪确认图解

如果得到确认，就可以来操作第一浪，我们放过第一小波的上扬，最佳的买点是回撤到一小波的50%～63%处的向下分形点上，仓位定为总资金的二分之一，因一浪具有很多的不确定性，故应控制仓位。

介入了仓位后，立即把止损点定在零点的下方，随后投资者应密切跟踪走势，并注意出局的信号。可将时间周期切换到30分钟，观察它的波浪运行情况，当第五小波与第三小波的价格与MACD背离；第五小波目标区已达（根据前面的波浪计算）；出现了一个向上的分形；MACD的柱状线明显在缩短，一旦符合上述条件，即可断定一浪运行已经完备，应立即退出手中筹码，空仓等待下一个机会。

第二浪的买卖策略。当第一浪上升以后，市场出现三个浪的调整时走势出现五个小浪的上升，表明调整已经结束。一般第二浪调整的买入点可放在0.5～0.618的范围内，如果第二浪的调整以之字型展开，则该范围比较可靠。买入后可将比损盘放在之字型调整的底部，而预期三浪的目标将至少与第一浪等长。

第三浪买卖策略。第三浪是投资操作的重点之一。当攻击信号出现时，可以打入二分之一仓，也可在判定二浪行将结束时预先埋进三分之一的仓位，攻击信号出现时再进三分之一仓。止损点设在二浪最后一个向下分形的最低价的下端。在股价向上突破一浪的顶部，回撤企稳后再次放量攻击，我们打入剩余的资金，全仓参与决战。

第三浪的幅度一般为第一浪的1～1.6倍或以上，当价格运行到这个幅度以上后，我们应该寻找信号，准备出局兑现利润。这时我们把时间周期放在30分钟，当发现第5小波的MACD与第三小波的背离；且价格已经进入了目标区；已经形成了个向上分形；且在向上分形的最上面三支条形图中出现了蛰伏的视窗；MACD的柱状图明显缩短；这时我们可以立即判断，第三大浪的5小波已经结束，即第三浪完成，我们应该立即出清手中筹码，变现利润，切不可心存幻想，还想再高点卖。

第三浪买入后将止损盘放在两个位置：第一浪的顶点，因为既然是第三大浪的第三小浪，市场就不会犹豫不决的下跌，与第一浪发生重叠；放在缺口的下方，既然认为是主升段中的主升段，市场就应该义无反顾的上涨，回补缺口表明市场趋势比较弱，很可能不是第 3 浪。

第 4 浪底的买入。当市场以推动浪的形式走完上升的三个浪时，就可以考虑在第四浪底买入。上升的三个浪是否属于推动浪的判断：第三浪出现大跳空缺口。而第四浪的终点将有几种可能性：第三浪的 0. 382 ~ 0. 5 的范围；第一浪的浪顶上方；价格通道的下边线。假如几种可能性的目标价位相差不远，可靠性将比较高。

第五浪顶的抛售。当第一至第四浪已经走完，而第五浪也开始运行，与第五浪高于第三浪时就可认为上升五浪是完整的，此时，最理想的抛售是第五浪以消耗性缺口的方式走完最后一段，而缺口一旦回补就可认为第五浪已经运行完毕，此时可配合动力指数的顶背离来确认。如果市场走势与预期不符，如第五浪出现延长，回补的买盘应放在第五浪的顶部，也就是说，市场还将再创新高。

口诀点金

在波浪理论中调整浪其实还可以有许多变化。比如说，三角形可以细分成上升三角形、下降三角形、对称三角形、扩散三角形等，调整浪也是波浪理论中的一个难点，投资者不应轻视。

口诀 4　四浪完结待后发，延伸五浪捕黑马

口诀要点

第五浪是牛市最后一浪，第五浪的涨升较第三浪的涨升存在有一定的弊端，较易形成延伸浪的失败。但从整体来看，它依然是推动浪中不可缺少的一部分，一旦延长浪能顺利地进行下去那么它涨升的空间也是极其可观的。即使是失败形态，通常也会到达第三浪的顶，这样就有一段获利机会。

口诀详解

一般情况下，第三浪如果不是最长的一浪，第五浪就会是延伸浪。事实上，第五浪通常没有第三浪表现的那么强劲有力，艾略特经过长时间的研究发现，第五浪行情仅是一种"虚张声势"，除非有延伸，否则第五浪几乎都不会

像第三波那么"轰轰烈烈"，但是如果利用好第五浪，投资者同样可以获得丰厚利润。

一般来说，发现第五浪涨升有以下两大特征：

1. 在第五浪延长当中"在极偶然的情况下，会有9个等波幅的浪存在"。

2. 一旦第五浪发生延长，那么第五浪完成后会发生双重调整。

当然，从延长浪的情况来看，一般在市场中较难出现，而一旦出现，那么投资者在浪型的划分中应注意的是，它们的推动波加上修正波共完成九浪，除一、二、三、四浪为基本浪外，五、六、七、八、九浪均是属于五浪的延长而已，并不会和波浪理论的精髓"五波上升，三波修正所抵触"。

事实证明九浪形态，以及随之而来的双重调整，是艾略特众多波浪形态中最具预测价值的其中之一，在操作中完全可以起到指导作用。但如何划分五浪的结束点位往往会让投资者感到困惑，艾略特通过趋势线来判断会有比较好的效果：一旦市价达到上趋势线时，趋势将会反转，这也就是五浪延伸的结束点。

投资者在分析波浪型态和预测未来可能性时应当记住的一点，波浪运动中各种形态往往交替出现，几乎在每一级波浪运动中都是如此。比如说，如果第二浪修正波出现横向盘整（3-3-5）形态，则应当估计第四浪修正波出现快速调整（5-3-5）形态，反过来也是一样。这样对我们判断第四浪何时结束以及何时介入第五浪有较大帮助。

一般来说，投资者在第四浪结束的位置购入股票会取得比较好的投资效果，第四浪调整幅度的一般性条件就为寻找介入时机提供了依据，这些限制是：其一，第四浪不能跌破第一浪的顶；其二，第四浪修正幅度最大调整的结束位置是前一个次级的第四浪调整的结束位置。换句话说，就是在第三浪下面子浪中的第四子浪结束位置。

我们可以通过图例来说明这个问题。

从图27中我们可以看到，该股以25.41元达到第三主升浪，接下来开始运行第四修正浪。根据波浪理论，第四浪之后还会有第五浪的延伸，即使第五浪失败，通常也会到达前期高点，如果第五浪延伸，那么创下新高自然更不在话下。因此问题的关键是在第四浪结束位置介入，第四浪最大调整结束位置是在前一个次级的第 4 浪调整的结束位置。图中标出了第四大浪结束位置大概是在 15～16 元之间，后市不论是否有反复，应还有一波第五浪扬升。

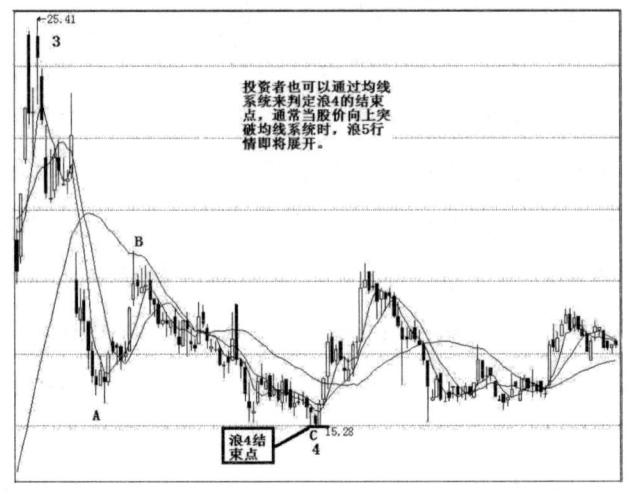

图 27　浪四结束位置图解

口诀点金

第四浪之后还有第五浪，两个波段都是获利的波段，延伸浪也通常发生在此。而判断第四浪修正是否结束，可以运用第三浪中的子浪做参考，其最大调整的结束位置通常在第三浪中的第四子浪结束位置。

口诀 5　三波之字双回撤，五波右肩做 B 浪

口诀要点

如果调整浪 A 以三波段形式出现，其后的走势将是"双回撤"；如果调整浪 A 以五波段形式出现，其后的走势将是"B 浪反弹"。

口诀详解

事实上，这句口诀的成立有一个前提条件，就是前面上升浪中的第 5 浪必须是扩展浪（即前文所说的"五浪延伸"）。而"双回撤"，指的是两个过程：A 浪属于第一次回撤（见图 28），其后的反弹是第二次回撤，并称"双回撤"。

如果 A 浪只能划分为低一级的三个波浪，其意义可分两方面分析。第一：向下调整力度较弱；第二：整个调整市势可能以平坦型态出现。换言之，B 浪的上升，可能收回 A 浪绝大部分的失地。

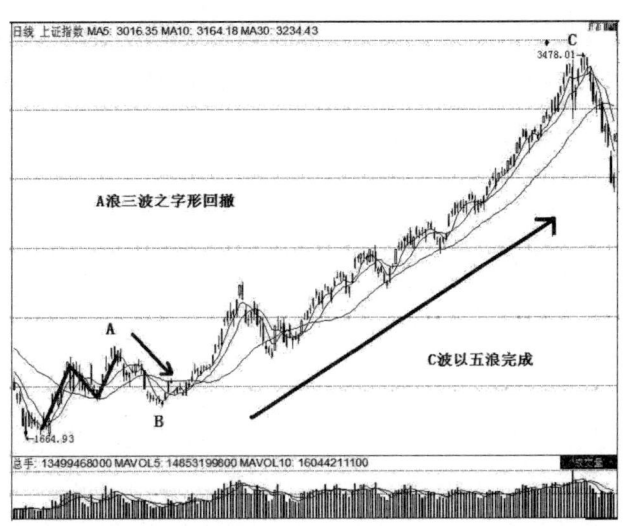

图 28　调整浪波动图解

一般情况下，A 浪多数可以再分割为低一级的五个波浪，反映整个调整市势会以之字型波浪运行。在此情况下，根据顺流五个浪的基本原则，主流趋势将会依照 A 浪的方向行走，而 B 浪的回吐将为 A 浪的 38.2%、50% 或 61.8%。不论之字型或平坦型的调整市势，B 浪永远以三个浪的组合出现，B 浪不可能再划分成低一级的五个波浪。如果 A 浪以三个波浪的组合运行，B 浪可以以不规则的形态而稍微超越 A 浪的起点。

假设 A 浪是由三段组成，那么在 A 浪退出之后的第二次回撤（即向前五浪顶的回试）也有个强弱的问题。一般来说，如果 A 浪退出之后的第二次回撤由三段组成，那么它的走势就比较弱，过五浪顶的几率很小，反之，如果第二次回撤由五段组成，那么破五浪顶形成新升浪的可能性就非常大。

总而言之，应用本口诀时区分 A 浪是由三段还是五段组成非常重要，因为只有三段组成的 A 浪才有"双回撤"，五浪组成的 A 浪后面一定是 B 浪反弹，两者的区别在于，"双回撤"之后可能会创新高，有展开新升浪的可能，而 B 浪反弹后面紧跟着的一定是凶狠的 C 浪下跌。

口诀点金

由于一组三个波浪的走势，可能代表平坦调整浪的 A 浪或整个之字型调整浪。因此，可以预期市势最低限度会回升至 A 浪的起点，或甚至超越 A 浪起步的地方。后者表示调整市势以不规则平坦型波浪出现，或新的推动波浪已经开始运行。在具体运用中，投资者如果发现三个浪的调整市势，基本上可以预测最低限度会有三个波浪以相反方向运行。

第四章 K线语言盈利口诀

口诀1 顶部如穿头破脚，遇见就快跑快跑

口诀要点

K线走势图中出现两根不同的K线，其中第二根K线的实体部分完全地吞没了第一根K线的实体，既穿了头又破了脚，这种形态也常被称为看跌吞没形态。在上升趋势当中，当第二根阴线完全吞吃了第一根阳线的实体，形成顶部穿头破脚，后市看跌。由于第二根K线的阴线实体部分完全打消了前一根阳线多头的所有努力，说明空方遏制住了多方的进攻，原有的上涨的趋势通常出现停滞，甚至有可能被逆转。

口诀详解

口诀中，所说的即是阴包阳吞没形态（见图29），这种形态通常出现在顶部，还有一种形态是与之相对应的，即阳包阴看涨吞没形态，阳包阴形态常出现在底部，是行情看涨信号。

在高位出现阴包阳的穿头破脚，说明抛压沉重，行情见顶，如果对应着天量，则应证天量天价，投资者应该果断逃顶，至少应该减仓操作。股价经过一段时期的上涨，突然间成交量大增，并且以一根大阴线，包覆了左方的K线，这种现象被视为上升波段结束的信号。

从技术特征上来看，顶部穿头破脚的成因是在上升趋势中，出现了一根带

很小实体的阳线，当天的成交量相对前期有所下降，第二天开盘价相对前一天创出新高，即高于前面阳线的最高价。然而好景不长，很快冲高回落。由于卖盘不断涌出，成交量也持续放大，最后收于第一天的开盘价以下。市场中看涨做多的情绪受到了打击，如果第三天的市场价格仍然走低，那么上升趋势将发生反转。

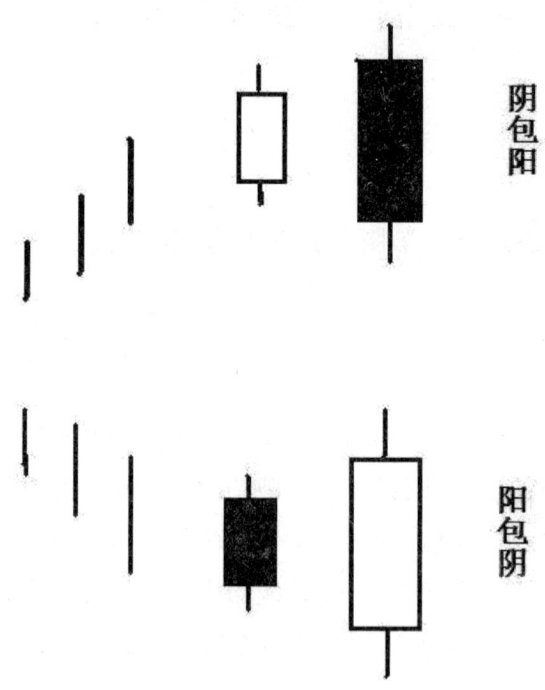

图29　顶部穿头破脚形态示意图

我们可以看到，在穿头破脚看跌吞没形态中，第一天的实体往往非常小，而第二天的实体非常大。这种情况可能说明原有趋势的驱动力正在消退，而新趋势的潜在力量正在壮大。如果第二天K线实体比第一天K线实体大一倍甚至更多，那么趋势反转的可能性将大大加强。

一般来说，在穿头破脚形态中不必考虑上下影线的作用，重点是把握K线的实体部分。当这种形态出现在市场价格的顶部，或者是上升趋势中，它反映市场的心态正在出现调整，投资者倾向于卖出。

在穿头破脚看跌吞没形态中，第一天的实体很短，而第二天的实体很长，这就说明第二天的市场价格波动要更加剧烈，它反映前一段市场发展趋势可能会结束。如果市场正处于牛市中出现了看跌吞没形态，这说明市场可能会下跌，因为已经没有足够的资金再推动市场继续向上；而第二个实体往往伴有超额的交易量，这种情形可能属于巨量出货暴跌现象。第二根K线的成交量越大，转向的可能性也越大。

高位穿头破脚形态的操作策略很简单：一是在日线图接近收盘的时候卖出；二是止损位放在长阴线的最低点即可。

例：如图30所示，江西铜业（600362）经过2009年12月的大幅下跌后，在12月22日展开了一波上涨行情。成交温和放量，股价稳步攀升，就在市场一片叫好声时，2010年1月7日，该股在一个较高位出现了穿头破脚看跌吞没形态。随后股价迅速下跌，在17个交易日内，股价由43.60元跌至32.85元。

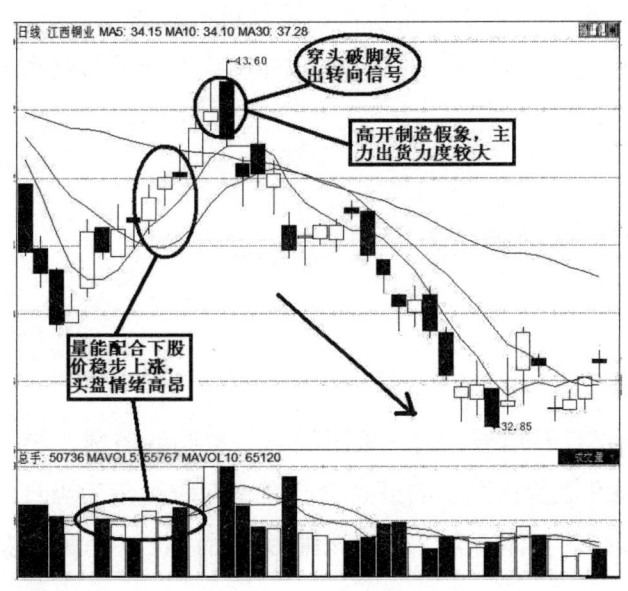

图30　江西铜业穿头破脚形态图解

值得警惕的是穿头破脚形态经常在股价趋势进行的中途出现"骗线"，也就是俗称的"假阴线"或"假阳线"。出现"假包覆线"的原因，不外乎以下两种：

（1）庄家刻意做线，意在摆脱跟风的散户。

（2）纯属技术巧合，例如：股价在行进途中，恰巧遭遇平均线压力、大自然数字的压力区、前波密集套牢区等等状况。

这些情况，都是因为股民心中，对后市的看法仍有疑虑，因此，一有风吹草动，立刻引发庞大的卖压，形成一条超长的大阴线。注意，假阴线是出现在多头趋势，而假阳线则是出现在空头趋势。

假阴线及假阳线还有一个技术名词，叫"反打前三"。为什么叫做反打前三呢？它的意思是说，在多头趋势中，前面连涨了三根阳线，今天一根大阴线就把前面三根阳线吃掉；在空头趋势中，前面连跌了三根阴线，今天一根大阳线就把前面三根阴线吃掉。

口诀点金

穿头破脚两根 K 线的长度越悬殊，转势的力度就愈强。如果第二根 K 线长度远远超出第一根 K 线，则说明多空双方力量对比发生逆转，转势的可能性更大；第二根 K 线包容前面的 K 线愈多，转势机会就越大。所以，在实践当中，我们经常会看到一阳包数阴或一阴包数阳的 K 线组合，对这类形态，大家应该引起足够的重视。

口诀 2　乌云盖顶狂风吹，乌云压城城欲摧

口诀要点

这是一种顶部反转信号，由一根阳线与一根阴线组成，第一根为强劲的阳线，第二根 K 线开盘价比上日的最高价要高，但收盘价为当日波动的低点，而且深入第一根阳线的实体部分。出现该种形态后，投资者就应速速离场。

口诀详解

乌云盖顶（见图 31）是由两支不同颜色及处于图表顶部的阴阳线组成，属于一种见顶回落的转向形态，通常在一个上升趋势后出现。第一根为升势阳线，显示升势持续向上发展，短期向好。第二根则为大阴线，其开盘价须比上日阳线为高，而收盘价则必须低于第一根阳线线身的一半为标准。

市场原本在已经确定的上升趋势中运行，当日大阳线的出现使得市场中处

于强烈的买盘中，第二天市场向下跳空开盘更证明了买方的决心，但在整个交易日内，市场人气开始得到聚集，最后以阴线收盘，并且低于前一天阳线实体的中点。

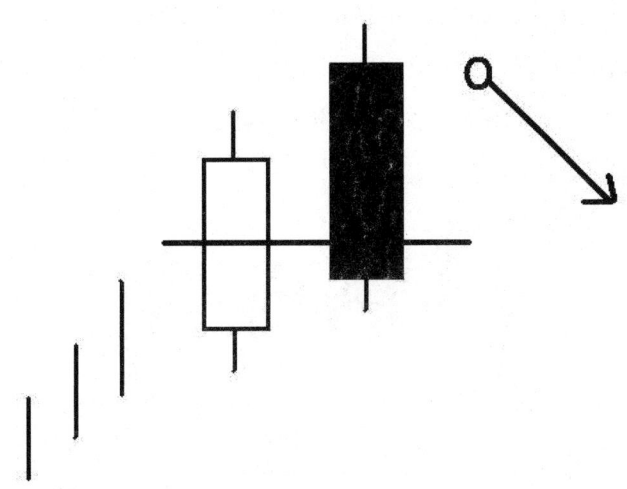

图 31　乌云盖顶形态示意图

乌云盖顶形态的一般识别法则为：

（1）市场处于上升趋势，第一天是一根大阳线。

（2）第二天是一根大阴线，它的开盘价高于第一天的最高价。

（3）第二天的收盘价应该低于第一天大阳线实体的中点。

这里我们还可以运用技术特征详细解释一下：

首先，乌云盖顶形态发生在一个超长期的上升趋势中，第二根 K 线应高开于第一根 K 线的最高价之上，但收盘价大幅回落，深入到第一根 K 线实体部分一半以下，否则分析意义不大。第二根 K 线实体深入第一根 K 线实体中越多，说明市况见顶回落的可能性越大。

其次，在乌云盖顶形态中，如果第二个实体（即黑色的实体）的开市价高于某个重要的阻挡水平，但是市场未能成功地坚守住，说则明多头上攻乏力，大势见顶的迹象已经显露。

最后，如果在第二天开市的时候，市场的交易量非常大，那么这里就可能发生胀爆现象。具体说来，当日开市价创出了新高，而且开市时的成交量极重，可能意味着很多新买家终于下决心入市，踏入牛市的"船"。随后，市场却发生了抛售行情。那么，很可能用不了太久，他们就会认识到，自己上的是一条行进在大江中的漏船。

下面我们来看两个例子。

例1：如图32所示，如意集团（000626）在2003年3月21日启动了一波上升行情，股价由16.56元涨至20元以上。然而，在2003年5月26日摸高22.73元之后便以乌云盖顶K线组合见顶回落的。

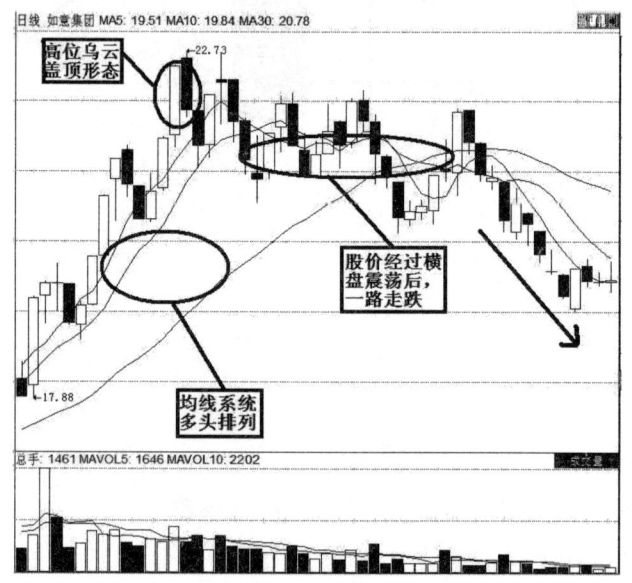

图32　如意集团乌云盖顶形态图解

例2：如图33所示，大连控股（600747）于2002年5月20日实施了10送转5的分配方案，除权后其股价震荡走低，直至6月5日的6.53元方才止跌。此后，股价震荡走高，直至7月19日的8.84元，升幅达到35%。

看一下7月22日的这根K线，这是一根高开低走的阴线实体。我们注意到其开盘价8.90元已超过前一个交易日的最高价8.87元，而这根阴线也深深地插入了前一交易日的阳线实体之中，其相应的61233手的成交量，明显较前期有所放大。

我们说，7月19日与22日的这两根K线组合就是典型的乌云盖顶形态。我们清晰地看到：在出现这一形态后，该股便进入漫漫跌途，自7月22日的8.90元至8月初，跌幅已近20%，而且意犹未尽。由此可见，这一K线形态在揭示阶段性头部方面，还是有比较现实的意义。

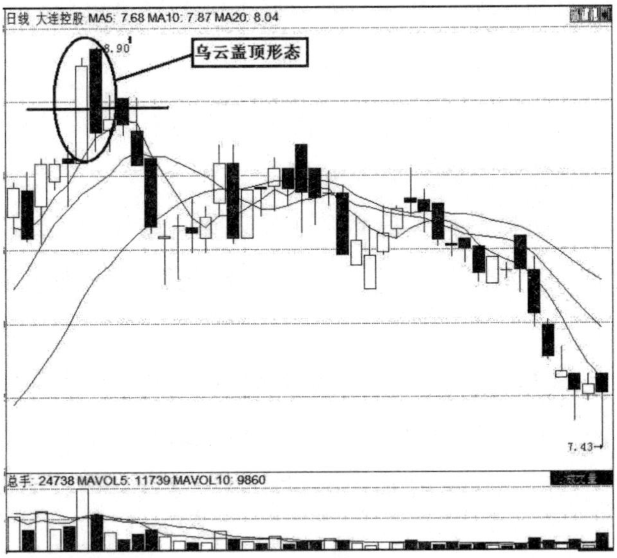

图33　大连控股乌云盖顶形态图解

值得投资者注意的是，乌云盖顶形态是较次要的见顶信号，因此其可靠性也因其出现的位置不同而大相径庭。一般来说，如果该形态出现在反弹行情顶部，股价快速拉升之后，那么其可靠性较高；反之，若该形态出现在股价突破颈线之后，涨幅也相对较小时，则庄家洗盘的可能性较大。

口诀点金

第二根阴线的收盘价越低，见顶回落的可能性越大；第二根阴线在开盘阶段大幅超越前期高点，然后回头下跌，股价见顶回落的可能性大增；第二根阴线开盘时的初段的成交量越大，表示中了多头陷阱埋伏的投资者越多，转势的可能性也越大。

口诀3　三只乌鸦天上飞，高开低走个个黑

口诀要点

股价在高位运行时突然出现连续三根阴线的K线组合，是股价要暴跌的信

号。其中很重要的一点是股价必须经过大幅拉升后的高位，三天收盘价一天比一天低，并且每天收盘价基本都是当天最低，预示后市行情将下跌。

口诀详解

在中国的传统文化里，乌鸦是不吉之物，意喻不祥，口诀中"乌鸦"的意思是三根向下的阴线持续下跌，后市看淡。

在上升趋势中，三只乌鸦呈阶梯形逐步下降。市场要么靠近顶部，要么已经有一段时间处在一个较高的位置了，而出现此类形态则表明股价将进一步下跌。

三只乌鸦（见图34）出现在下跌趋势启动之初，空头取得优势并开始发力，务必注意这种K线成立的前提，是发生在下跌趋势成立的初期。在下跌趋势的末端，有时也会有三连阴的K线形态，但这与三只乌鸦无神似之处。

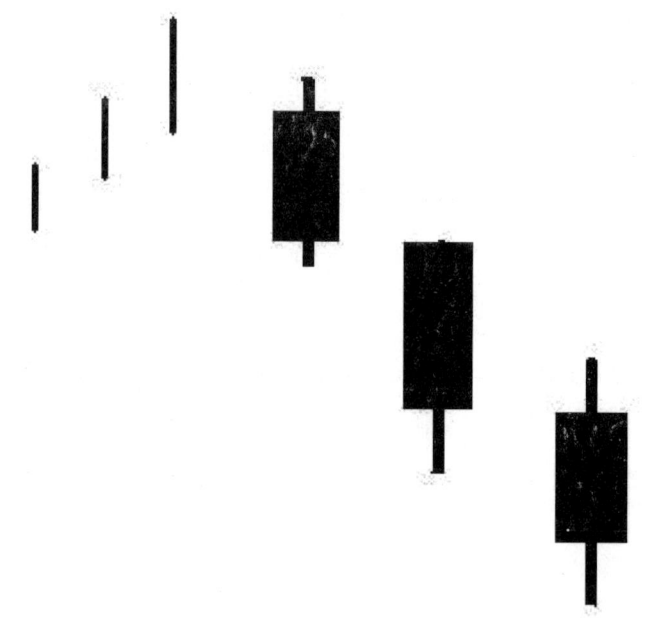

图34　下跌三只乌鸦示意图

1. 三只乌鸦由三根连跌阴线组成，每根K线的实体较长，呈现强势的看跌态势。

2. 如果每一根阴线几乎没有上下影线，就称之为"三胎乌鸦"，表示后市下跌意义更大。

3. 三只乌鸦常常发生在重要阻力区之下，原因是上涨行情受制于重要阻力的压制，无法突破，转而掉头向下，从而演化成三只乌鸦形态。

如果看见三只乌鸦形态，一般可以形态确立之后的回拉建立空单，也可酌情建立起突破跟进的空单。

第一天多为观望期，此时市场不明朗，市场信心不强烈，后市走向把握度不高；第二天，三只乌鸦形态雏形已现，可考虑轻仓建空。止损可设在重要阻力区之上；第三天，三只乌鸦形态确立，可进场建空。

例：如图35所示，银鸽投资（600069）在2008年1月11日高位成交量异常放大，14日跌2.18%，15日跌2.43%，三只乌鸦天上飞。随后展开调整行情，2008年3月12日，跌破60日均线后，继续破位杀跌，一路崩溃，最低跌至11月4日的2.89元，跌幅超80%。2008年12月3日，才重新站上60日均线。

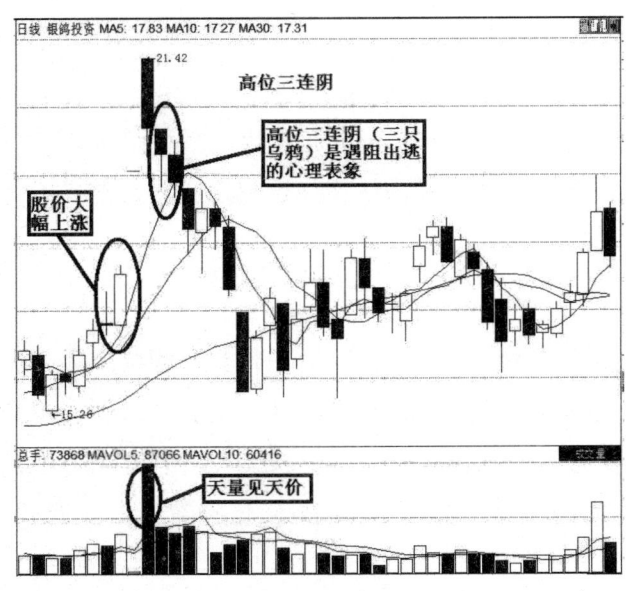

图35　银鸽投资高位三连阴逃顶图解

当然，投资者在使用三只乌鸦判断股价走势时，还要注意其出现的位置。

在连续阴跌不止情况下，特别是在股价已有较大跌幅后出现下跌三连阴，表明空方力量已经用尽。

下跌三连阴在下跌初期出现，表明空方力度还很强大，股价还有很大的下跌空间，此时见到下跌三连阴 K 线组合后要果断止损离场，退出观望。

下跌三连阴在股价连续下挫后出现，是空方能力耗尽的表示，如果下跌时成交量也急剧放大，这往往是跌势到头的信号，说明行情将由弱转强，此时见到下跌三连阴 K 线组合后不要恐慌，切勿盲目割肉。即使股价日后还有下跌空间，也要等到反弹时空方打击能量重新聚集后才会继续下跌。所以，从最坏的角度考虑，也需等到三连阴触底反弹时放空，这样也好减少一些损失。

口诀点金

在很多情况下，股价三连阴见底反转向上的情形也屡见不鲜，如在三连阴后及时买进，说不定还能骑上一匹大黑马。

口诀 4　上涨渐大红三兵，短线买入加速行

口诀要点

股价上升途中，多头接连向空头发起进攻，且攻势一天比一天猛烈。反映在 K 线图上，股价连收阳线，而阳线实体也越来越大，这常常是股价将加速上行的先兆。

口诀详解

"红三兵"（见图 36）是市场逐步见底、多方持续加大力度、市场趋于一致的走势，这种走势是一种温和的逆转。对于投资者来说，也是一个较好的参与时机，它不会像有的个股直接涨停而难以买入。但出现"红三兵"之后往往第四根是幅度更大的阳线，这是一种技术上的确认，此时也是最佳的参与时机。

红三兵技术特征：

（1）在股票运行过程中连续出现三根阳线，每天的收盘价高于前一天的收盘价。

（2）每天的开盘价在前一天阳线的实体之内。

（3）每天的收盘价在当天的最高点或接近最高点。

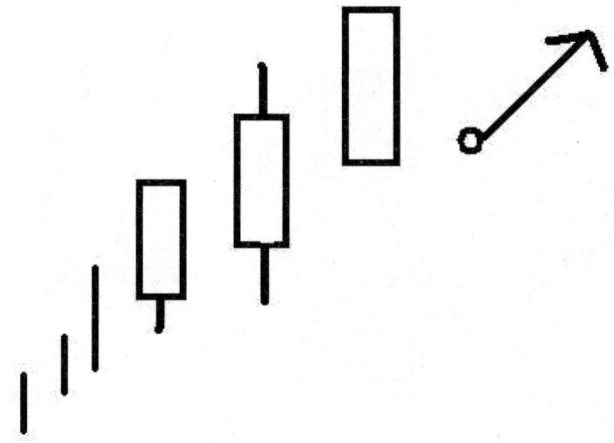

图36 红三兵形态示意图

红三兵如果发生在下降趋势中，是市场的强烈反转信号。每天开盘价较低，收盘价却是最近的新高，多头力量推动股价向上盘升。

如果股票在较长时间的横盘后出现红三兵的走势形态，并且伴随着成交量的逐渐放大，则是股票启动的前奏，可引起密切关注。

由于红三兵形态中连续阳线的实体是由小变大，一般表明多头攻势日见顺利，将趁热打铁，向空方发起总攻。在实际操作中，如K线组合中阳线实体比较大，特别是第三、第四天的阳线已是中大阳线的话，就说明多头力量十分强大，即使招致空头反扑，也不过是极短时间的调整，反而成为短线追买的良机。要同时认真观察个股基本面和消息面，以提防某些主力和机构借此形态骗线出货。

例1：如图37所示，景兴纸业（002067）在2009年1月初股价探底后上升，7日、8日、9日三天走出了一个渐大三连阳，后市看多。然而该股很快遭空头反扑，股价进行了一小段时间的平台整理。1月22日再次出现渐大三连阳形态，股价随后飙升，这轮涨情在以5.23元探顶后终结。

例2：如图38所示，江苏宏宝（002071）于2009年5月股价在上升途中走出了渐大三连阳形态，并且获得了量能的有力配合。5月中下旬空方进行了疯狂反扑，股价出现了平台整理形态。这时一些胆小的投资者纷纷离场，然后

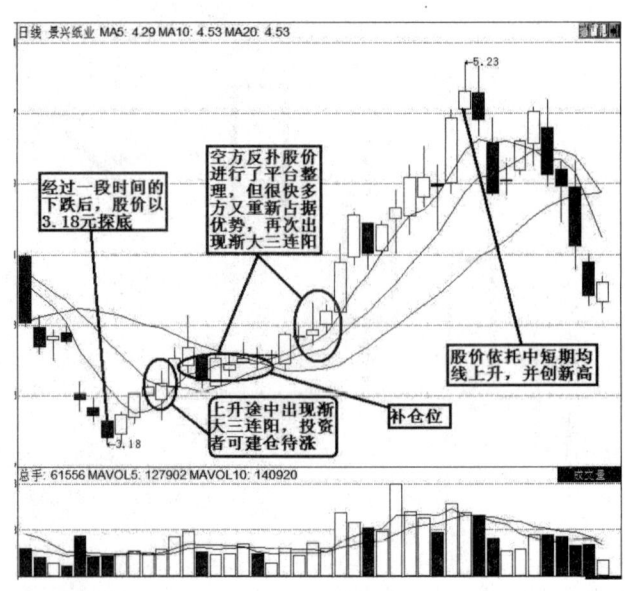

图 37　景兴纸业连三阳操作图解

在平台整理之后，股价却仍在多空双方的争夺中继续攀升，6 月 26 日股价以9.28 元结束了这一波涨情。

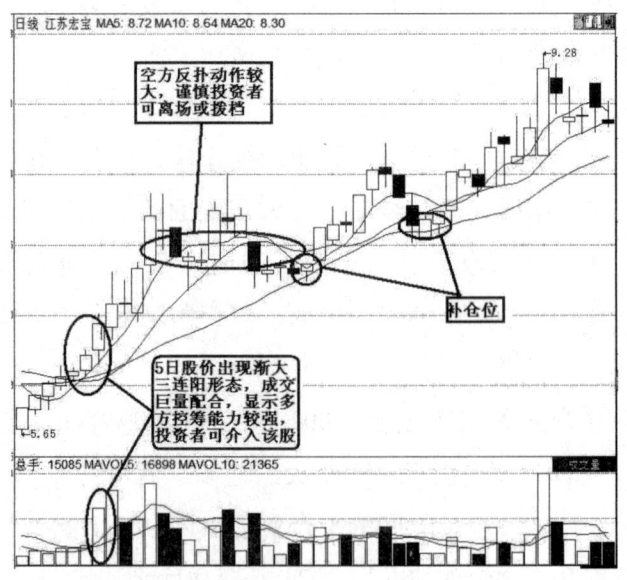

图 38　江苏宏宝连三阳操作图解

口诀点金

使用渐大三连阳线买入股票时应留意，如 K 线结合中阳线实体比较大，尤其是其第三、第四天的阳线已是中大阳线的话，就注明多头力气非常壮大，即便招致空头反扑，也需要一段时间的调动，短线仍大有可为。

口诀5　黄昏之星走到头，千万别做死多头

口诀要点

黄昏星是由三条K线组成的图形。第一条线是一条较大的阳线，第二条线是一条小星形线（不分阴阳，十字星也可）。第三条线是一条长阴线，表示价格见顶回落，发出转势信号。出现这种形态时，投资者应速速离场。

口诀要点

黄昏星（见图39）是倒转V形态的反映，也就是上升走势已到达顶点了，股价出现暴跌的情形，其他技术指标也明显的指出反转的讯号。出现在高位的一条大阳线，一方面显示多头力量较强，把价格推到了极限；另一方面，则是显示超买迹象，获利不菲得多头，会平仓离场，影响后市得升势。第二条星形图线，是多空力量相持不下得表现，显示多头力量已在减弱，空头力量增强，后市有利空头得发展。第三条大阴线，则进一步证明了空头力量得增强，多头已彻底失去控制行情走势的能力，后市行情将会在空头得主导下继续下行。

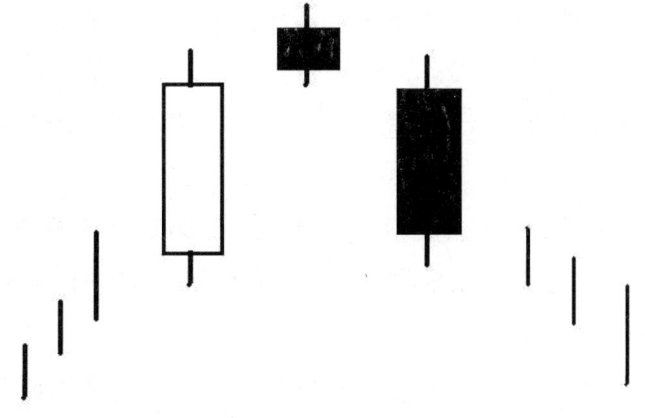

图39　黄昏星形态示意图

黄昏星特征：

（1）该形态出现前，必须有一段较大的升幅，即该形态必须处在高位。

（2）该形态的第一条图线必须是一条较大的阳线。

（3）第二条图线应是一条星形小图线，如果同时具备较长的上下引线则更佳。

（4）第三条图线，应是一条大阴线，收盘价应收在第一条大阳线的中心值附近，收得越低越好。

黄昏星代表市场已转入疲软中，上涨的局势已到达顶点了，此时出现的第二日大阴线正代表市场的大逆转，正是卖出的讯号，也就是第三日的开盘即可卖出。

股市上有一句话："会买的是徒弟，会卖的是师傅。"，把握卖出股票的时机确实是比较困难的，黄昏之星作为典型头部 K 线组合在实战中还是十分有效的。黄昏之星往往预示着股价将要见顶回落，投资者遇到它时要宁可错过，不能做错，一定要及早出仓。

黄昏之星正好与早晨之星相反，其典型的技术表现由三个交易日的 K 线组成：第一日，股价继续上升，出现一根实体较长的阳线；第二日，震荡缩小，既可为阳线也可为阴线，构成星的部分，如果为阳或阴十字星则更佳，这种组合又可称之为"黄昏十字星"；第三日，出现阴线，并且下跌吞食第一根阳线实体的一部分或全部。

而在实战中投资者需注意的是：

（1）第二根 K 线的性质较为重要，阴线比阳线见顶的可能性要高，阴或阳十字星比阳线见顶的可能性要高。

（2）第三根 K 线如果以向下跳空缺口形式出现，则向下破位的可能性将大大增强。

例1：如图40所示，一汽夏利（000927）在 2003 年 5 月 29 日以向下跳空缺口构筑黄昏之星，虽以小阳报收，但当日有 0.01 元的缺口未被回补，因此已改变不了其转势下行的趋势。

例2：如图41所示，古越龙山（600059）在 2008 年 2 月初以 24.93 元见底之后就开始震荡上行，但在 3 月 3 日放量长阳上攻后，4 日却收出短小的阴十字星，显示出多头力量已强弩之末，5 日果真以长阴吞食 3 日的长阳，形成了

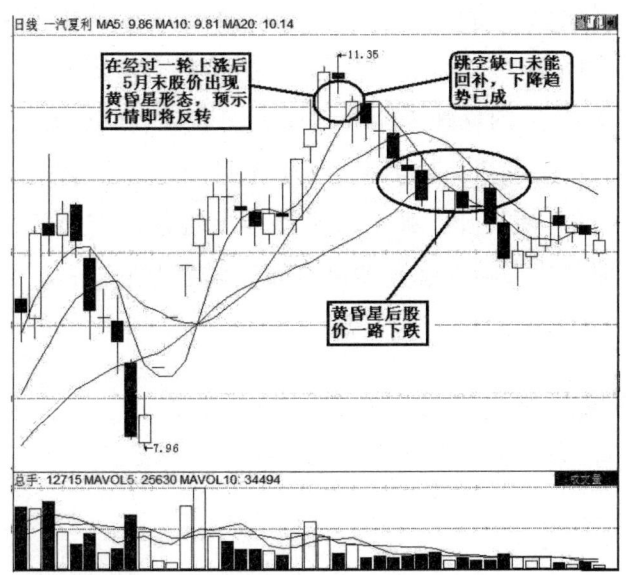

图 40   一汽夏利黄昏星操作图解

典型的黄昏之星 K 线组合，虽然 3 月 12 日又以阳线反弹但已改变不了震荡下行的趋势，投资者可趁早获利了结或止损出局。

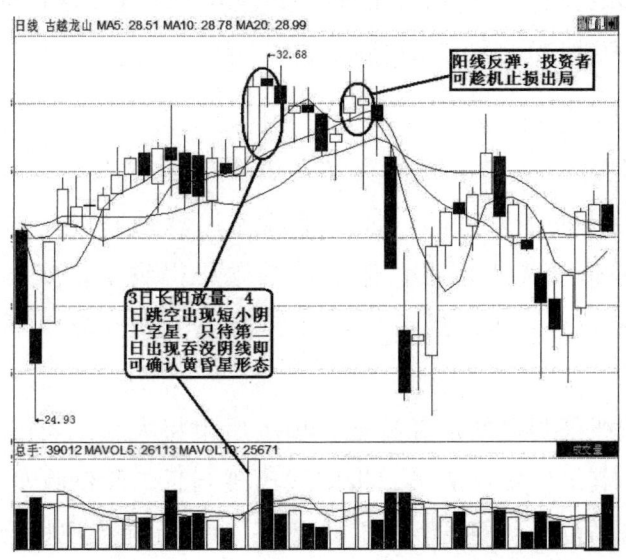

图 41   古越龙山黄昏星操作图解

口诀点金

最好的规避黄昏之星失败风险的方法是等待，时间是最好的帮手。稳健的办法是在黄昏之星出现之后再静等2~3天，如在这一时间内反弹能吞食掉黄昏星第三根阴线实体2/3以上，说明多头力量仍具有一定的实力，操作上不必过早出局；如在2~3天内反弹未能吞食掉黄昏星第三根阴线实体2/3处，说明空头力量已基本获取主动权，可确定空头已占上风了，下跌趋势已确立；如果在2~3天内不出现小幅反弹，甚至自由落体出现暴跌的态势，说明空头力量已全面爆发，此时要快刀斩乱麻，趁早出局，现金为主。

口诀6　高位并列双阴线，见顶回落不乐观

口诀要点

股价经过较长时间的拉升后，已处相对高位，某日股价跳空高开低走，收出阴线，次日走出同样走势，这样就形成了两条开盘价和收盘价基本接近，实体长度大致相当的图线组合，这就是"高位并列阴线"K线组合形态。在这里，阴线上下影线长短不影响形态的研判，但并列阴线要求以向上跳空的形式出现，（实体间有缺口）至少是跳空高开的。

口诀详解

在正常的上升趋势中，股价突然高开低走并低收，表明多方进攻时，在上档遇到了空方的强劲打压，最后不敌才出现低收的。次日，多方再度组织进攻，结果依然无功而返，使上档的抛压得到了证实，随后，心理压力大的多头开始做空抛售，最后形成连锁反应，股价应声下跌。这是一种看跌形态。

高位并列阴线是明显的顶部特征，预示后市将大跌，操作上应快速离场，保住既得利润。其最佳卖点的第二根阴线出现当日，股价收盘之前的10分钟内，基本确定是高位并列阴线形态便可清仓；次日也是卖出机会。

例1：如图42所示，申达股份（600626）在1993年5月4日至5月5日，从10.20元一路拉升至17.6的股价在高位形成并列阴线，这两根阴线都是跳空高开，且开盘价相同，收盘价仅差0.11元，实体长度大致相当，属于标准的高位并列阴线，股价随后震荡向下，复权后的最大跌幅已超过37%。

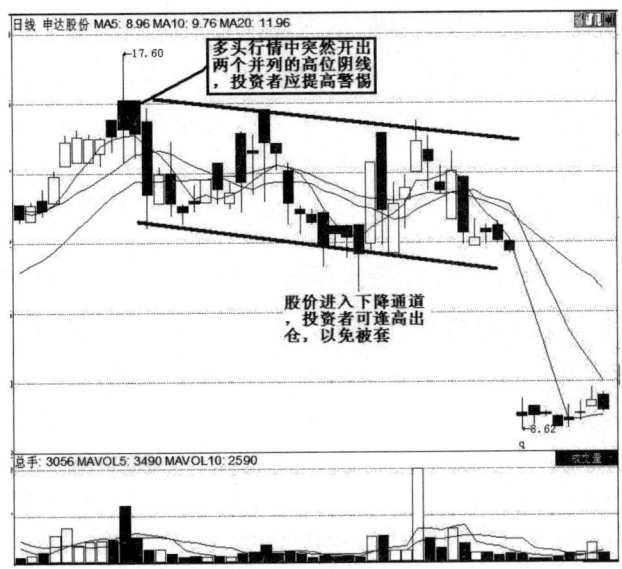

图42 申达股份并列阴线操作图解

例2：如图43所示，新世界（600628）在2007年1月初开始股价上涨，1月17日股价以15元探顶，此时股价累积涨幅达31%。1月23日、1月24日，股价接连出现两根阴线，两个阴线开盘价与收盘价大致相同，实体长度也相差不大。这是一种高档并列阴线形态，后市看跌，投资者应提高警惕，迅速清除离场。

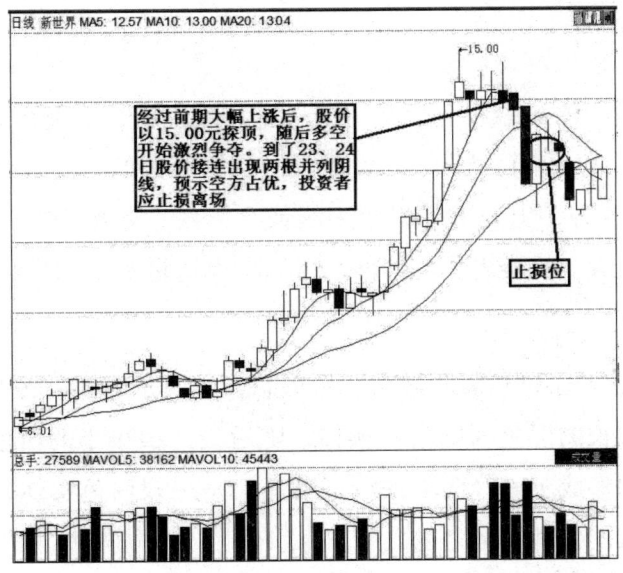

图43 新世界并列阴线操作图解

另外，投资者在实战操作中还应注意以下问题：

首先，在个别情况下，处在天顶部位的并列阴线，不要求是向上空跳的形态只需要两条阴线的开盘价、收盘价和实体的大小均符合并列线的组合要求就行。因为处在天顶部位的并列阴线，无论是否"跳空"，显示的都是见顶信号，应果断卖出股票。

其次，并列阴线指的是它们实体部分的并列，一般不考虑上下影线的长短。当然，当股价下跌到较低的位置后，出现了向下空跳的并列阴线，这两条阴线（或其中的一条）带有较长的下影线，更能说明见底信号的可靠性，更可彻底改变操作。

口诀点金

认清形态出现的位置，不同位置出现其预测意义就可能迥异。一般要求之前至少有 10% 以上的升幅。另外，开盘价及收盘价完全相同，实体大小分毫不差且留有明显向上跳空缺口的并列阴线是罕见的，所以在给形态定义时没明确要求，实战中也需要灵活应用。

口诀 7　早晨之星东方明，带有缺口更见晴

口诀要点

早晨之星是一种 K 线组合形态，由三根 K 线组成，出现在下跌过程中。先是出现一根中阴线或大阴线，第二天出现了一根低开的小阳线（亦可以是小阴线），随后转跌为升，出现了一根中阳线或大阳线，若出现跳空缺口，则未来上升幅度可能更大。投资者见此信号，可以考虑适量买进。

口诀详解

早晨之星（见图 44）又叫做启明星形态，它属于底部反转形态。在此形态中，先是一根长长的黑色（绿色）实体，随后是一根小小的白色实体，并且在这两个实体之间形成了一个向下跌空，第三天是一根白色实体，它明显地向上推进到了第一天的黑色实体之内。

早晨之星形态的识别方法如下：

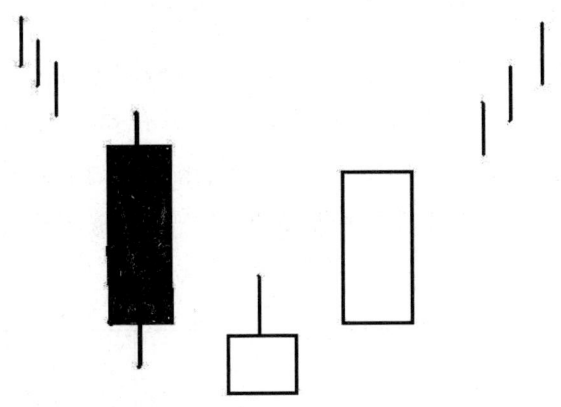

图 44　早晨之星形态示意图

（1）早晨之星的走势意味着下跌行情的结束，市场开始见底反弹，所以第一根线必须是阴线，承接前势，而第三根线必须是阳线，表明上升行情开始，而中间的那一根颜色不重要。

（2）理论上讲，早晨之星第二根 K 线，应该是跳空低开，这样的早晨之星最为标准，所提供的见底信号最为强烈，而后市上扬行情的延续时间可能较长。

（3）如果中间那根 K 线为十字星，也就是当天开盘价与收盘价相等，见底信号十分明显。

当第一根 K 线出现时，市场处于下降趋势中，卖方占优。第二天，是一个较小的实体，意味着卖方失去了将市场进一步打压的能量。第三天，市场形成一根坚挺的阳线，证明买方已经夺取了统治权，价格转而上扬。

早晨之星是一个见底标志，预示价格下跌动能耗尽，后市可能转而上扬。我们可以适时适量的制定建多策略，最初形态未明朗时要注意轻仓。也不要被第二天的跳空低开所迷惑，关键还要观看第三天走势是否上涨收阳，确定反转势头。

在出现早晨之星（复合早晨之星）的当天，或者回调后重新上行的当天买进。早晨之星 K 线组合及复合早晨之星 K 线组合出现后，在出现的当天，或者在后市不跌破星线的低点，特别是中阳或长阳实体的一半，出现分时买点的时候重仓参与，成功的概率比较高。如果形态成立，后市在支撑位，止损位可以设在前期跳空位上，或是第二根实体上沿处。

例：如图 45 所示，神州泰岳（300002）在 2010 年 1 月 22 日、25 日、26 日三根 K 线出现了经典的早晨之星形态组合，随后第四天即 2 月 1 日股价出现了一个经典的底部天量天价大阳线，这样我们至少有 80% 的概率确认底部成立，此时作为短线激进投资者大可放手一搏，但作为稳健的趋势投资者却是在 2 月 5 日即图中越过下降压制线涨停板那天进场，这个涨停板可以追，而且必须追。

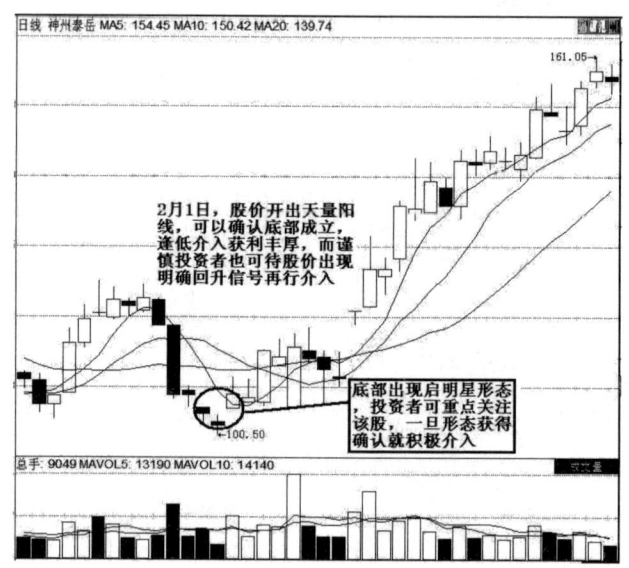

图 45 神州泰岳早晨之星买入图解

在底部出现早晨之星形态时，KDJ、RSI、MACD 等技术指标往往也都明显处于底部位置，这里虽然没有提出分析，但投资者在实战中也要注意这些技术指标，它们也是底部成立的参考要素。

实战中，遇到早晨之星形态时，投资者操作时应注意以下问题：

首先，要沉着应对不涨反跌的走势，通常情况下价格会继续上涨一段，但也有个别情况不涨，而是回头下行，甚至跌回到起涨点附近，经过一段时间的盘整后，才出现投资者希望的上涨行情。遇到这种走势，就应耐心等待，持有多头的投资者，只要止损单不被吃掉，就不要随便平仓。止损点最好设置在该形态最低点以下 3 止 5 点的价位。

其次，要注意该形态所处的位置。一般来讲，只有处在底部低位或上升行情调整后的低位时，才可做多，如果处在高位则应谨慎操作。

最后操作早晨之星形态，要依据第三条阳线实体的长短作进场依据，实体太长时，不宜马上进场，观察一阵后再做决定。

口诀点金

在这里要特别提醒投资者的是，理想的早晨之星形态中，中间的 K 线实体，与它前、后两个实体之间均有跳空缺口。另外早晨之星有变体形态，中间是包含了好几根小星线，依然可以看作是早晨之星形态。

口诀 8　岛形反转在底部，加仓买入别回吐

口诀要点

岛形反转即在一个向上（或向下）的大跳空缺口之后不久又出现一个向下（或向上）的大跳空缺口，这是后势强烈反转的信号。如果在底部出现了岛形反转形态，后市股价将会大涨，投资者应加仓买入静待获利。

口诀详解

岛型反转经常在长期或中期性趋势的顶部或底部出现。当上升时，岛型反转明显形成后，这是一个沽出讯号；反之若下跌时出现这型态，就是一个买入信号。

而根据岛形反转所处的位置的不同，可分为上岛形反转与下岛形反转。

上岛形反转形态（见图 46），是指股价处于上升行情中，在经过持续上升一段时间后，某日出现跳空缺口加速上升，但随后股价在高位徘徊一段时间，不久却以向下跳空缺口的形式展开下跌，而下跌缺口和上升缺口基本处在同一价格区域的水平位置附近，使高位争持的区域从图形上看，就像是一个远离海岸的孤岛形状，，一般在形成的上岛形期间成交量十分巨大。

下岛形反转形态（见图 47），是指股价处于下跌行情中，在经过持续下跌一段时间后，某日突然跳空低开留下一个下跌缺口，随后几天股价在缺口之下的某一低位波动或继续下跌，但下跌到某低点又突然峰回路转，

股价向上跳空并以缺口形式开始急速回升,而向上跳空缺口与前期下跌跳空缺口,基本处在同一价格区域的水平位置附近,使低位争持的区域从图形上看,就像是一个远离海岸的孤岛形状,成为多头主力在吸货时制造的最大空头陷阱。

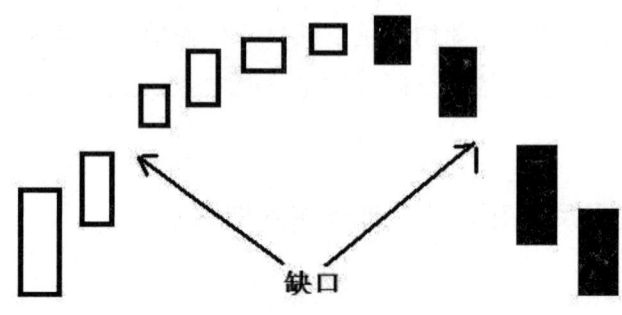

图46 上岛型反转形态示意图

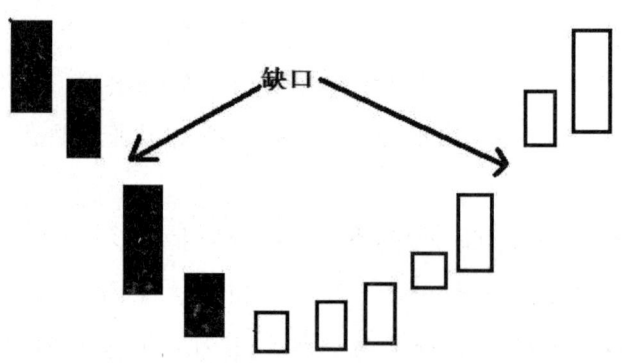

图47 下岛型反转示意图

行情在低位向上转折的"岛形反转",是指连续下跌之后,低位继续出现下跳空,并继续下挫,之后跌势衰竭,出现上跳空缺口,周期较长的上升行情展开。两个缺口之间,同样形成"孤岛"形态;第二个缺口同第一个缺口方向也是相反,意味着行情反转。上述形态,是行情在低位向上转折的"岛形反转"。低位岛形反转意味着面临重大机遇乃至暴利机会。

上岛形往往在市场一片看好股价时出现，想买入股票但又没法在预期价格上买进，而平缓的升势又使投资者按捺不住高价买进，于是出现上涨缺口。但股价却无法继续上涨，看好看淡的开始相互易手，但多空争斗的结果无法维持高股价，出现跳空缺口向下转折，开始一轮跌势。而下岛形反转正好与之相反。岛形经常在长期或中期性趋势的顶部或底部出现。当上升过程中，岛形明显形成后，这是一个沽出讯号；反之若下跌过程中出现，就是一个买入讯号。因此一旦形成岛形，投资者必须当机立断做出判断：上岛形出现后应做空，而下岛形出现时应做多。

　　例1：如图48所示，深深房（000029）在2002年1月14日形成的一个下跳空缺口，之后继续下跌、整理；但是，行情在2002年2月25日出现转折，由于2月21日中国人民银行公布第八次降息，对于房地产板块构成重大利好，该股当天形成的一个上跳空缺口。2002年元月14日形成的一个下跳空缺口，同2002年2月25日出现的上跳空缺口，构成"下岛形反转"。之后，该股一路扬升，从2月25日的5.95元收盘价，上升到3月19日的波段最高点11.6元。也即："岛形反转"确立之后，最大利润达94.9%以上。

　　岛形形态最佳的买卖点为跌破上升或下降趋势线和第二个缺口发生之时，因为在这之前无法确定发展的方向，而一旦形态确立操作上要快刀斩乱麻，坚

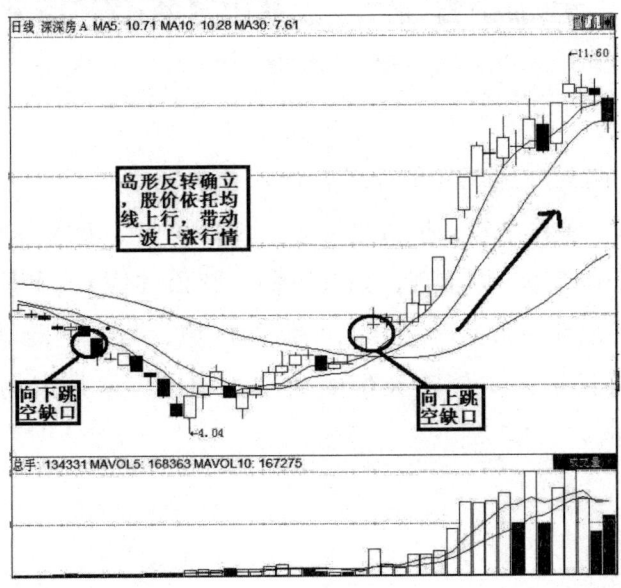

图48　深深房岛形反转买入图解

决做多或做空，不要迟疑。

　　例2：如图49所示，冀中能源（000937）在2001年11月7日向下跳空低开低走留下向下突破缺口，成交量开始极度萎缩，一天成交量仅有几万股。8天后即11月16日向上大幅跳空高开低走，但仍留下一个向上突破缺口，与左边缺口构成底部岛形反转。这是个假阴线，成交量开始明显放大，但不足百万，此处的第一买点应为短线行为。

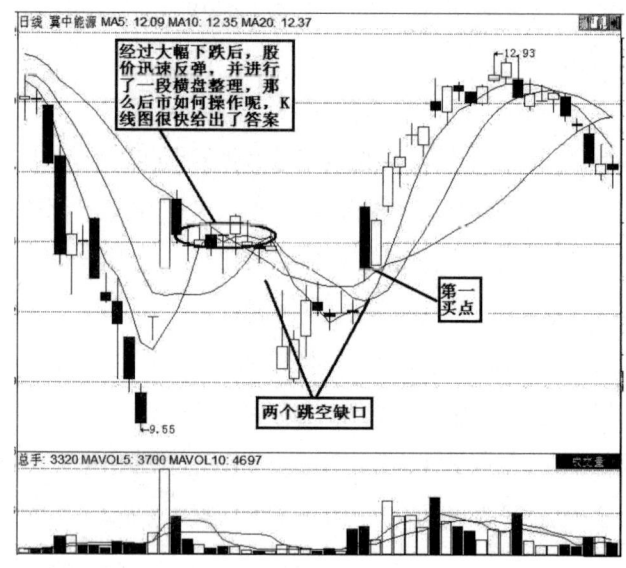

图49　冀中能源岛形反转形态图解

【特别提醒】

　　短时间如一两天内出现岛形反转，往往结合典型见顶的K线组合一同出现，如穿头破脚、黄昏之星、早晨之星等；长时间如数周内出现岛形反转，往往结合典型的其他形态一同出现，如头肩形、圆顶（底）、平顶（底）等。其中上岛形反转的顶部一般是一个相对平坦的区域，与两侧陡峭的图形形成鲜明对比，有时顶只是一个伴随天量的交易日构成，这是市场极端情绪化的产物。

口诀 9　平台突破气势强，辨清形态待上涨

口诀要点

当股价运行一段时间后，因为某些原因而不能延续以前的趋势，进而在一段价格范围内波动，产生横盘或一定幅度的整理，形成一个价格平台。而后，股价突破这个平台（可能是上涨突破，也可能是下跌突破），叫做平台突破。

口诀详解

平台突破形态（见图 50）是比较常见的一种形态，根据其所处位置不同，可分为平台向上突破和平台向下突破形态。

图 50　平台突破形态示意图

平台向上突破形态出现于股价上涨的起始，也称为"平地惊雷"；平台向下突破形态出现于股价下跌的起始，也叫"高台跳水"。平台突破形态基本上由两部分组成，第一部分是长期盘整形成的平台部分，该部分成交量比较小，股价波动幅度比较不大；第二部分是平台突破后的上涨或下跌部分，该部分成交量急剧放大，且股价呈单边走势。

平台向上突破形态的形成过程是，股价一直在低位徘徊，成交量稀少，股价呈窄幅波动，由于长期无主力关注，投资者很难从其股价波动中获取差价，因而渐渐被市场遗忘。但经过长期整理，形成了坚实的平台底部，主力也从这个整理中得到了非常丰厚的底部筹码，忽然有一天，成交量急剧放大，股价被迅速推高。

平台向下突破形态是与平台向上突破形态相对应的空头形态，其形成过程与平台向上突破形态有点相似，但不完全相同。在平台向下突破形态中，主力已经控制了非常多的筹码，但由于其他原因，主力已难以维持股价的高位盘整不得已向下突破。其形成过程是，股价经过大幅拉升后，股价逐步回落到某一高位，主力为了达到出货的目的，刻意在这一高位维持股价的横盘整理，形成一个高位平台诱使投资者接受其价位。

而平台突破形态的量度幅度与其平台的长度有关。股市里有一句谚语说：躺下去有多长，站起来就有多高。一般来讲，股价在底部整理的时间越长，股价上涨的幅度就越高，但对平台向下突破形态而言，则没有类似的规律，其下跌幅度一般与其先前的涨幅有关。

平台突破类型 1：带量突破

例：如图 51 所示泰达股份（000652）在 2006 年连续几个月的盘整形成一个标准的平台，在 2006 年 3 月 24 日出现个股放量突破。一般来说类似这样长期平台出现突破后，短期内突然拉升所面临的抛压都会比较大，除非主力做多非常坚决，否则第一波突破向上空间都是比较有限（从第一个涨停算起一般都在 20% 以内），这种突破多是主力试盘为主。对于这种类型的突破投资者可耐心等待其回调至 10 日或者 20 日均线附近，一旦发现其再次放量启动可大胆追

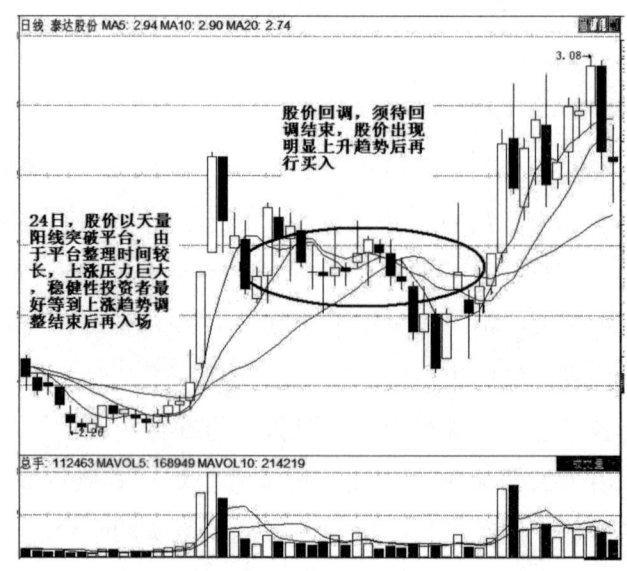

图 51　泰达股份平台突破图解

涨杀入。

平台突破类型 2：温和放量式突破。

例：如图 52 所示，兰花科创（600123）在 05 年 12 月初的向上突破就是最经典的案例。向上突破时量价配合良好，主力机构介入明显。具体特征表现为：数条中段期均线收拢后出现上涨，但是上涨幅度并不大（一般大于 3% 以上即可），成交量温和放大，技术走势上一般不会有太大的技术回调。对于这种类型的平台突破，每次靠近 5 日均线或者 10 日均线都是不错的短线买点。

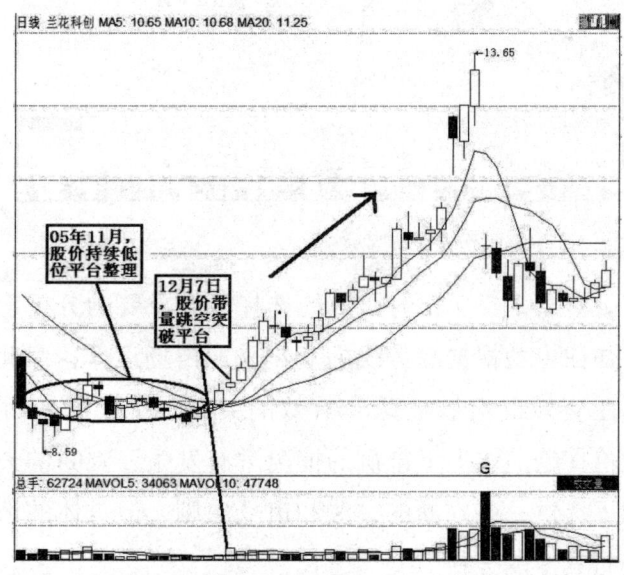

图 52 兰花科创平台突破形态图解

平台突破类型 3：突破受阻

例：如图 53 所示，哈药股份（600664）在 2006 年 9 月 26 日的突破受 20 周均线压制明显，短期下方仍有半年线支撑，但是如果下周成交量继续萎缩的话突破可能将面临失败。这种放量突破和平台突破类型 1 一样，都属于主力试盘的一种方式。对于这种放量突破之后成交量出现大幅度萎缩的情况，则表面仅仅只是主力试盘，做多并不坚决，暂时还是观望为好。

平台突破形态是一种非常有效的形态，但是该形态也有假突破的情况，一般来说，这种假突破一般出现平台向下突破形态中，主力为了达到诱多的目的，常常会使股价不跌反涨，然后再大幅杀跌，所以，投资者遇见这种情况，一定要保持清醒的头脑。

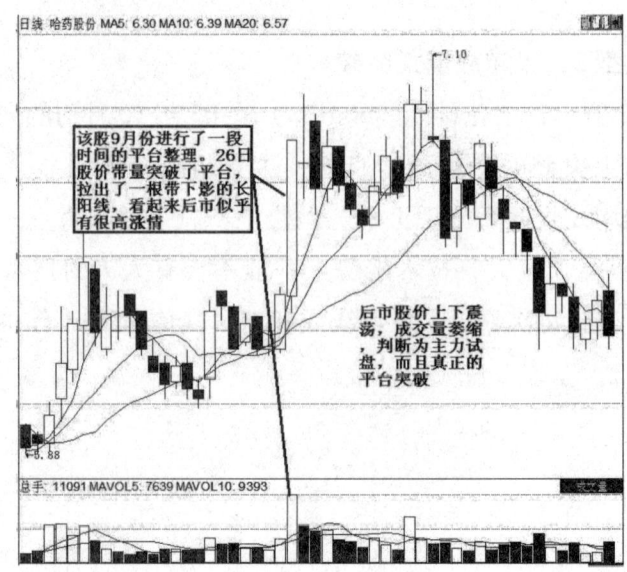

图 53　哈药股份主力试盘图解

趋向线的突破对买入、卖出时机等的选择具有重要的分析意义，而且即使是市场的造市者往往也会根据趋势线的变化采取市场运作；因此，搞清趋向线何时为之突破，是有效的突破还是非有效的突破，于投资者而言是至关重要的。事实上，股价在趋向线上下徘徊的情况常有发生，判断的失误意味着市场操作的失误，以下提供一些判断的方法和市场原则，但具体的情况仍要结合当时的市场情况进行具体的分析。

收盘价突破趋向线，是有效的突破因而是入市的信号。以下降趋向线即反压线为例，如果市价曾经冲破反压线，但收盘价仍然低于反压线。这样的突破，被认为并非有效的突破，就是说反压线仍然有效，市场的趋势依然未改。

同理，上升趋向线的突破，应看收盘价是否跌破趋向线。在图表记录中常有这样的情况发生：趋向线突破之后，股价又回到原来的位置上，这种情况就不是有效的突破相反往往是市场上的陷阱。

为了避免入市的错误，这里再给出几条判断真假突破的原则：

发现突破后，多观察一天。如果突破后连续两天股价继续向突破后的方向发展，这样的突破就是有效的突破，是稳妥的入市时机。当然两天后才入市，股价已经有较大的变化：该买的股价高了；该抛的股价低了，但是，即便那样，由于方向明确，大势已定，投资者仍会大有作为，比之贸然入市要好得多。

注意突破后两天的高低价。若某天的收盘价突破下降趋向线（阻力线）向上发展，第二天，若交易价能跨越他的最高价，说明突破阻力线后有大量的买盘跟进。相反，股价在突破上升趋向线向下运动时，如果第二天的交易是在它的最低价下面进行，那么说明突破线后，沽盘压力很大，值得跟进沽售。

参考成交量。通常成交量是可以衡量市场气氛的。例如，在市价大幅度上升的同时，成交量也大幅度增加，这说明市场对股价的移动方向有信心。相反，虽然市价飙升，但交易量不增反减，说明跟进的人不多，市场对移动的方向有怀疑。趋向线的突破也是同理，当股价突破线或阻力线后，成交量如果随之上升或保持平时的水平，这说明破线之后跟进的人多，市场对股价运动方向有信心，投资者可以跟进，博取巨利。然而，如果破线之后，成交量不升反降，那就应当小心，防止突破之后又回复原位。事实上，有些突破的假信号可能是由于一些大户入市、大盘迫价所致，例如大投资公司入市，银行干预等。但是市场投资者并没有很多人跟随，假的突破不能改变整个面势，如果相信这样的突破，可能会上当。

口诀点金

在研究趋向线突破时，需要说明一种情况：一种趋势的打破，未必是相反方向的新趋势的立即开始，有时候由于上升或下降得太急，市场需要稍作调整，作上落侧向运动。如果上落的幅度很窄，就形成所谓牛皮状态。侧向运动会持续一些时间，有时几天，有时几周才结束。

第五章 技术指标盈利口诀

口诀1 买在小绿柱，卖在小红柱

口诀要点

所谓买在小绿柱，卖在小红柱是指运用 MACD 指标买卖。在实际操作中，投资者可以运用 MACD "买小卖小" 捕捉最佳买卖点，这里我们关注的是 MACD 中的大绿柱、小绿柱，和大红柱、小红柱。而在操作时图中的 DIF 和 MACD 两条白色和黄色的曲线，并不是我们关注的重点。

口诀详解

当经历一波下跌后，当股票处于最低价时，此时 MACD 上显现的是一波"大绿柱"。我们首先不应考虑进场，而应等其第一波反弹过后（出现红柱），第二次再探底时，在 MACD 中出现了"小绿柱"（绿柱明显比前面的大绿柱要小），且当小绿柱走平或收缩时，这时就意味着下跌力度衰竭，此时为最佳买点，这就是所谓的买小（见图54）。

显现上涨也同样。当第一波拉升起来时（MACD 上显现为大红柱）我们都不应考虑出货，而应等其第一波回调过后，第二次再冲高时，当 MACD 上显现出"小红柱"（红柱比前面的大红柱明显要小）此时意味着上涨动力不足，这时我们方考虑离场出货。这就是所谓的卖小（见图55）。

图54 买在小绿柱图解

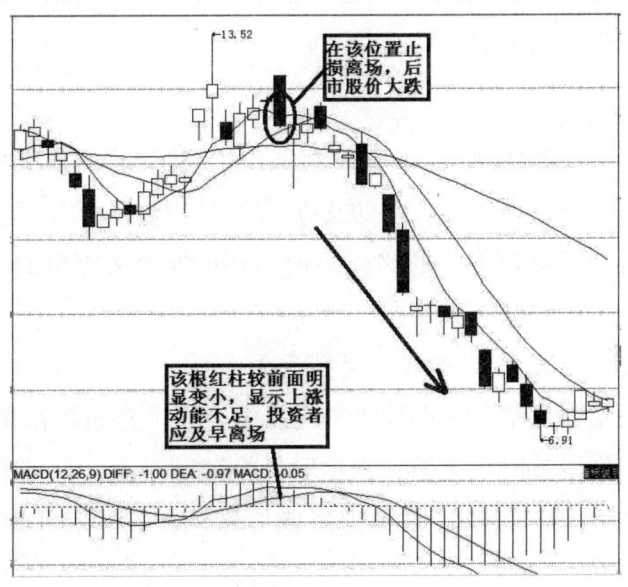

图55 卖在小红柱图解

简单将该方法概括为一句话，即买小卖小（买在小绿柱，卖在小红柱），前大后小（即前面是大绿柱或大红柱，后面往往为小绿柱或小红柱），这也是MACD指标的精髓。

口诀点金

投资者可以通过观察个股 MACD 线的颜色及长短进行选股，就是我们通常所讲的通过量能进行选择。一般来说，股市中任何一次头部或底部的形成，市场都会提供两次或者两次以上的机会让投资者进出。但要注意的是，投资者还应该注意股票的基本面及大趋势，提高投资的安全系数。

口诀 2　三种图线同死叉，卖出股票别拖拉

口诀要点

"三线死同叉"中的三线指的是："5 日移动平均线死叉"、"5 日均量线（VOL：成交量指标）死叉 10 均量线"、"DIF 线死叉 MACD 线。该形态从三种不同角度客观的分析市场动向，为投资者研判行情提供行之有效的逃顶依据，属于大跌之前的最佳卖点。

口诀详解

在实战中，"5 日均线死叉 10 日均线"，从趋势转化的角度分析上档承接无力，股价只有通过下跌方式寻找新的支撑；"5 日均量线死叉 10 均量线"，从上涨缺乏量能配合角度衬托下降的必然；而 "DIF 线死叉 MACD 线"，则从股价顶背离的角度显示弱势状态。

（1）5 日均线死叉 10 日均线（见图 56）

死亡交叉是指下降中的短期移动平均线由上而下穿过下降的长期移动平均线，这个时候支撑线被向下突破，表示股价将继续下落，行情看跌。当 5 日均线由下而上穿过 10 日均线时，两者就形成了死叉，后市很可能出现短线下跌，投资者宜及早出局。

（2）5 日均量线死叉 10 均量线（见图 57）

5 日均量线"死叉"10 日均量线组合，可在上升行情、下降行情和盘档行情中出现。在上升行情和下降行情中出现时，其应用法则是相反的，即 5 日均量线"死叉"10 日均量线组合在上升行情中出现时，前两次"死叉"显示的是买入信号，宜做多，第三次"死叉"显示卖出信号，宜做空。而 5 日均量线

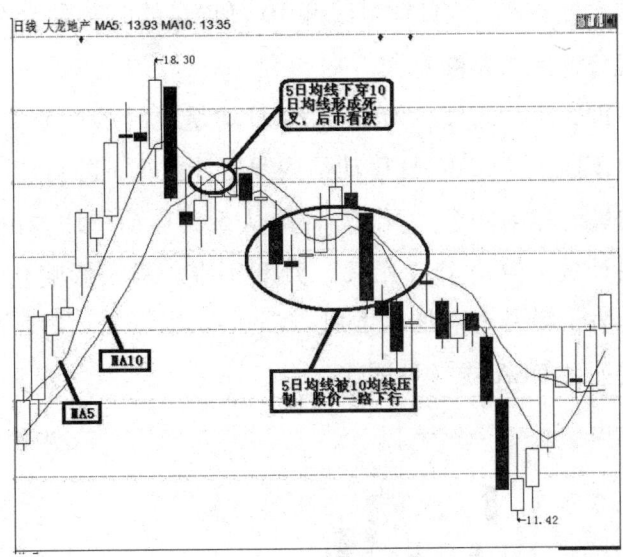

图 56　5 日均线死叉 10 日均线图解

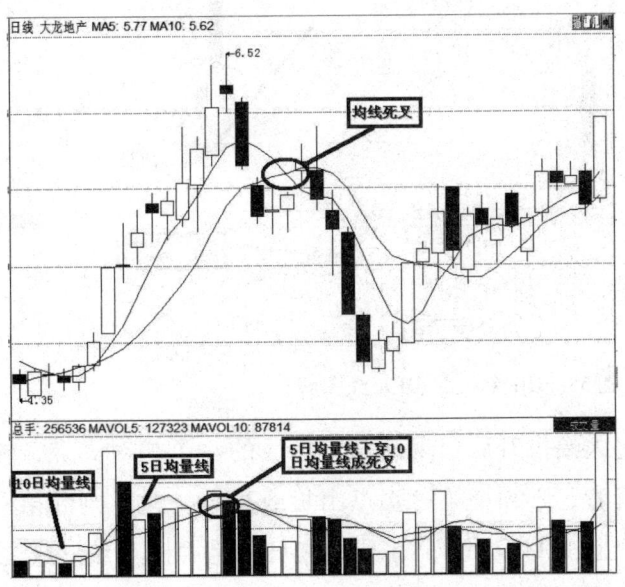

图 57　均量线死叉图解

"死叉" 10 日均量线组合出现在下降行情中时,第一、第二次 "死叉" 显示的是卖出信号,宜做空,第三次出现 "死叉" 时,显示的是买入信号、宜做多。上升行情和下降行情中 5 日均量线 "死叉" 10 日均量线组合的这种相反走势,要严格加以区分,出不得半点差错,否则,将造成难以挽回的损失,盘档行情中的成交量增减幅度较小，5 日均量线和 10 日均量线时常黏合在一起，较难显示上穿下插的走势，失去判断意义。

上升行情中的 5 日均量线"死叉"10 日均量线的第一个"死叉"，应从 5 日移动平均线由下向上穿过 30 日移动平均线后计数；下降行情中的 5 日均量线"死叉"10 日均量线的第一个"死叉"，应从 5 日移动平均线由上向下穿过 30 日移动平均线后计数。第一个"死叉"判断不准，势必影响该形态的有效性，这是很关键的地方，投资者应加以重视。

（3）DIF 线死叉 DEA 线（见图 58）

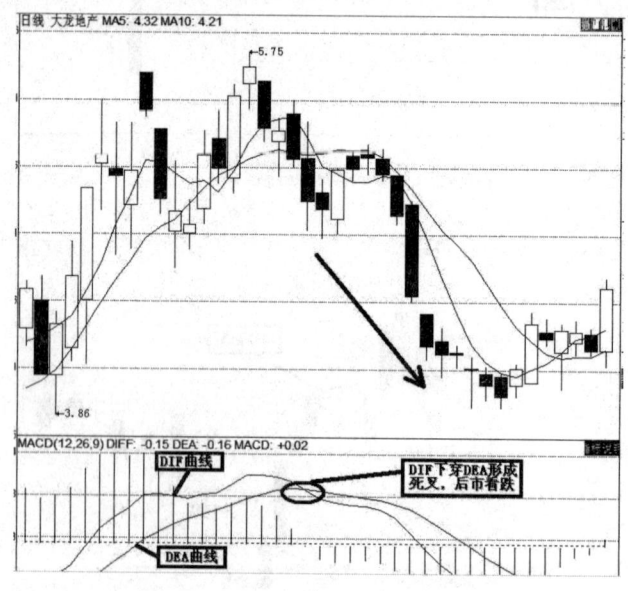

图 58　DIF 线死叉 DEA 线图解

股价在经过大幅拉升后出现横盘，形成的一个相对高点，投资者尤其是资金量较大的投资者，必须在第一卖点出货或减仓。此时判断第一卖点成立的技巧是"股价横盘且 MACD 死叉"，死叉之日便是第一卖点形成之时。

第一卖点形成之后，有些股票并没有出现大跌，可能是多头主力在回调之后为掩护出货假装向上突破，做出货前的最后一次拉升。判断绝对顶成立技巧是当股价进行虚浪拉升创出新高时，MACD 却不能同步，第二红波的面积明显无前波大，说明量能在不断下降，两者的走势产生背离，这是股价见顶的明显信号。

此时形成的高点往往是成为一波牛市行情的最高点，如果此时不能顺利出逃的话，后果不堪设想。必须说明的是在绝对顶卖股票时，绝不能等 MACD 死叉后再卖，因为当 MACD 死叉时股价已经下跌了许多，在虚浪顶卖股票必须参考 K 线组合。这个也是 MACD 作为中线指标的缺陷之处。

　　一般来说，在虚浪急拉过程中如果出现"高开低走阴线"或"长下影线涨停阳线"时，是卖出的极佳时机。需要提醒的是，由于 MACD 指标具有滞后性，用 MACD 寻找最佳卖点逃顶特别适合那些大幅拉升后做平台头的股票，不适合那些急拉急跌的股票。另外，以上两点大都出现在股票大幅上涨之后，也就是说，它出现在股票主升浪之后，如果一只股票尚未大幅上涨，没有进行过主升浪，则不要用以上方法。

　　例：如图 59 所示，歌华有线（600037）在经过一段时间上涨后，于 2009 年 8 月 6 日以 13.85 元见顶，8 月 11 日均线出现死叉、均量线出现死叉、MACD 指标死叉，随即股价直线下跌，6 个交易日内股价跌幅达 23%。

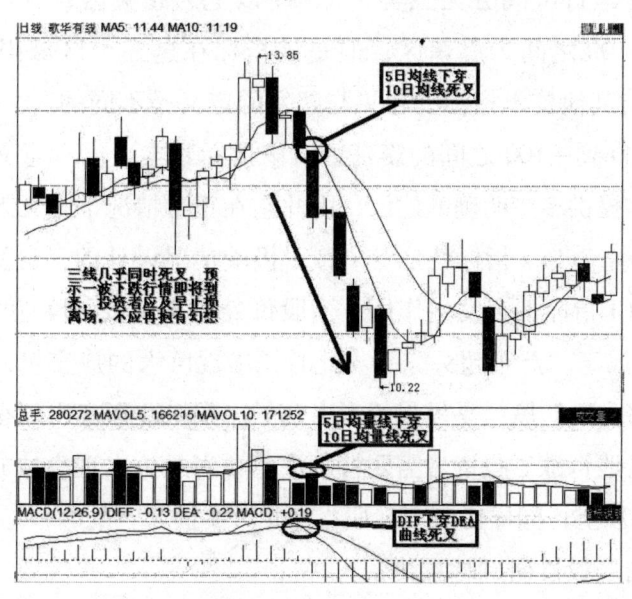

图 59　歌华有线三线死叉卖出图解

口诀点金

　　当股价处于高位区域时，出现三种图线在同一天或间隔一两天的时间里死叉走势，可断定趋势已经彻底转变，此时卖出股票虽然已错过相对高点，但可以躲过随之而来更为凶猛的下跌行情。

口诀 3　300CCI，放量就得卖

口诀要点

CCI 指标是一种超买超卖指标，所谓超买超卖指标，顾名思义，"超买"，就是已经超出买方的能力，买进股票的人数超过了一定比例，那么，这时候应该反向卖出股票。当 CCI 大于 +100，表明股价已经进入超买区间，可逢高减持，而当 CCI 指标大于 +300 时，投资者就必须提高警惕，一旦出现大成交量，股价就会转跌，应及时卖出。

口诀详解

CCI 指标的运行区间分为三类：+100 以上为超买区，-100 以下为超卖区，+100 到 -100 之间为震荡区，但是该指标在这三个区域当中的运行所包含的技术含义与其他技术指标的超买与超卖的定义是不同的。

首先在 +100 到 -100 之间的震荡区，该指标基本上没有意义，不能够对大盘及个股的操作提供多少明确的建议，因此它在正常情况下是无效的。这也反映了该指标的特点——CCI 指标就是专门针对极端情况设计的，也就是说，在一般常态行情下，CCI 指标不会发生作用，当股价处于高位或下降途中，CCI 上升到 300 以上时，就属于"严重超买"了，此时如出现巨大的成交量，就构成了本形态，表明股价将由升转跌，是极强的卖出信号。如果此形态出现在上升行情的途中，可以继续持股待涨。投资者需要特别注意：当股价出现高位放大量时，即使 CCI 没达到 300 以上，同样代表变盘征兆，此时要快刀斩乱麻，尽快离场。

CCI 指标的一般性研判标准为：

（1）当 CCI 指标从下向上突破 +100 线而进入非常态区间时，表明股价脱离常态而进入异常波动阶段，中短线应及时买入，如果有较大的成交量配合，买入信号则更为可靠。

（2）当 CCI 指标从上向下突破 -100 线而进入另一个非常态区间时，表明股价的盘整阶段已经结束，将进入一个比较长的寻底过程，投资者应以持币观望为主。

（3）当 CCI 指标从上向下突破 +100 线而重新进入常态区间时，表明股价

的上涨阶段可能结束，将进入一个比较长时间的盘整阶段，投资者应及时逢高卖出股票。

（4）当 CCI 指标从下向上突破 -100 线而重新进入常态区间时，表明股价的探底阶段可能结束，有将进入一个盘整阶段，投资者可以逢低少量买入股票。

（5）当 CCI 指标在 +100 线至 -100 线的常态区间里运行时，投资者则可以用 KDJ、W%R 等其他超买超卖指标进行研判。

当 CCI 曲线处于远离 +100 线的高位，但它在创出近期新高后，CCI 曲线反而形成一峰比一峰低的走势而此时 K 线图上的股价却再次创出新高，形成一峰比一峰高的走势，这就是顶背离。顶背离现象一般是股价在高位即将反转的信号，表明股价短期内即将下跌，是卖出信号。在实际走势中，CCI 指标出现顶背离是指股价在进入拉升过程中，先创出一个高点，CCI 指标也相应在 +100 线以上创出新的高点，之后，股价出现一定幅度的回落调整，CCI 曲线也随着股价回落走势出现调整。但是，如果股价再度向上并超越前期高点创出新的高点时，而 CCI 曲线随着股价上扬也反身向上但没有冲过前期高点就开始回落，这就形成 CCI 指标的顶背离。CCI 指标出现顶背离后，股价见顶回落的可能性较大，是比较强烈的卖出信号。

例：如图 60 所示，华电国际（600027）在 2009 年 8 月 3 日 CCI 数值达到

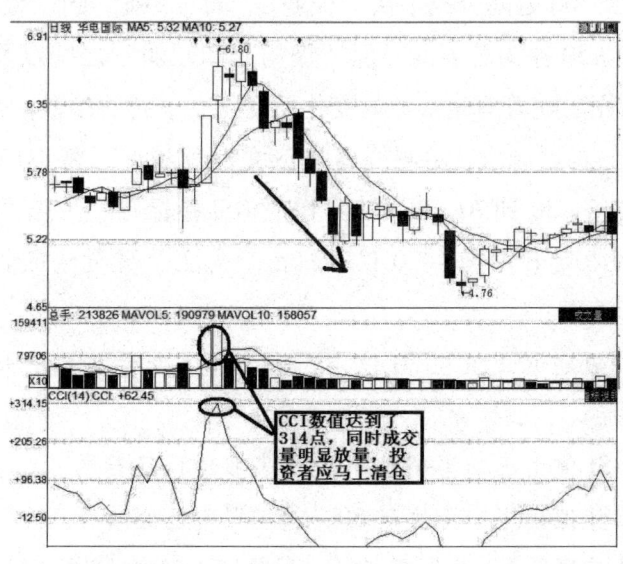

图 60　华电国际 CCI 超买图解

了 +314 点，进入严重超买区，该股前期已经有较大涨幅，应视为见顶回落信号，后市股价果然大幅下跌。

口诀点金

CCI 曲线向上突破 + 100（数值或线、下同），而进入非常态区间后，只要 CCI 曲线始终运行在 + 100 线上方，就意味着股价的强势不改，这是 CCI 指标发出的持股待涨信号。特别是那些股价同时运行在中短期均线上方的股票，这种持股信号更加准确。此时，投资者应坚决持股待涨。

口诀 4　80 加大量，股票应跑光

口诀要点

这里的"80"是指 RSI 相对强弱指标上升到 80 线以上，而"加大量"则指 RSI 上升到 80 线以后，出现了较大的成交量。该形态在高位出现时，是股价见顶前的有效预警信号，一旦成交量放大且股价下跌应立即卖出股票。

口诀详解

RSI 值将 0 到 100 之间分成了从"极弱""弱""强"到"极强"四个区域。"强"和"弱"以 50 作为分界线，但"极弱"和"弱"之间以及"强"和"极强"之间的界限则要随着 RSI 参数的变化而变化。不同的参数，其区域的划分就不同。一般而言，参数越大，分界线离中心线 50 就越近，离 100 和 0 就越远，不过一般都应落在 15、30 到 70、85 的区间内。RSI 指标有一些普适的应用原则：

（1）白色的短期 RSI 值在 20 以下，由下向上交叉黄色的长期 RSI 值时为买入信号。

（2）白色的短期 RSI 值在 80 以上，由上向下交叉黄色的长期 RSI 值时为卖出信号。

（3）短期 RSI 值由上向下突破 50，代表股价已经转弱。

（4）短期 RSI 值由下向上突破 50，代表股价已经转强。

（5）当 RSI 值高于 80 进入超买区，股价随时可能形成短期回档。

（6）当 RSI 值低于 20 进入超卖区，股价随时可能形成短期反弹。

（7）股价一波比一波高，而 RSI 一波比一波低。形成顶背离，行情可能反转下跌。用 RSI 判断底部图形较不明显。

（8）将 RSI 的两个连续低点 A、B 连成一条直线，当 RSI 向下跌破这条线时，为卖出信号。

（9）将 RSI 的两个连续峰顶 C、D 连成一条直线，当 RSI 向上突破这条线时，为买入信号。

（10）为了确认 RSI 是否进入超买区超卖区或是否穿越了 50 中界线。应尽量使用长期 RSI，以减少骗线的发生。短期 RSI 下穿 50 中界，但长期 RSI 未下穿，说明其上升走势并未改变，下穿 50 的短期 RSI 为"骗线"，股价后期的逐波上扬证实了这一点。

（11）在股价盘整期间应放弃使用 RSI 指标，转而观察 DMI 指标中的 ADX 是否已经走出泥潭。

（12）在较强的强势涨跌行情中，如果 VR 及 ROC 指标显示股价为强势，则放弃使用 RSI 指标。

RSI 值如果超过 50，表明市场进入强市，可以考虑买入，但是如果继续进入 80 以上"极强"区，就要考虑卖出了；RSI 值在 50 以下如果进入了 20"极弱"区，则表示超卖，就应该伺机买入。

另外，投资者在使用 RSI 时一定要注意观察成交量的动向。第一，当 RSI 出现在地位时，成交量是否极度萎缩，甚至出现地量水平，如果成交稀少，则表明该股即将完成探底，可以考虑介入。第二，当股票完成探底后，需要观察该股能否出现有实质性增量资金介入的放量过程，如果不能有效放量，则说明目前的底部仍是阶段性底部，以短线反弹行情对待。如果该股探底成功后，量能有效持续性地放大，则可以将其视为个股的重要底部，并坚定持股。

例：如图 61 所示，深发展（000001）在经过前期的上涨后，2009 年 7 月 30 日股价以 26.18 元探顶，当天成交放量且 RSI 指标超过了 80 警戒线，后市看跌。8 月 31 日该股以 18.04 探底，一个月累计跌幅达 31%。

口诀点金

实战中，如果上升途中出现 RSI 值超过 80，多为调整蓄势，此时投资者不必担心，股价在经历小幅下跌之后会重回上升通道；而在高位或在下降途中出

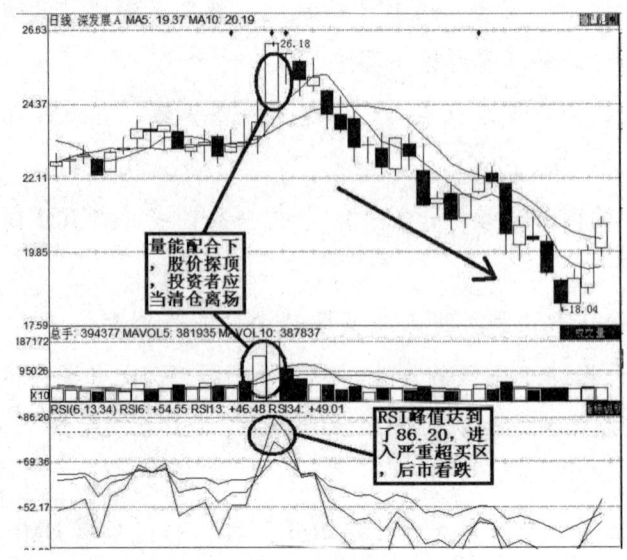

图 61 深发展 RSI 超买卖出图解

现时，说明严重超买，后市做多动能正在减弱，上冲压力加大，股价随时会出现回调，投资者要密切观察盘面变化，当 80 线出现高位钝化时，应关注量价配合关系，如出现量大价滞的走势要及时获利了结，以免在高位被套。

口诀 5 能量潮是透视镜，用它跟庄非常灵

口诀要点

OBV 指标是一种可正可负的交易量总值，它的每日上涨和下落取决于收盘价格比前一天是高还是低。如果某日的收盘价高于前一天，说明当天是看涨占上风，就将当天的交易量加到平衡交易量上；如果某日的收盘价低于前一天，说明当天是看跌占上风，就从平衡交易量中减去此日的交易量。如果收盘价没有变化，则平衡交易也保持不变。平衡交易量的涨落常常会走在价格涨落的前面，所以它成为超前指标。因此，跟踪庄家是否进出货，有效的方法是学会使用 OBV 指标。

口诀详解

OBV 是一个长线技术指标主要用于跟庄者判断主力机构的持仓量与坐庄者

判断所主持的股票是否中途有新的集团资金进入或退出。

一般来说，OBV 在弱势市场的使用价值较高，而在强势市场的使用价值则很有限。这主要是因为强庄股的威力主要在弱势中体现，逆势是沪深市场的中长线强庄股的典型特点。在强势市场中，新庄股的爆发力更为诱惑人，此时短线能量潮＋量比的运用更适合职业投资人的胃口。所以，OBV 主要用于选股以及跟踪庄股上，而不适合做买卖时机的参考。

在 OBV 指标的应用方面，OBV 方向的选择反映了市场主流资金对持仓兴趣增减的变化。OBV 指标的曲线方向通常有三个：向上、向下、水平。其中，N 字和 V 字是最常见的形态。

当股价上涨，OBV 指标同步向上，反映在大盘或个股的信号就是一个价涨量增的看涨信号，表明市场的持仓兴趣在增加。反之，股价上涨，OBV 指标同步呈向下或水平状态，实际上就是一个上涨动能不足的表象，表明市场的持仓兴趣没有多大变化，这样，大盘或个股的向上趋势都将难以维持。

当股价下跌，OBV 指标同步向下（见图 62），反映在大盘或个股的信号就是一个下跌动能增加的信号。市场做空动能的释放必然会带来股票价格大幅下行，这种情况发生时，投资者应该首先想到的是设立好止损位和离场观望。在这种情况下，回避风险成为第一要点。

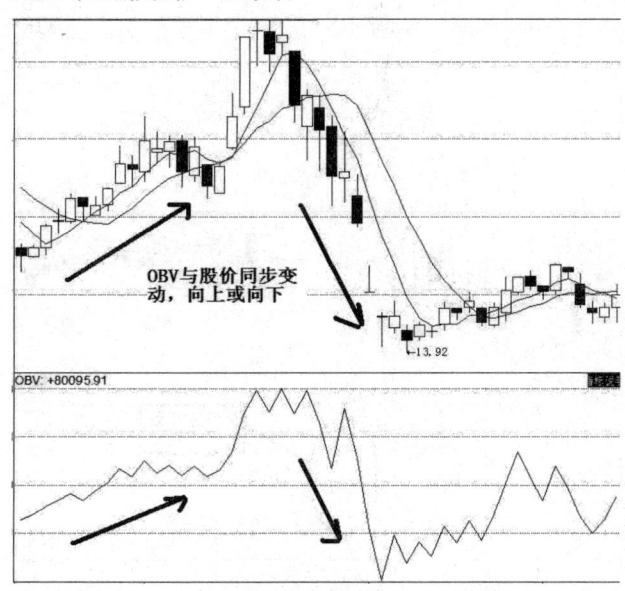

图 62　OBV 与股价同步变动图解

当股价变动，OBV 指标呈水平状态，这种情形在 OBV 指标的表现中最常见到。OBV 指标呈水平状态，首先表现为目前市场的持仓兴趣变化不大，其次表现为目前的大盘或个股为调整状态，投资者最好的市场行为是不要参与调整。当股价下跌，OBV 指标呈水平状态是股价下跌不需要成交量配合的一个最好的表象。这种股价缩量下跌的时间的延长，必将带来投资者的全线套牢。

那么，怎样通过 OBV 指标来捉摸庄家的动作呢？

（1）最好的股票应是 OBV 值在最高位，而股价在较低的位置，这种现象说明有主力被套牢。

（2）OBV 的趋势一直向上为好，如果中途出现一定幅度的回落，说明主力筹码的集中度不够，该种现象说明目标股存在原有机构减仓或换庄的可能性，在近期出现过一定幅度下跌的股票不能当作长线股操作。

（3）处于高位的小（大）盘股的 OBV 经过 45（60）个交易日的横盘还没有上涨趋势，则需要注意主力的减仓行为。

例：如图 63 所示，综艺股份（600770）属于网络股的龙头股票，从周线的 K 线形态看，2000 年 2 月 25 日在创出 64.27 元的历史高点后，股价开始回落，其间 OBV 指标同步向下，周线下的 OBV 指标留下了长长的向下的斜线，其后便是漫长的股价回落。

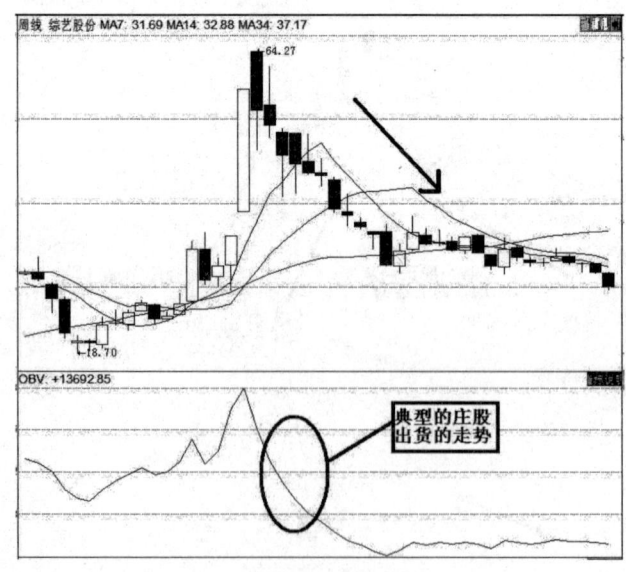

图 63　综艺股份 OBV 跟庄图解

口诀点金

OBV 在股价高位区急速上扬，倾角大于 75 度时，并不意味着股价将暴升，反而显示做多动能消耗过快，股价将见顶的前兆；OBV 在股价底部区域大倾角上升，至少大于 45 度以上，且保持一周以上。股价上涨幅度不大时，揭示有新增资金入场吸筹。

口诀 6　CR 高位扭成团，卖出股票没商量

口诀要点

当股价上升到高位后，CR 指标中的各条图线扭在一起的一种走势。CR 指标除了本身的 CR 线（白色），还有 CR 的 5 天平均线 1（黄色），CR 的 10 天平均线 2（紫色），CR 的 20 天平均线 3（绿色）。这 4 条线随同股价的上升而上升，当 CR 和 1、2、3 五条线上升到 300 以上，而且扭作一团时，就是一次极为难得的卖出良机。

口诀详解

"CR"又叫中间意愿指标，属于量能指标，用于测量市场人气热度和价格动能以及显示股价压力带和支撑带，是辅助布林线的不足从而进一步判断买卖时机较为有效的补充指标，此形态在高位出现扭团时，是明确的股价见顶信号。

我们知道，CR 指标的取值可以用于研判行情：

当 CR 数值在 75～125 之间（有的设定为 80～150）波动时，表明股价属于盘整行情，投资者应以观望为主。

在牛市行情中（或对于牛股），当 CR 数值大于 300 时，表明股价已经进入高价区，可能随时回档，应择机抛出。

对于反弹行情而言，当 CR 数值大于 200 时，表明股价反弹意愿已经到位，可能随时再次下跌，应及时离场。

在盘整行情中，当 CR 数值在 40 以下时，表明行情调整即将结束，股价可能随时再次向上，投资者可及时买进。

在熊市行情末期，当CR数值在30以下时，表明股价已经严重超跌，可能随时会反弹向上。投资者可逢低吸纳。

投资者应注意的是，CR指标对于高数值的研判的准确性要高于CR对低数值的研判，即提示股价进入高价位区的能力比提示低价位区强。

在实战中，投资者需了解其形态的特征及使用方法，方能灵活地运用到日常的操作之中。在"CR"的量能指标中，M1、M2、M3（相对应的是5日、10日、20日）分别代表移动平均线的天数。当"CR"大于300~400之间时，属于严重超买信号，而当股价处于高价区"CR"由上至下贯穿三条移动平均线并伴随较大的成交量时，代表上升趋势将发生反转，此时应果断离场。

在应用本口诀操作时，投资者应注意以下问题：

（1）"CR高位扭成团"形态，是卖出信号。如果有其中一条线离得稍远，也要按五条线扭成团操作，卖出股票。五线都靠得很近，扭做一团，应坚决卖出；二是五线中三线以上靠得很近，其余的线离得较远，其卖出信号也不弱于前者。

（2）"CR高位扭成团"形态，出现的频率很低，有时一年半载难见一次。经验告诉我们，频率越低的技术指标，有效性越高。

（3）在股价低位出现的"CR扭成团"形态，显示的是买入信号。要与高位的情况区分对待。

例：如图64所示，恒邦股份（002237）在2009年6月份出现了一段涨情，7月份该股进行了横盘震荡盘整，前景不明朗。到了8月初，股价创出了62.55元的新高，但CR指标却在高位扭成一团，向投资者发出了警示。随后股价大跌，到了9月1日，股价已跌至40.50元。

口诀点金

当CR指标曲线开始从高位掉头向下回落，而股价曲线却还在缓慢向上扬升，则意味着股价走势可能出现"顶背离"现象，特别是股价刚刚经历过了一段比较大涨幅的上升行情以后。当CR指标曲线在高位出现"顶背离现象"后，投资者应及时获利了结。

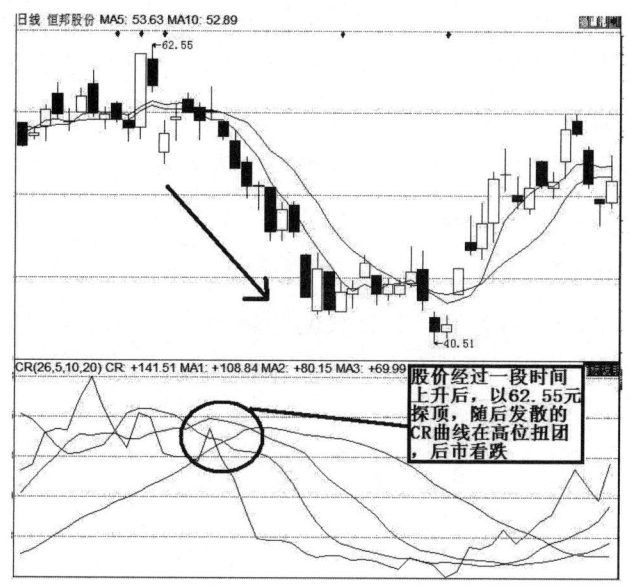

图 64　恒邦股份 CR 指标买卖图解

口诀 7　布林穿顶，卖出要紧

口诀要点

布林线即 BOLL 指标，由于布林线具有灵活、直观、趋势性的特征，是股票市场中被投资者所广泛应用行之有效的技术指标。布林线一般由上、中、下三条轨道线组成，如果某日股价由下向上窜出布林带的上轨道线即为"布林穿顶"，而当"布林穿顶"时，表明股价已被高估（严重超买），此时投资者要清仓快跑，因为一旦获利盘回吐将面临大幅下跌的风险，所以此形态是明确的卖出信号。

口诀详解

BOLL 指标属于比较特殊的一类指标。绝大多数技术分析指标都是通过数量的方法构造出来的，它们本身不依赖趋势分析和形态分析，而 BOLL 指标却与股价的形态和趋势有着密不可分的联系。

实战中，投资者常常会遇到两种最常见的交易陷阱，一是买低陷阱，投资者在所谓的低位买进之后，股价不仅没有止跌反而不断下跌；二是卖高陷阱，股票在所谓的高点卖出后，股价却一路上涨。布林线特认为各类市场间都是互动的，市场内和市场间的各种变化都是相对性的，是不存在绝对性的，股价的高低是相对的，股价在上轨线以上或在下轨线以下只反映该股股价相对较高或较低，投资者做出投资判断前还须综合参考其他技术指标，包括价量配合，心理类指标，类比类指标，市场间的关联数据等。

布林线（见图65）由上轨道线，下轨道线，和中轨道线三线组成，而口诀中强调的是当股价由下向上窜出布林线的上轨道线时，为强烈卖出信号。

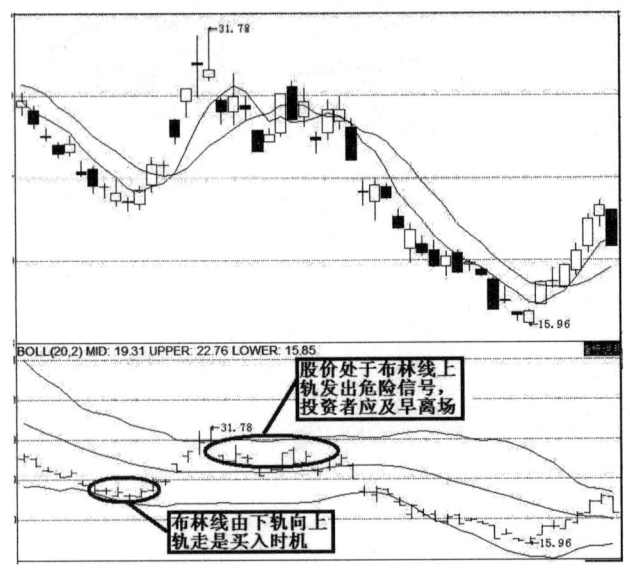

图65　布林线股价与轨道线图解

布林线在波段操作中具有指导意义，如果运用得当便可成功逃顶。在实盘操作中，投资者需把握以下卖出原则：

股价冲出布林线上限线后，有时第二天就往下滑，有时连续"出轨"多日，股价才停止上涨，该形态的这一不确定性，要求对卖出具体时机要灵活掌握，方法有二：

一是收阳不卖收阴卖，即股价冲出上限后，如当日收的是阳线，当日不卖，等第二天再说，若第二天继续收阳，则继续等待，直到收阴线时再卖出。

二是让股价跌回到布林线上轨线以内时再卖出，股价冲高后，一般会出现回落走势，有的回落深，一下子就跌到布林线上轨线的下面，有的回落浅，股价仍在布林线上轨线以上运动，不论哪一种情况，反正股价没回落到布林线上限线以下就等待，回落到上限线以下就卖出。

在一段上升行情中，要密切观察盘面变化，布林线一般会出现三次明显的突破上轨线走势，第一，第二次股价上升幅度不大，回调深度有限，不必理会，当第三次突破时，即应关注盘面，一旦涨势受阻，马上出货。

用本口诀判断行情时，如能结合成交量和 K 线图的走势，可提高准确性，如穿顶当日出现了近期以来的最大成交量，且 K 线是一条大阳线，大阴线，或长上影的弓形线时，就可断定股价已到顶点高位，应减仓或清仓。

例：如图 66 所示，川润股份（002272）在 2009 年 3 月在 16 元左右的低点开始的一波拉升中，成交量连续放大，当股价不断冲出布林线上轨道线时，于 4 月 16 日一根缩量阴线终结了此轮上涨态势。

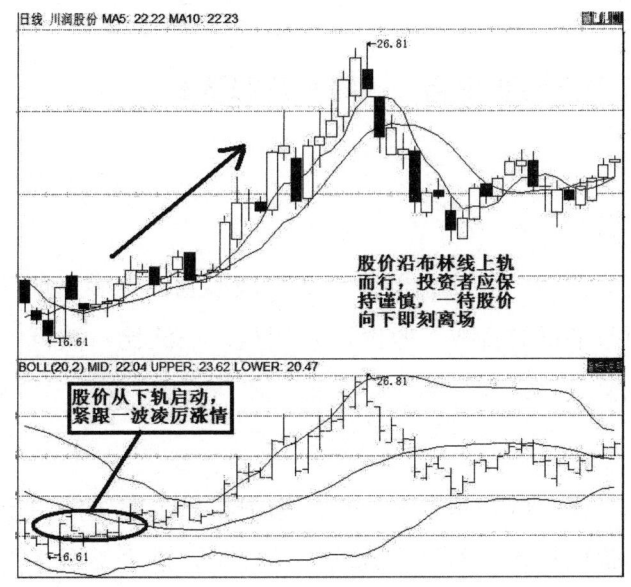

图 66　川润股份布林穿顶卖出图解

口诀点金

布林线是利用"股价信道"来显示股价的各种价位，当股价波动很小，处于盘整时，股价信道就会变窄，这可能预示着股价的波动处于暂时的平静期；当股价波动超出狭窄的股价信道的上轨时，预示着股价的异常激烈的向上波动即将开始；当股价波动超出狭窄的股价信道的下轨时，同样也预示着股价的异常激烈的向下波动将开始。

第六章 黑马选股盈利口诀

口诀 1 红旗招展波澜起，冲锋号响涨情急

口诀要点

口诀中"红旗招展"其实指的是旗形整理形态，旗形整理形态就如一面小旗，被限定于两条平行的直线，股价进入调整，一波比一波低，似是即将反转下跌，但随着成交量放大却突然止跌企稳，放量突破上轨。

口诀详解

对于投资者来说，做好基本面分析，选中某只个股，但由于对大盘的担忧或希望在更低的价位买入，不料该股却突然启动，措手不及未能及时买入，如果认为其中长线仍有一定上升空间，可寻机在该股整理时介入。

在极端多头市场中，股价大幅攀升至一处压力位，这一段涨幅被称为"旗杆"，然后开始进行旗形整理，其图形会形成由左向右下方倾斜的平行四边形，从某种角度又可以认为是一个短期内的下降通道。在形态内的成交量呈递减，由于旗形（见图 67）属强势整理，所以成交量不能过度萎缩，而要维持在一定的水平。但股价一旦完成旗形整理，向上突破的那一刻，必然会伴随大的成交量，而后股价大幅涨升，其上涨幅度将达到旗杆的价差，且涨升速度快，上涨角度接近垂直。一段强势行情，其整理时间必定不会太长，一般在 5～10 天左右。如果整理时间太长，容易涣散人气，其形态的力道也会逐渐消失，而不能

在将它当旗形看待。

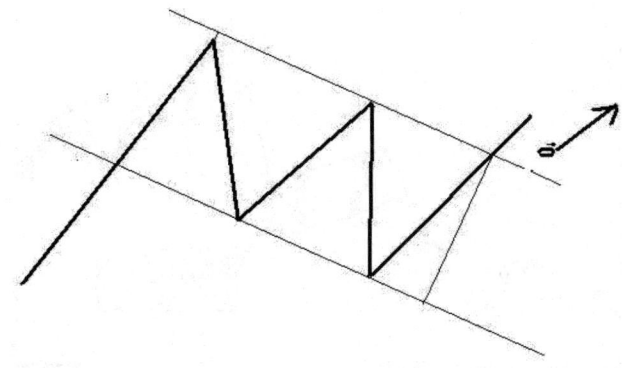

图 67　旗形突破形态示意图

那么旗形突破形态时怎样形成的呢？股价经过一段陡峭的上升行情后，做空力量开始加强，单边上扬的走势得到遏制，价格出现剧烈的波动，形成了一个成交密集、向下倾斜的股价波动区域，把这一区域中的高点与低点分别连接在一起，就可看出一个下倾的平行四边形即上升旗形。在旗形的形成过程中，成交量逐渐递减，普遍存在惜售心理，市场抛压减轻，新的买盘不断介入，直到形成新的向上突破，完成上升旗形。伴随着旗形向上突破成交量逐渐放大，开始了新的多头行情，形成了"上升—整理—再上升"的规律。因此上升旗形是强势的特征，投资者在调整的末期可以大胆地介入，享受新的飙升行情。

投资者应注意，应用旗形形态捕捉黑马有几个必要条件：

（1）成交量必须从左至右逐步递减。

（2）股价一定要高于前一波做整理。

（3）同时 MACD 必须金叉。

（4）股价突破时必须放量，突破颈线时立即买进。

例：如图 68 所示，西南药业（600666）于 2003 年 4 月 21 日突破前期头部后做旗形整理，量能逐步萎缩，4 月 30 日在 10 日均线上止跌企稳，原先头部的阻力变成支撑，旗面形成。此时便可跟进。次日，果然该股调整结束，高开放量上攻，5 日均量交叉 10 日均量，MACD 重新向上发散，股价开始飙升。

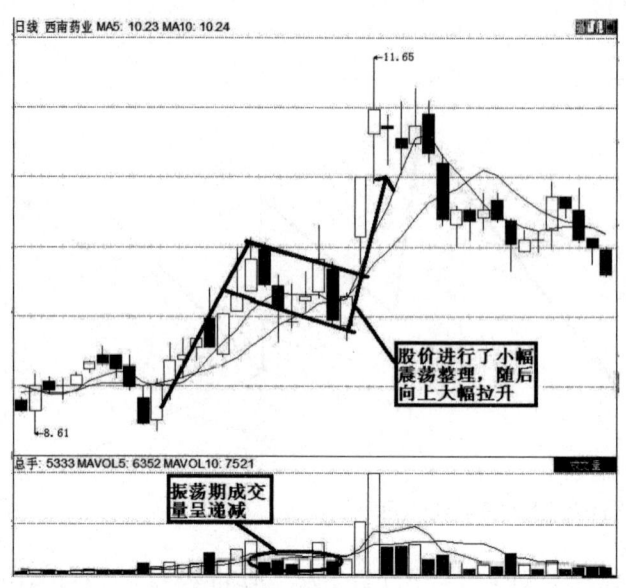

图 68　西南药业旗形形态暴涨图解

从上图中我们可以发现，旗形突破形态有以下特点：

（1）旗形必须在急升或急跌之后出现，并且成交量在形态构成期间不断地显著减少。但由于旗形是一种强势整理，成交量仍能维持在一定的水平，不至于过于萎缩。西南药业拉出旗杆后股价回调，在画出上升旗面时，成交量即开始萎缩，但是萎缩并不等于地量，从图上可看出旗形构成期间成交量虽显著减少，但仍维持相当活跃的水平。

（2）旗形形态完成后成交量剧增，这一点在下降旗形形态中同样适用。向上突破时放量容易理解，向下破位时放量其原因在于，由于旗形整理的周期相当短，卖压来不及消化，因此股价再度向下破位时将招致恐慌性抛盘的涌出。

口诀点金

一般来说，旗形在上升趋势中出现，会引发下一波的大涨。在下跌趋势中出现旗形，会引发下一波的大跌。旗形在这里起到了加速度的作用。投资者在上升趋势中遇到旗形则应加码买进。在下跌趋势中则应及时出局，以免套牢。

口诀2　MACD 在零轴下，二次翻红出金叉

口诀要点

在捕捉黑马股时不可忽视对 MACD 指标的运用。MACD 指标有两条曲线 DIF 和 DEA 来研判行情。当 DIF、DEA 指标处于 O 轴以下的时候，如果短期内（8 或 13 个交易日内）连续发生两次金叉，则发生第二次金叉的时候，股价可能会暴涨。

口诀详解

MACD 指标是利用长期（MACD）、短期（DIF）的二条平滑异同移动平均线，并计算两者之间的差离值（DIF－MACD）作为红绿柱长短的数据，使用中主要考虑长短期移动均线的交叉情况和红绿柱长短数值，以此作为判断行情买卖的依据。

投资者大都了解 MACD 金叉买入法（见图 69），但实战中却往往发现其准确性不够高，事实上如果完全按照金叉买进、死叉卖出，获利较难或还有可能

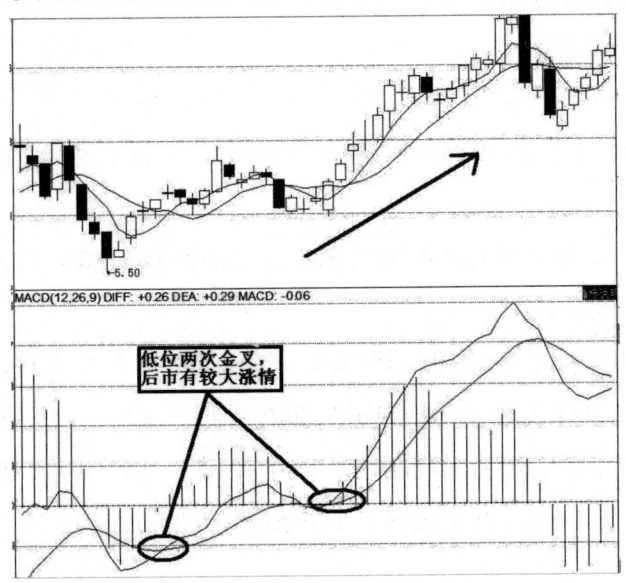

图 69　MACD 低位两次金叉示意图

套牢亏损。为了增加 MACD 金叉的实战应用性，可以使用一种低位两次金叉买进的方法。

MACD 在低位发生第一次金叉时，股价在较多情况下涨幅有限，或小涨后出现较大的回调，造成买进的投资者出现套牢亏损情况。但是当 MACD 在低位第二次金叉出现后，股价上涨的概率和幅度会更大一些。因为在指标经过第一次金叉之后发生小幅回调，并形成一次死叉，此时空方好像又一次占据了主动，但其实已是强弩之末，这样在指标第二次金叉时，必然造成多方力量的发力上攻。

具体地来说，利用两次金叉买入法不可操之过急，股价上升 MACD 翻红时不要着急出手，其后随股价回落，DIF（白线）向 MACD（黄线）靠拢，当白线与黄线黏合时（要翻绿未翻绿），此时只需配合日 K 线即可，当此时 K 线有止跌信号，如出现收阳，十字星等，若此时能止跌称其为底背离。底背离是买入的最佳时机。

反之，当股价高位回落，MACD 翻绿，再度反弹，此时当 DIF（白线）与 MACD（黄线）黏合时（要变红未变红）若有受阻，如出现收阴，十字星等，就有可能顶背离，这是最后的卖出良机。此时许多人以为重拾升势，在别人最佳卖点买入往往被套其中。

但在操作时要注意：

（1）背离时不理是否击穿或突破前期高（低）位。

（2）高位时只要有顶背离可能一般都卖，不搏能重翻红，除非大阳或涨停。

（3）其为寻找短期买卖点的奇佳手段，短期涨幅在 15% 以上，但中线走势要结合长期形态及其他。

例：如图 70 所示，深鸿基（000040）在 2008 年 7 月 2 日，DIF、DEA 第一次发生金叉，当日收盘，DIF、DEA 都处于负 0.42、负 0.43，之后股价回落，两指标再度在低位死叉，但是到了 8 月 22 日，DIF、DEA 再度分别达到负 0.23、负 0.24，也即再度发生金叉，股价随即拔地而起，达到了 4.32 元。

口诀点金

MACD 低位一次金叉的，未必不能出暴涨股，但 MACD 低位二次金叉出暴

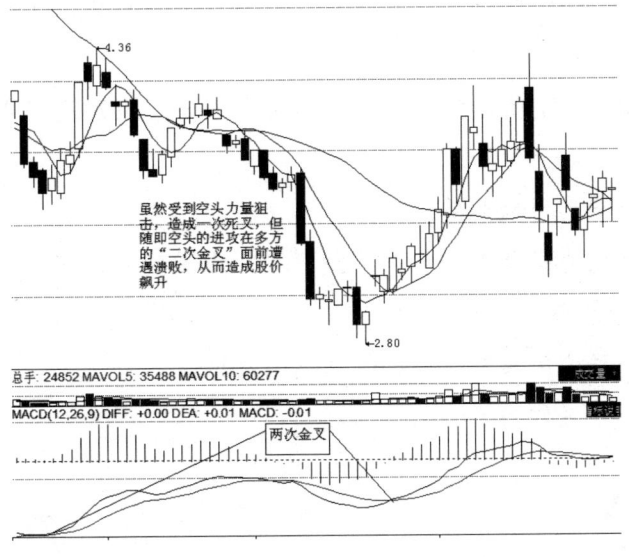

图 70 深鸿基两次金叉图解

涨股的概率和把握更高一些。此外，如果结合 K 线形态上的攻击形态研判，则可信度将提高。也就是说 MACD 低位二次金叉可以和 K 线形态、量价关系综合起来考虑，以增加确信度。

口诀 3 选股建仓看形态，头肩底右肩是要害

口诀要点

头肩底形态向投资者发出的是见底信号，头肩底如果成立的话，代表最恶劣的时刻已经过去，最低的价位已经出现，即使再跌也有一条底线。市场正凝聚一种支持力和买意，只要一旦价位穿破颈线，构筑出右肩时，就是一个极佳的入货讯号。

口诀详解

头肩底形态在形成的过程中可能会有很多潜在的演变方式，演变方式的不同所带来的运行结果往往不一致，只有了解了潜在的变化，才能在遇到意外变化时及时地跟上市场的节奏。

股价长期波动，会在某价位区内停留一段时间，会出现三个底点，但其中

第二个底部较其他两底点更低，从图形看，是一底两肩状，故名头肩底（见图71）。

该形态由四大基本要素构成，也是作为判定某一段趋势是否可能发生扭转的依据：

（1）原有趋势为下跌趋势。

（2）左肩下跌力度相对较大，下跌到头部力量减弱，随后的上涨高于左肩低点。

（3）右肩下跌力度再次减弱，无法创出新低。

（4）有效向上突破颈线确认。

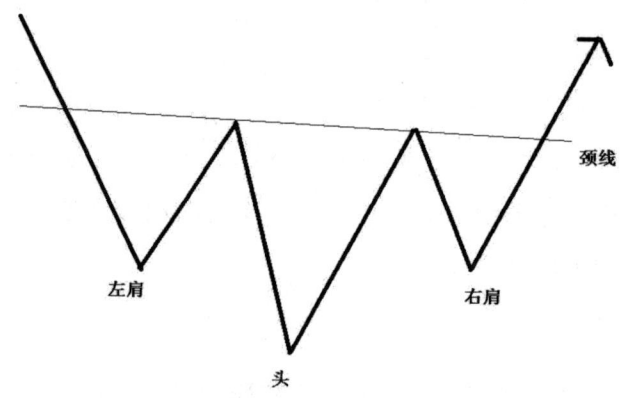

图71　头肩底形态示意图

头肩底形态形成过程是：股价经过长期下跌后，成交量逐渐萎缩，表明抛盘逐渐减少。此时会有投资者抢反弹，使股价缓慢推高，形成左肩；但跟风者并不踊跃，股价再度下跌。如果在左肩的反弹中进货的是别有用心的庄家主力，其会放量砸盘。因此此次下跌，成交量未减少，反而有增多趋势，直至吃进的少量筹码砸完了事，形成头肩底的大底。

随着股价的不断下移，主力一旦发现低价盘旋时成交量已日渐萎缩，则反手做多，一口气回升或越过左肩底价位，尔后再度回落，形成右肩，成交量大于左肩成交量。因为庄家在此时是真正的吃进筹码，右肩的回落则是为了震仓洗盘而已，所以在把握头肩底形态选股时，右肩是最重要的。

那么当投资者用头肩底形态捕捉黑马时应当怎样操作呢？

首先，把握建仓点。在头肩底走势中，最有依据的买入机会在向上有效突破颈线之后，以及突破颈线后的回抽确认机会。但是在实战中，是否能够建仓或者说是否能按照头肩底形态预测方式来操作，需要更多局部走势与指标的配合来进一步确认。

其次，设立止损位。一般来说，止损价位应该是头肩底形态的头部，即该形态的最低点下方，只有最低点被向下穿越才能认为头肩底形态的失败。

再次，计算目标价格。理论最小目标计算类同于双底形态，以头肩底形态的头部最低点向颈线的垂直距离，向上翻一倍，则是理论最小目标，但这只是最小距离，实际走势中的幅度计算还应该参考大形态上的走势。

最后，渐进仓位操作。对于右肩区域较明朗的个股，近1周内若探明了低点，且日K线图中成交量有所放大，可在股价靠近此低点时买进，此次仓位首先控制在3成。当股价逐步摆脱右肩的短期压力线后，趁股价回抽时，可视作一个买点，此次仓位可加到5成。股价上破形态颈线后，期间的回抽又是一次较佳买点，此时，仓位可加到8成。

例：如图72所示，鼎盛天工（600335）于2008年8月至2009年2月在低位构筑了一个巨大的头肩底形态，探底价位为3.65元，右肩最低点为4.60元。我们可将探底价位设为止损位，右肩低点设为参考止损位。股价拉升后，虽有震荡但始终未触及止损位可以继续持有，到当年12月份该股股价为8.33元。

图72 鼎盛天工头肩底买入图解

口诀点金

使用头肩底捕捉黑马个股时应注意，最好是在突破颈线后再行介入。而头肩底的上涨突破颈线，若没有较大的成交量，它的可信度不高，或许还会跌回底部多停留一段时间整理，以图蓄势再来。若收盘价突破颈线幅度超过该股市价3%以上，是有效突破，可大胆跟进，突破头肩底颈线后，股价上升的最小幅度至少为底至颈线的股价垂直距离，有时甚至达到1.618倍或2倍。

口诀4 黑马启动有前兆，手握资金等信号

口诀要点

把握黑马股，最好是在黑马还在起跑阶段就及时上马，这时选黑马的技巧就很重要。即使主力手法再隐蔽，黑马启动前一定还会有些前兆，投资者只要及时领会这些信号，就可以早早介入待涨。

口诀详解

从k线图看，当股价在低位进行震荡时，经常出现一些特殊图形，出现的频率超出随机概率。典型的包括带长上、下影线的小阳小阴线，并且当日成交量主要集中在上影线区域，而下影线中存在着较大的无量空体，许多上影线来自临收盘时的大幅无量打压；跳空高开后顺势杀下，收出一根实体较大的阴线，同时成交量明显放大，但随后并未出现继续放量，反而迅速萎缩，股价重新陷入表面上无序的运动状态；小幅跳空低开后借势上推，尾盘以光头阳线报收，甚至出现较大涨幅，成交量明显放大，但第二天又被很小的成交量打下来。这些形态如果频繁出现，很可能是主力压低吸筹所留下的痕迹。

从k线组合看，经常出现上涨时成交量显著放大、但涨幅不高的"滞涨"现象，但随后的下跌过程中成交量却以极快的速度萎缩。有时股价上涨一小段后便不涨不跌，成交量虽然不如拉升时大，但始终维持在较活跃的水平，保持一到两个月后开始萎缩。由于主力进的比出的多，日积月累，手中筹码就会不断增加。尽管目前的主力已无法操纵大盘，但调控个股走势还是绰绰有余的，往往会在收盘时通过各种手段改变股价走向，从而使一些技术指标逆转，以迷

惑一般投资者。从这个意义上说，在研判个股走势时，收盘价虽然是重要的，但盘中总体走势也不可忽视，在建仓阶段和拉升末期尤其如此。

第一，股价长期下跌末期，股价止跌回升，上升时成交量放大，回档时成交量萎缩，日 K 线图上呈现阳线多于阴线。阳线对应的成交量呈明显放大特征，用一条斜线把成交量峰值相连，明显呈上升状。表明主力庄家处于收集阶段，每日成交明细表中可以见抛单数额少，买单大手笔数额多。这表明散户在抛售，而有只"无形的手"在入市吸纳，收集筹码。

第二，股价形成圆弧度（见图73），成交量越来越小。这时眼见下跌缺乏动力，主力悄悄入市收集，成交量开始逐步放大，股价因主力介入而底部抬高。成交量仍呈斜线放大特征。每日成交明细表留下主力踪迹。

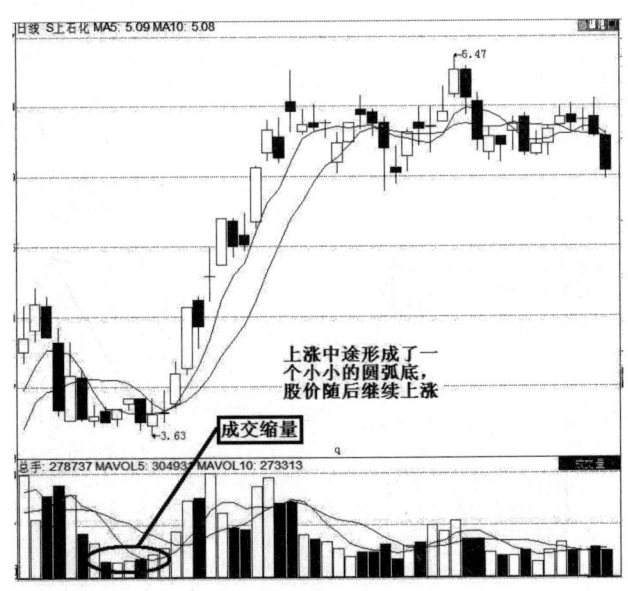

图 73　圆弧底判断黑马股图解

第三，能成为黑马的个股在启动前总是会遇到各种各样的利空。利空主要表现在：上市公司的经营业绩恶化，有重大诉讼事项，被监管部门谴责和调查，以及在弱市中大比例扩容等很多方面。虽然利空的形式多种多样，但是，有一点是共同的：就是利空容易导致投资者对该公司的前景产生悲观情绪，有的甚至引发投资者的绝望心理而不计成本的抛售股票。

第四，股价呈长方形上下震荡，上扬时成交量放大，下跌时成交量萎缩，经过数日洗筹后，主力庄家耐心洗筹吓退跟风者，后再进一步放量上攻。

第五，能成为黑马的个股在筑底阶段会有不自然的放量现象，量能的有效放大显示出有增量资金在积极介入。因为，散户资金不会在基本面利空和技术面走坏的双重打击下蜂拥建仓的，所以，这时的放量说明了有部分恐慌盘正在不计成本地出逃，而放量时股价保持不跌恰恰证明了有主流资金正在乘机建仓。因此，就可以推断出该股未来极有可能成为黑马。

前涨停带动后涨停爆出大黑马。

例：如图74所示，宝钢股份（600019）从2006年5月到2006年7月股价大幅下跌，进入7月后股价开始了长时间的震荡盘整，到了10月27日，股价突然由4.37元启动开始了一波涨情，到了2007年1月份该股已涨至10.80元。

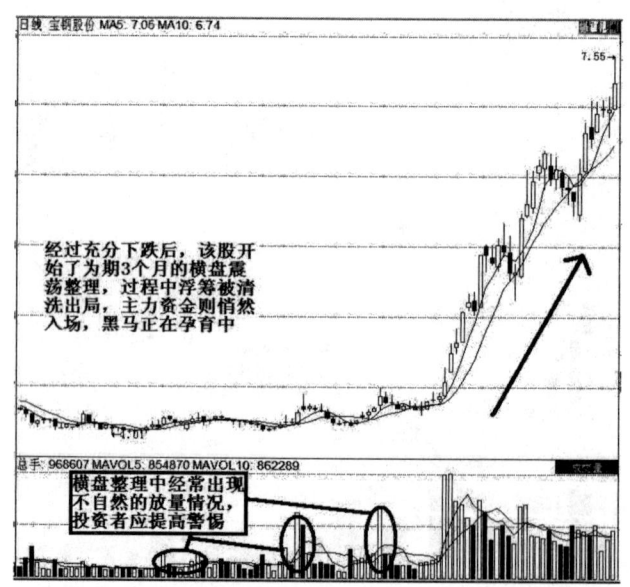

经过充分下跌后，该股开始了为期3个月的横盘震荡整理，过程中浮筹被清洗出局，主力资金则悄然入场，黑马正在孕育中

横盘整理中经常出现不自然的放量情况，投资者应提高警惕

图74　宝钢股份黑马买入图解

口诀点金

在黑马股的孕育阶段，震荡盘整往往会多次出现，但随着主力持筹的不断增加，振幅往往会逐步收窄，其间如遇大盘急挫，更是考验黑马成色的大好时机，这种情况下，那些振幅很小的个股，主力控盘能力更强，日后突破上攻将只是个时间问题。

口诀5　缩量回调是关键，低头饮水位最佳

口诀要点

缩量回调是指股价在低位上涨时回调并同时出现成交量萎缩。一般认为，这种情况很可能是一种震仓手法，此时投资者不应被这短暂的回调吓到，此时正是建仓加仓的好时机，在此处介入就可以把握一段主升浪。

口诀详解

黑马股并不是突然形成的，看起来好像黑马股是在某一天突然爆发，但在之前已经有很多迹象，而成交量的细小变化最能反映出这种迹象。比如说某股票在上涨一小段时间后出现缩量回调（见图75）。

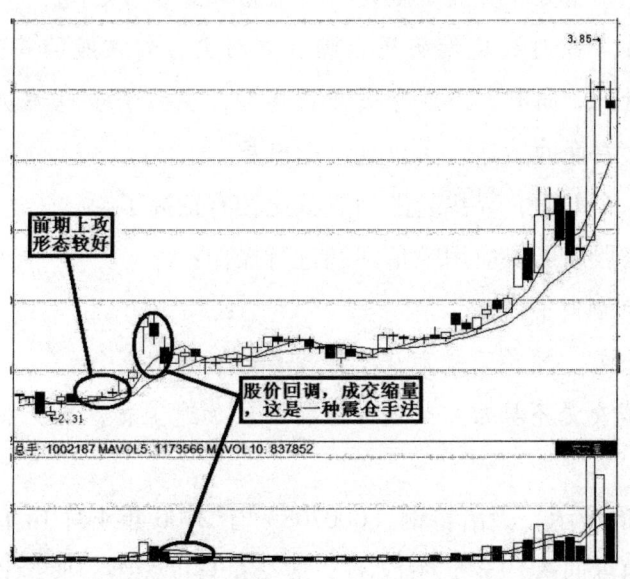

图75　个股缩量回调图解

为了阻止散户抢筹，也为了清除一部分已获利的筹码，该股往往在攻击形态极佳之时，突然掉头向下，一路振荡走低，股价连连击穿众多"支撑"。由于多数筹码在庄家手中，而散户又不可能齐心做多，于是，庄家仅需牺牲少量筹码，便可打压股价；因此，随着意志不坚定分子的不断出局，成交量日渐稀

少，最后，在连续数日持续萎缩之后，股价渐渐止跌——这便是缩量回调的过程。

缩量回调的形态很常见，如果判断是否是黑马股的震仓手法呢？

（1）从周线上看，明显有增量资金介入，上涨趋势明显，上涨过程中成交稳定而且换手不高，资金控盘明显。

（2）背离指标：①该股走势周线与大盘的背离程度，②该突发消息与股价的背离程度，③日线走势与大盘的背离程度。

（3）资金介入的理由，如题材，业绩等等，特别要关注长期借口。

（4）前期股价没有出现较大幅度的上涨，在指数上涨的情况下，个股存在补涨的机会，或者主力在盘整中吸筹，买入时的安全性较高，买入被套的概率很低。

（5）当均线系统、MACD指标、KDJ指标出现抬头上行时，预示着个股股价即将上涨，也是主力拉升股价很好的技术指标走势形态。

（6）当股价下跌时成交量明显萎缩，说明主力对该股的筹码进行了锁定，对该股的后市看好。同时，下跌时成交量萎缩，主力资金也无法流出，而且股价也没出现较大幅度的上涨，主力也不会出局。

把握以上六个方面，寻找起黑马股就比较有把握了。

而确认黑马股后还要应用缩量回调进行操作：

（1）缩量回调时分批买入。

（2）突发利空，股价下挫而成交没有异常放大时买入。

（3）只要成交量不异常放大就一直持有，加速上扬，成交放大，利好兑现时卖出。

例：如图76所示，大冶特钢（000708）于2000年4月14日，主力吸筹接近尾声，股价再度回落，至5月17日，成交量再度萎缩，股价止跌企稳。经过5个多月的吸筹，该股换手率已逾120%，至此，吸筹工作暂告一段落，随即展开一波强劲上扬的行情。

口诀点金

上涨的个股出现缩量回调时，短线投资者可以卖出手里股票，在出现下跌企稳或临近收盘时再买回，这样可以做一个T＋0差价；如果是中线持有，在该股冲高缩量回落时，可以安心持股，不用担心股价的下跌，因为这是主力的振荡洗盘，想要将意志不坚决的投资者振荡出局，以便减少上行的获利筹码。

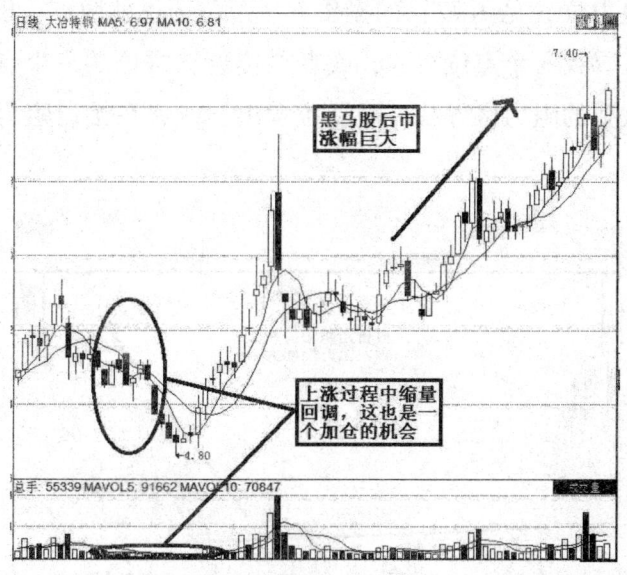

图 76 大冶特钢缩量回调图解

口诀 6 支撑越近越踏实，阻力越远越好涨

口诀要点

当股票市场中卖方力量超出买方力量，价格向上势头受阻而掉头向下，形成一个波峰时，这一位置称为阻力位；当买方力量大于卖方力量，价格受到支持向上反弹，形成一个波谷，这一位置称为支撑位。在上升市中，之前的最高价往往会成为阻力位。在下跌市中，之前的最低价往往会成为支撑位。股价离支撑位越近越可靠，离阻力位越远上升空间越大，这也是识别黑马股的好方法。

口诀详解

对支撑位与阻力位投资者大都有一些了解，这里需要强调的是支撑位和阻力位并不是一定的，一旦价格向下跌破支撑位无法重返支撑区，支撑位就变成了阻力位，进入另一个走势。相反，如果价格向上突破阻力位，并能守稳该水平以上价位而向上爬升，阻力位就变成了支撑位，从而进入新的行情走势。

支撑位和阻力位（见图77）的操作方法说白了也就两点：投资者在主要的和次要的支撑区寻找一个点位买入，或者在接近支撑位的一个点位买入；投资者在主要的和次要的阻力区寻找一个点位卖出，或者在接近阻力位的一个点位卖出。

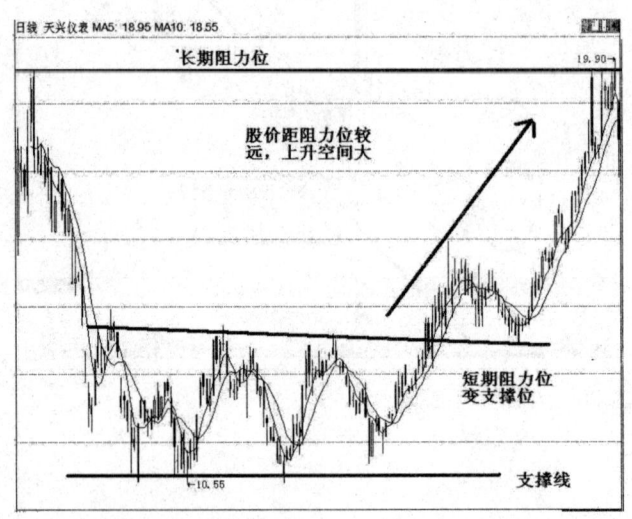

图77　支撑线与阻力线图解

在实战中，利用支撑位与阻力位把握上升空间、寻找黑马股的方法还是比较可靠的，但投资者必须做到准确把握阻力位与支撑位。这里简单介绍几种方法：

（1）市场中的顶部或底部往往构成阻力位或支撑位。

（2）技术图形中未补的缺口也形成有效的支撑位或阻力位。

（3）均线也有助于投资者判断支撑位和阻力位，10、30、60日均线也常常构成一定的支撑和阻力。

（4）利用心理价位来确定支撑位和阻力位，比如对上证指数来说，3000点、4000点和5000点等一些整数关口，都会对投资者形成心理上的阻力位或支撑位。大盘在整数关口，一般也会震荡整理较长时间。

（5）根据缺口判断：一些跳空缺口，也会形成阻力位或支撑位。K线图中未补的缺口也会形成有效的支撑或阻力。

（6）价格回撤：即同当前走势相反的价格波动，比如大盘从 4000 点上涨到 6000 点，然后回撤至 5000 点，此后继续上攻，5000 点便是行情的"回撤"，也说明 5000 点支撑强劲。

（7）前期密集成交区：如果市场密集成交区在当前价位之上，那么该区域就会在股价上涨时形成阻力，这就是所谓的"套牢盘"。反之，如果市场当前的价位在历史成交密集区之上，那么该密集区就会在股价（或指数）下跌时形成支撑。

（8）上升通道的顶端和底端及中心线，上升三角形的顶边、头肩顶的颈线等。

多数情况下，阻力位与支撑位是一个区间，而不是绝对的一个点，判断这个阻力或支撑区间是否有效被突破或支撑是看那个极限点。一般来说，只要价格未能有效突破阻力位或支撑位，那么触及的次数越多，这些阻力位或支撑位也就越有效、越重要。当然，这个区间不能太大。一般来说，只要价格未能有效突破阻力位或支撑位，那么触及的次数越多，这些阻力位或支撑位也就越有效、越重要。如果重大的阻力位被有效突破，那么该阻力位则反过来变成未来重要的支撑位；反之，如果重要的支撑位被有效击穿，则该价位反而变成今后股价上涨的阻力位。

口诀点金

对某只个股而言，如果股价轻松越过前期密集成交区，则往往是庄家控盘程度较高的标志。同时由于股价在突破阻力位后，上方已无套牢盘，上升空间被打开，这种股票就是短线介入的极好品种。

口诀 7　ROC 可做参考，超买线上快快跑

口诀要点

ROC 是变动速率指标，具有超买超卖的特性。一般而言，对于只能达到超买线一（参数值 5 ~ 10）的个股，投资者要见利就跑；而对于能达到超买线二（参数值 12 ~ 17）的个股，应相应地进行波段的高抛低吸。而一旦个股能够摆

脱这两条常态超买线，挑战第三条超买线三（参数值 18～35），行情往往就会向狂热的极端行情演变，很可能会成为超级黑马股。

口诀详解

ROC 指标用来测量价位动量，可以同时监视常态性和极端性两种行情。以 0 为中轴线，可以上升至正无限大，也可以下跌至负无限小。以 0 轴到第一条超买或超卖线的距离，往上和往下拉一倍、两倍的距离，再画出第二条、第三条超买超卖线，则图形上就会出现上下各三条的天地线。

而一旦个股能够进入超买线三的区域，那么就有很大机会演绎为叠创新高的大黑马或独立牛股，而一般情况下具备以下特征的个股出现黑马的成功率较高：

（1）先于大盘启动，底部放量换手吸筹充分的，第一波 ROC 上攻至第三超买线的个股。因为在大盘受政策利好止跌反弹时，主力持筹充分的个股往往走势强劲，而在这部分个股中，有 75% 的黑马出现概率。

（2）上攻日换手率 3.5%～6%，第一波上攻月升幅在 25% 以上。股价回调后，仍能总体保持 45 度以上的攻击性角度。一旦第一波峰 ROC 指标达到第三超买线，其未来走势往往十分出众，投资者自当乘中线回调时介入。

（3）对于达到第三超买线的领涨股，一旦遇到主力的快速洗盘，投资者可果断介入。其中 ROC 向上突破零线，进入强势区域，表示多方力量强盛，这是辅助中短线的买入信号。

（4）股价在洗盘后启动第二波升浪时，中线 20 日或 40 日均线系统率先梳理完毕，并先于大盘呈多头排列。对于这类有庄超跌股，第二波走势往往会呈现出"涨、涨、涨"，涨不停的超强趋势。

（5）对于这类超强领涨股，投资者还要结合 SAR 止损指标、EXPMA 向下死叉、或上升 45 度线来进行操作，这也是其确保盈利的良策。

一般说来，ROC 指标在正值以下范围内波动为强势区域，可持股观望；ROC 值在负值以下范围内波动为弱势区域，可持币观望。

ROC 指标一旦进入强势区域，短线高手可待其回落至 0 值附近时逢低吸纳，远离 0 值时，可适时抛出，如此，能将利润有效扩大。

无论是短线投机者还是中线投资者，若 ROC 指标有效跌破 0 值以下，必须抛出。特别是前期 ROC 值长时间运行于 0 值以上的个股，尤应如此。

例：如图 78 所示，锦龙股份（000712）在 2008 年 11 月股价由 4.36 元开始启动，开始了拉升行情。期间 ROC 值活跃于 20 以上，甚至一度达到 56 点，可以判断该股为一只超级黑马股，在股价回调时建仓，在该股依托均线上涨时放心持有，到了 2009 年 1 月份该股股价已涨至 23.78 元。

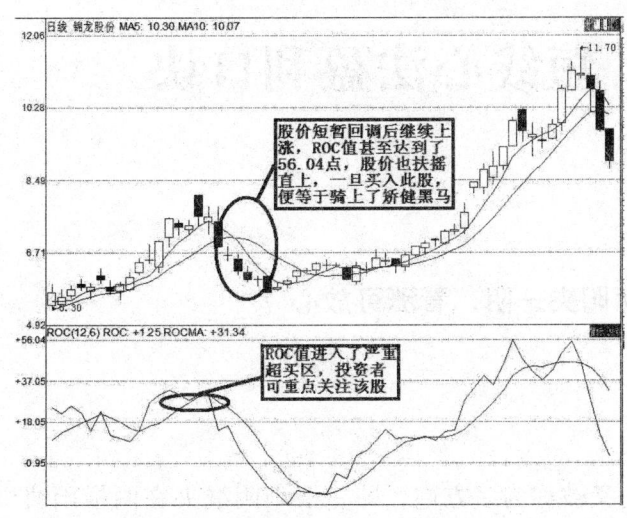

图 78　锦龙股份 ROC 指标选股图解

口诀点金

ROC 捕捉牛股时，还可以应用其领先于股价的特性。如果从高向低 ROC曲线出现两个依次下降的峰，而此时，股价却出现新的高峰。这就是背离，是卖出的信号。同理，ROC 从低向高形成依次上升的两个谷，而此时，股价却出现了新的低谷，这是买入信号。

第七章 短线心法盈利口诀

口诀1 两阳夹一阴，看涨可放心

口诀要点

两阳夹一阴又被称为多方炮，即一根小阴线夹在两根阳线中间，是一种典型的上攻形态，如出现于平台整理形态之后，可信度极高，及时跟进应有较为可观的收益。特殊的三阳夹二阴称叠叠多方炮。

口诀详解

两阳夹一阴指某只个股在第一天收出了一根实体中阳线，次日，该股的价格并未出现持续性的上升，而是收了一根实体基本等同于第一天阳线的阴线，但第三天又未承接第二天的跌势，反而再次涨了起来，还是收出中阳线，实体也基本等同于前两日K线的实体部分。这便是个股即将起飞的征兆，对投资者来说也是非常难得的短线买入点位。这种形态一般出现在股价即将上破箱顶阶段，或者出现在上攻过程中的中途换挡阶段，有时会出现在股价脱离底部的启动阶段。

从形态构造过程来说，两阳夹一阴属于庄家的震仓行为，由于其点位是处于箱顶、上升中途或底部，所以容易令散户的筹码脱手，从而使庄家可以顺理成章地完成拉升过程中的洗盘。股价从低位上涨到一定高度后，短线累积了相当数量的获利筹码。当主力庄家感到向上拉抬时阻力加重，就顺势令股价进入调整。于是日K线呈现阴阳交错，而股价徘徊不前，甚至略有下挫，即进入所谓"洗盘"阶段。当成交量在调整过程中逐步萎缩至短期地量时，也就意味着信心不坚定的短线客已基本出局，"洗盘"结束。此后某一日股价放量收阳，收市价站到了多条中短期均线之上，显示经过一段休整期，多方欲卷土重来，发动新一轮攻势。然而，次日股价不升反跌，令部分技术派人士信心动摇，而不敢追进，岂知此举正是盘中主力刻意而为。第三日股价再收阳线，将前一日失地全部收回，进攻号角吹响。投资者见此信号如能及时跟进，可搭一段顺风车。

这里需要特别强调的是，两阳夹一阴要求以短线进出为好，并不适合中长线投资者的参与，只有那种处于底部的才适合中长线投资者逢低买人。从投资者心理角度讲，两阴夹一阳第一天容易使人获利了结，第二天由于出现阴包阳现象，更会诱使人抛出手中筹码，而第三天又容易令已抛出筹码者十分懊悔，不愿买回，这些现象均有利于庄家的洗盘。一旦两阳夹一阴这种K线组合形态明显构成，不管是空仓者还是刚被震出仓者，均可立即半仓介入，另外半仓可待该股的价格创出新高后再次介入。

在研判及操作两阳夹一阴形态时，投资者必须注意以下要点：

（1）多方炮须出现在一轮明显的下跌行情之后，股价有一个低位止跌横盘的过程。

（2）两支阳线中间夹一支阴线，后一支阳线实体越大越好，如中间一支星线，特别是红星，后面涨势能量更强。

（3）骑墙过线看多头，第二根阳线要站在均线之上，均线要呈多头向上之势。

（4）后量超前真信号，还必须看量能的态势，基本要求是超过前面的成交量，应在3倍以上、或是近期最大的当日成交量。

（5）第一天放量阳线须是突破中期均线（如：30日线）或创近期新高。

（6）第二天出现跳空高开的阴线，成交量必须萎缩，而股价不可再回均线之下。

（7）第三天阳线的收盘价应高于第一天的收盘价，且须比第一天放量，但不可是巨量。

（8）第四天必须稍放量（匀量或温量）阳线；对于空方炮一定要做空，也就是说只要见"两阴夹一阳"坚决杀跌。

例：如图79所示，东软集团（600718）于2005年6月末股价跳水大幅下跌，7 月 8 日以 5.33 元探底后开始了一段横盘整理。21 日股价小幅上涨，然此时行情未明，不宜贸然介入。从 7 月 27 日到 29 日 K 线图上形成了"两阳夹一阴"形态，这是见底回升的重要信号，此时投资者可以重仓介入，该股后市果然一路上扬，涨势喜人。

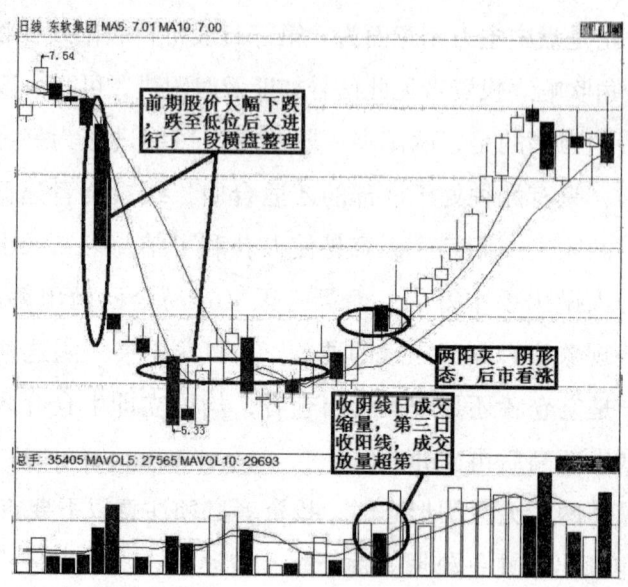

图 79　东软集团两阳夹一阴买入图解

口诀点金

当多方炮形态出现后，股价未必一定上涨，如果接下来股价出现跳空上行或继续放量上攻的情形，表明多方炮的技术意义有效，否则多方炮将变成哑炮，形成多头陷阱，股价将回落到原来的整理区间继续盘整，甚至于出现向下破位的情形。因此为了提高准确性，介入这类个股的另一个前提是均线系统必须正好形成多头排列，另外，MACD 指标、DMA 指标、TRIX 指标和 EXPMA 指标等同时金叉也十分重要。

口诀 2　空方炮，跌信号，此时不跑就被套

口诀要点

两阴夹一阳的 K 线组合又称"空方炮"，即一个阳线夹在两根阴线中间，

这常是一个下跌途中的形态。表示股价下跌，中间遇到小阳线的抵抗，但还是挡不住卖方的力量，股价将继续走下跌行情。与两阳夹一阴多方炮相反，两阴夹一阳则是卖出信号。它反映市场空方占优，多方且战且退，情况不容乐观，短线投资者此时必须离场，止盈或止损。

口诀详解

两阴夹一阳多出现在市场的顶部，是长期上涨之后股价开始在高位出现滞涨迹象，因人气转弱，稍涨即有抛盘涌出，上档压力较重，此时应怀疑随时可能会向下破位。当出现第一根放量阴线向下突破后，第二天往往反弹乏力走出冲高回落的阳线，但成交量已明显不足，第三天空头继续派发筹码，股价继续下跌，有时甚至收出光头光脚的阴线，这种组合称为空方炮之两阴夹一阳。如果两条阴线的成交量大于阳线的成交量，则有效性极高，投资者应坚决卖出。如果中间的反弹由一日延伸为两日，这种组合也称为空方炮之阴后两阳阴。

两阴夹一阳形态的研判要点：

（1）两条阴线实体较长，通常都大于阳线实体长度。

（2）两条阴线伴随的成交量明显大于阳线时的成交量。

（3）股价已攀升到一定高位。

在两阴夹一阳、阴后两阳阴形成后的一两个交易日内，股价加速下跌甚至开始以缺口形式向下跳空下行，预示着股价将加速下跌。实战中空方炮往往在行情的末期出现，空方炮则股价看跌，但有时也在下跌两三天后或一周内出现，这是空头为了更好地继续向下攻击而进行的中途换挡盘整，因此空方炮之两阴夹一阳、阴后两阳阴的出现往往是较好的短线卖出时机。

两阴夹一阳的形态构造过程为：股价在高位滞涨时，某一天下跌收出一根阴线，第二天出现了一根缩量的反弹小阳，第三天再度下跌又拉出阴线，完全吞食第二根阳线并且到达第一根阴线低点甚至超出。两阴夹一阳的空方炮形成后股价往往会出现加速暴挫，因此破位之际是较好的止盈与止损点。

阴后两阳阴的形态构造过程为：股价在高位滞涨并且高点也逐渐下移，某一天下跌收出一根阴线，第二天为一根缩量反弹小阳，第三天继续出现缩量反弹小阳，但收盘价未突破第一根阴线的高点，显示出只为弱势的修复，第四天再度下跌拉出阴线，完全吞食前二根阳线并且达到第一根阴线低点甚至超出，即阴线之后出现两根阳线随后再拉出大阴。阴后两阳阴空方炮形成后股价往往会加速暴挫，甚至一江春水向东流，漫长的跌势才刚刚开始，因此破位之际为较好的止盈与止损点。

那么在实盘操作中，投资者应怎样运用空方炮来做买卖呢？

空方炮如在行情末期开炮，则股价的向下抛压将十分重，如是在持续下跌或跌幅较大的时候出现，开炮后的推动力则不足。

空方炮的第二根阴线往往是在向下突破重大技术支撑位时才开炮发射的，如重要均线支撑位、前期平台成交密集区等，因此击破重大技术支撑位时的空方炮更具威力，也更具实战的止损与止盈功能。

空方炮的逃命点是在第二根阴线正好吞食之前阳线实体之际，当然如果错过了这一逃命机会，空方炮开炮之后仍继续。

例：如图80所示，湘电股份（600416）在2002年7月到8月间经过了一波上涨，9月初股价在高位横盘整理，但已经出现了颓势。9月24日，股价跌穿了5日均线及10日均线，失去了短期均线的支撑，股价下跌不远，投资者应迅速止损出局。如果觉得信号还不够强烈，那么9月27日、10月8日、10月9日三天形成的两阴夹一阳形态，无疑向投资者发出了最后的警示，10月11日一根巨量长阴线将该股拉入下跌行情中。

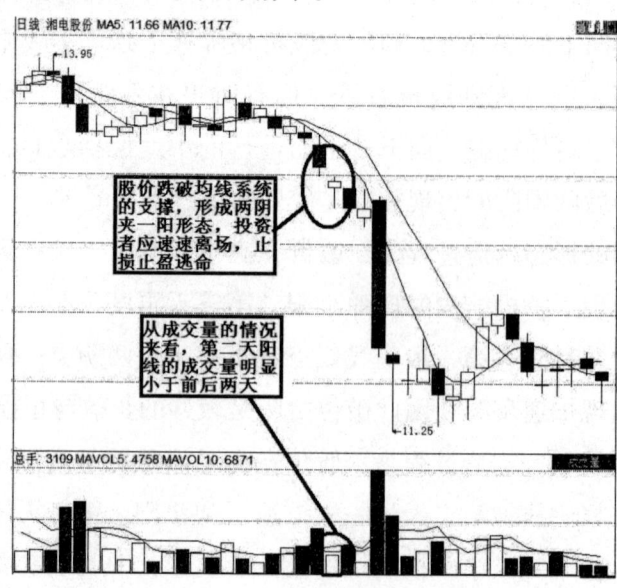

图80　湘电股份空方炮形态图解

口诀点金

股价在高位区域出现两阴夹一阳 K 线组合形态时，应立即卖出手中持股，以回避头部风险。两阴夹一阳 K 线组合形态中的阳线也可以是"十"字小阳线。有时出现两根大阴线夹数根小阳线，且第二根阴线把前几根小阳线全收复的 K 线组合形态时，同样具有看空意义，应卖出手中股票。

口诀 3　脱线切记不跟盘，八爪线时不介入

口诀要点

当股价出现连续三天脱线的情况时，很可能会进行震荡整理，此时短线投资宜离场；短期均线出现八爪线形态时，投资者宜持币观望，不要轻易介入。

口诀详解

脱线（见图 81）就是指股价（K 线）在攻击过程中由于加速的缘故，脱离了最近的均线（比如 5 日均线），而如果这种脱线现象出现连续超过三天，就会造成筹码的转换现象，可能会出现一个高点（顶），或低点（低）。就像股谚说的那样"三天脱线，筹码变换"，意思就是经过连续三天以上的脱线攻击后，短线该股筹码均会出现筹码转换（转移）的现象。当然，有时也是主力利用连续强攻，吸引跟风盘来达到出筹码；或者在下跌段中连续加速下跌达到低位捡拾恐慌割肉筹码的常用技术动作，总之此时跟盘风险很大。

通常情况下，在连续脱线三天（或以上）后，股价短线都会出现横向、回打、震、洗、等震荡整理的情况。即使还有攻击，股价也要先稳住震荡整理，等待下面均线跟上来股价"靠线"后，才会再展开攻击。

而八爪线则是指 5 日线、10 日线两线由于股价的拉升而出现了八字形的分离（5 日远离 10 日）就造成了八爪线的产生。实盘操作中一般都会用 5 日线、10 日线作为短线跟盘时分析跟追股价走势，但常常在股价走势挺好的时候跟入，却随即被拖入了回调整理（回调之后也许还会上升），这其实就是我们没有仔细注意到短期均线已经出现八爪线的形态，而此时介入是选择的时机不

对。所以，跟盘介入时要细心观察一下有没有八爪线形态的发生，警惕短线被套参与调整。

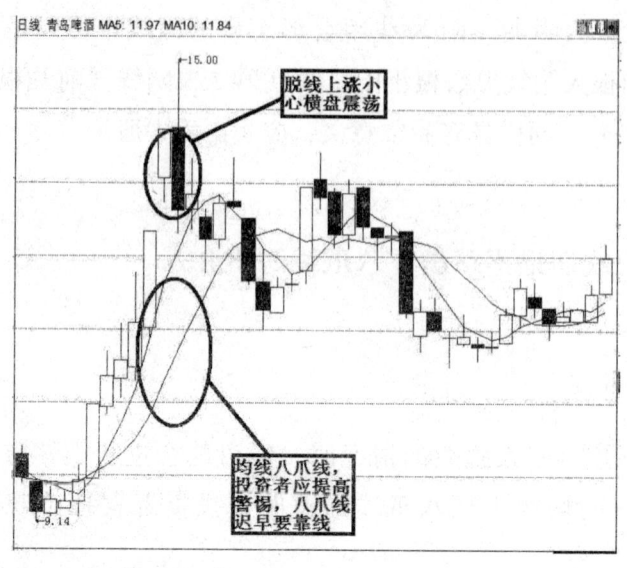

图81　脱线与八爪线图解

八爪线也是一种均线之间"乖离率"加大而造成的结果。因此，在出现八爪线之后，股价就必然在短线出现一个回落动作来"消化"此种"乖离率"现象。所以，股价就会出现向均线靠拢而产生"靠线"动作。当这种"乖离率"缩小修复后，股价好可以继续原有的攻击。

但实战中，在一些顶部、高点、底部、低点等扭转点处，也经常会出现八爪线现象。

在实战中，要牢记八爪线的均线形态。当某股加速上攻出现八爪线的时，不可追高，否则，容易出现刚买进就被套，因为出现八爪线后，股价肯定会慢慢靠线。而当某股短线下打过急，也出现八爪线现象时，短线就不易再杀跌了，可以在后面的股价回升起来"靠线"时，逢高择机出局。

例：如图82所示，鼎立股份（600614）于2009年3月2日开始一波股价拉升，股价依托短期均线上行。从4月10日开始，涨幅突然加大，15、16、17三天股价脱线上涨，同时均线出现了八爪线形态，两种形态相互验证，股价回落已然不远，此时投资者应及早出局，以防被套。3月18日，股价高开大阴线，股价以15.08元见顶，第二日该股跳空低开，这是投资者最后的止损机会，

对其抱有幻想者只会被套牢。果然，4 月 21 日股价跳水低开，股价由前一日的
13.07 元跌至 8.46 元。

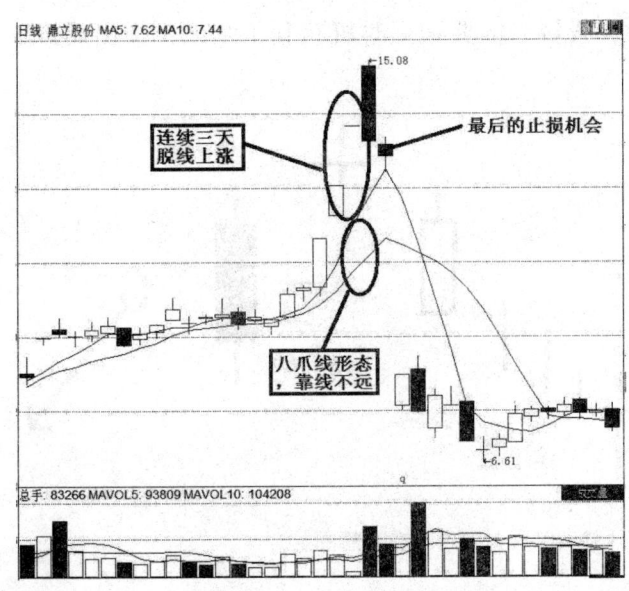

图 82　鼎立股份短线操作图解

口诀点金

判断"脱线"的距离大小，应该以 K 线当天最高价为基准，结合收盘价格
计算与最近短期均线之间的价差率。如果价差率太大，则上涨趋势时不宜追
高，下跌趋势时则可以考虑抓取短线股价反抽、反弹靠线时的利润。

口诀 4　黄昏十字星，不走被套蒙

口诀要点

黄昏十字星表现为在上升过程中出现中或巨阳，第二日又跳空向上但收出
阳或阴十字，第三日出现暴挫。黄昏十字星为重要的见顶信号，如果第三日出
现向下跳空或阴包阳，转势效果更佳。因此，投资者如果在追涨一段时间后碰
到黄昏十字星就要赶快离场，以防被套。

口诀详解

黄昏十字星形态（见图83）是强烈的趋势转弱信号，预示行情将随之进入震荡下行趋势中，投资者需要把握时机获利了结或止损出局。

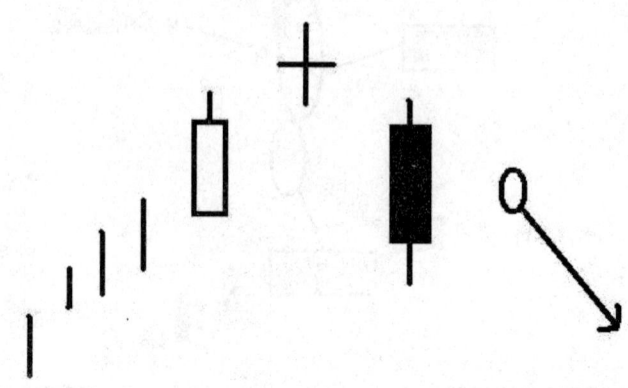

图83　黄昏十字星形态示意图

黄昏十字星 K 线组合形成过程是，股价经过一段时间的持续上涨，连续拉出大阳线，并且成交量放大，并且加速上扬。第一天，市场在一片狂欢之中继续涨势，并且拉出一根长阳线。第二天，多空力量达到暂时均衡，盘中股价虽暂时出现高于或低于开盘价成交。第三天，突然下跌，间或出现恐慌性抛压，价格拉出长阴，抹去了前两天大部分走势。此时市况已发生根本的转变，跌势一直持续到收市。

一般来说出现黄昏十字星，表明股价见顶反转，投资者应该迅速撤离。实盘操作中，如果十字星的上影线较长，并且有较大成交量，通常都是见顶信号；如果黄昏十字星出现在突破前期高点附近，则几乎肯定是反转信号；前期的涨幅越大，黄昏十字星的见顶信号越强。

在这里要特别强调一下，确认黄昏十字星见顶信号必须注意以下几个问题：

（1）行情必须经过一轮大涨。

（2）上市一年内的次新股，自股票上市以来算起，其涨幅达到或者超过上市首日开盘价的 50% 以上的。

（3）上市一年至两年的股票，近期（1 个月左右）涨幅达到 50% 以上。

（4）上市两年后的股票，自股票上市后，其累计涨幅超过100%以上，但是近期股票涨幅达到50%以上的。

（5）上市三年后的股票，自股票上市以后，其累计涨幅超过150%以上，但是近期股票加速涨幅达到50%以上的。

例：如图84所示，熊猫烟花（600599）于2007年6月13日、14日、15日三天在高位形成黄昏十字星，随后股价大幅下挫。

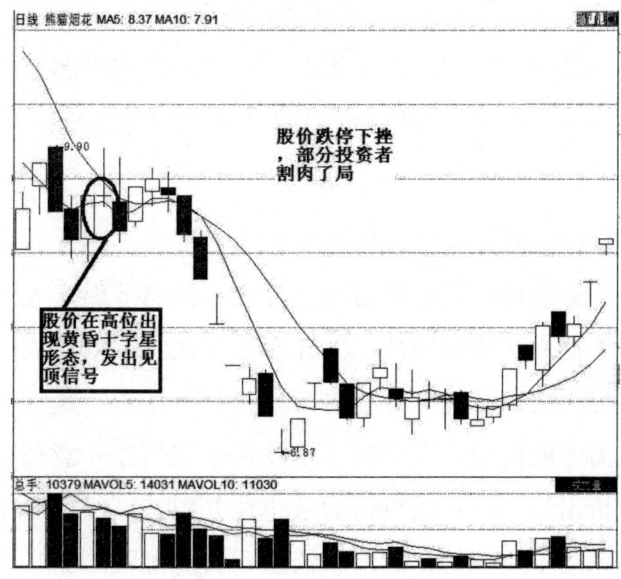

图84　熊猫烟花黄昏十字星图解

该股黄昏十字星三天的成交量分别是362万股、317万股和297万股，三天的总成交量达到976万股，三天的换手率高达20.3%。这是庄家派货的多头陷阱，在这里接货的投资者均掉进了庄家的多头陷阱。

口诀点金

如果市场上出现了一根向上跳空的十字星线（就是说，该十字星线的下影线与前一根蜡烛线的上影线没有任何重叠之处），它的后面再跟着一条向下跳空的黑色蜡烛线，并且在这根黑色蜡烛线的上影线与十字星线的下影线之间也形成了价格跳空，这根十字星线就构成了一个主要顶部反转信号。而这种形态就被称为弃婴顶部形态。

口诀5　骤跌并排红，此股继续熊

口诀要点

股价经过一段时间的下跌后，某日突然跳空低开但高走，尾盘报收阳线，且收盘价与前一根K线的收盘价形成缺口（影线部分的相互渗入可以忽略），次日股价在阳线的开盘价附近低开，但收盘却在阳线的收盘价一带，这样便在下降途中出现了一组开盘价和收盘价接近，实体长度相当的并列阳线，这就是下跌持续形并列阳线。出现这种形态后，股价将会继续下跌。

口诀详解

股价经过了一段时间回调后突然跳空低开，可见卖盘依然很多，有加速下跌迹象，但出乎意料的是低开后反而向上反弹，说明下面有大资金拉抬，即便如此，收盘时仍未把跳空缺口填补。次日股价再次跳空低开，同样有大量卖单涌出，但盘中主力再次把股价拉升至前一日收盘价附近。这一系列动作只有控盘能力较强的主力才能做到。股价明明还跌，庄家何以一意孤行呢？这是欲擒故纵，目的是托价出货，一旦散户认为已止跌并跟进，主力手中的筹码便纷纷抛售了。因此下跌途中出现的并列阳线依然看跌（见图85）。

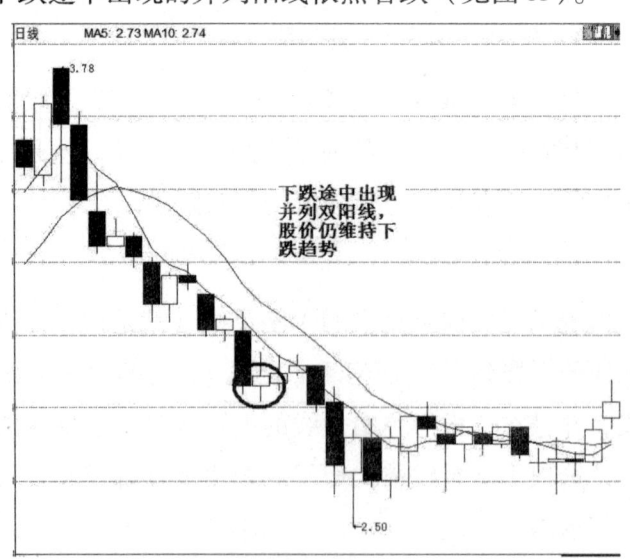

图85　下跌途中并列阳线图解

第二根阳线形成当日，收盘前5分钟若能看出是下跌持续形并列阳线，可卖出；次日股价若恢复下跌走势，应尽早清仓。

例：中弘股份（000979）（见图86），2013年8月股价在相对高位呈横盘震荡整理，13日和14日，股价在下跌途中向下跳空出现标准的并列阳线，向投资者发出了警讯。此时不应再对该股抱有幻想，及早止损出局才是上策。下跌并列阳线出现后，K线图上再次出现了一个小平台，且股价微微上扬，但这只是诱多动作，投资者应逢高清仓。果然股价在小幅上升后突然暴跌，累积跌幅接近60%。

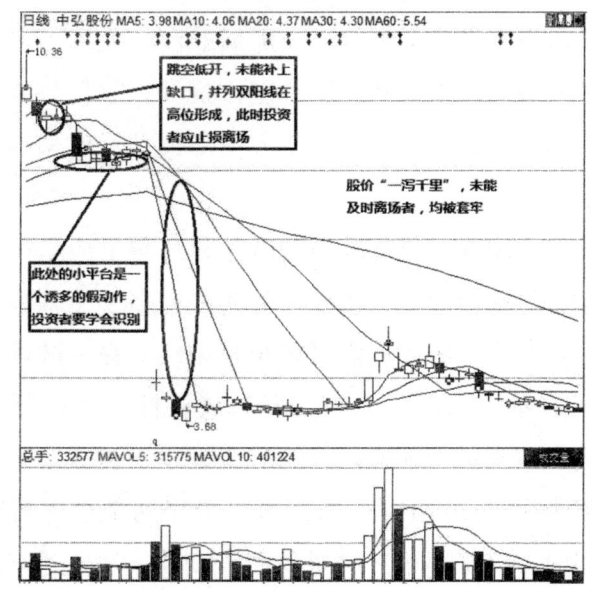

图86　中弘股份并列阳线操作图解

口诀点金

形态出现的位置离顶部越近，下跌幅度越大。并列阳线是指阳线间实体部分的并列，与影线无关，但在下跌途中，若阳线的上影线越长，从单根K线的技术意义上讲，下跌几率越大，形态越可靠。

口诀6　底部三星线，买入有钱赚

口诀要点

这种买入形态主要出现在市场底部，经过大跌后，股价低位连续三个交易日收出实体偏小且带有上下影线的星形线。这三根 K 线不分阴阳，呈横向排列。有时同一形态的三星线也会出现在上升途中的回抽阶段，可呈横向排列或梯形排列。

口诀详解

底部三星是指在低位连续出现的三颗星形图线的走势。该形态出现后，价格多会止跌企稳，继而出现一段上涨行情，是空头平仓、多头建立头寸的可信依据。上升途中三星线形态同样是多空双方较量过程中力量强弱对比的反映。第一颗星出现，显示空方进攻不再像以前那般顺利，受到了多方的阻挠；第二颗星出现，表示多方力量已强大到足以和空方抗衡，股价只能原地踏步；第三颗星出现后，已可确定多方取得优势；空方内部倒戈者越来越多，多方人心所向，后市看涨。

底部三星线一般出现在一段深跌后的低位；三颗星应呈横向排列或逐渐上涨的排列；第一颗星的前面应是一条较大的阴线；多于三颗星的走势也按三星底部形态操作；三颗星不分阴阳，但最好全是阳线。在一波凶悍的重挫发生之后，第一个十字星表示空头抛压减轻，多头试探性入场；第二个十字星意味着，多头继续入场，空头仍顽强抵抗；第三天，空头转入防守领域，多头已开始组织进攻。如果十字星逐级升高，则后市反转的可能性逐渐增大。

操作底部三星时，应根据第三颗星的涨跌变化，决定进场时间：第三颗星为阳线时，可在当天做多；第三颗星为阴线时，则应等到第二天价格向上突破第三颗星的开盘价后才可进场。

在实战应用时投资者应谨记以下三点：

（1）第三颗星为阳线时，当天可买入。

（2）第三颗星为阴线则先待阳线出现后再跟进。

（3）在上升途中的三星线买入的最佳时机就是第三颗星出现当日，无论是阴还是阳均可买入。

（4）形态出现前，股价至少跌了 10% 以上。

（5）最佳止损价位为三颗星中最低价以下 3~5 点的地方。

例 1：如图 87 所示，宁波华翔（002048）在 2006 年 11 月初出现下跌，从 12.69 元下调至 10.20 元低位。11 月 15 日到 17 日 K 线走势图上出现了三星线形态，预示行情即将反转，我们再看 11 月 15 日、17 日和 21 日，股价又形成了"三次触底不穿线"，两种形态相互验证，反转信号十分可靠，投资者可逢低建仓。果然，22 日股价便火箭发射，震荡上攻至 16.60 元。

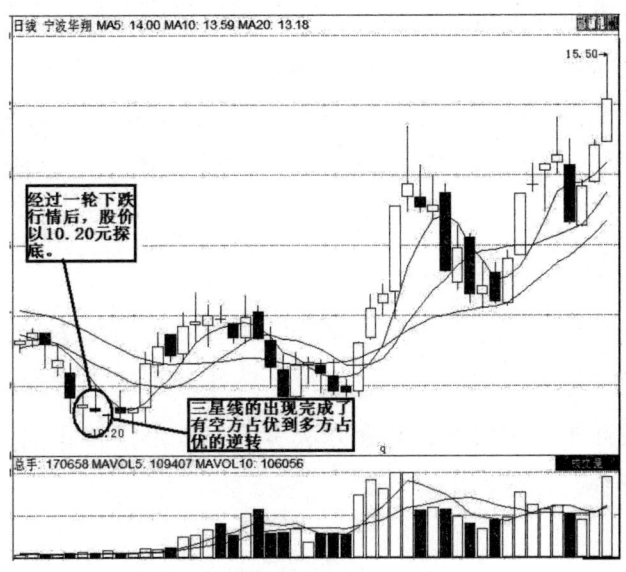

图 87　宁波华翔三星线操作图解

例 2：如图 88 所示，南方汇通（000920）（见图 88）经过一段时间下跌

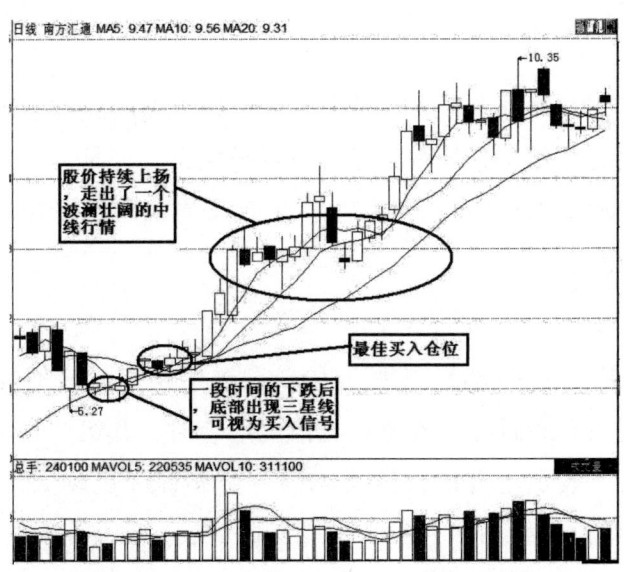

图 88　南方汇通三星线操作图解

后，在2007年3月2日、5日、6日在底部出现了三星线形态，显示空方力量不足，行情即将逆转。三星线形态出现后，股价果然转而向上，股价经过数日拉上后，在一个相对高位形成了一个平台，成交量亦出现萎缩，显示主力控筹能力良好，投资者可逢低加仓。经过一段时间横盘震荡后，股价开始了第二波拉升，以10.35元见顶，投资者获利丰厚。

其实，底部三星是早晨之星的"变种"，只是底部三星背后蕴含的多空力量较量更加激烈。而经过这样的交战之后，后市爆发性上涨的可能性大大增加。

口诀点金

低位三星线容易与"下降途中三星线"混淆，区分的方法是：一波下跌行情中第二次出现三星线可视为低位三星线。另外，如果"下降途中三星线"误认为低位三星线而买入了股票，解套方法有二：一是设置止损位；二是拿着不动，调到位后补仓，反弹再出。

口诀7　曙光初现地平线，抢点筹码是理念

口诀要点

曙光初现又叫做刺透形态或斩回线形态，是明确的底部反转信号。曙光初现形态是由两根K线组成，第一天是一根阴线，第二天是一个阳线，第二天的实体穿过第一天的实体，深入一半以上。出现曙光初现形态预示后市可能结束下跌行情，转而向上。

口诀详解

曙光初现形态（见图89）基本上与乌云盖顶相同，只不过前者出现在顶部，而后者出现在底部而已。出现曙光初现形态时，其第二根K线（即阳线）的实体部分越长，表示上升的力度也越强，可靠程度也越大，而第二根K线（即阳线）的收盘价最好高于第一根K线（即阴线）实体部分一半以上。

曙光初现形态的识别法则为：

（1）市场处于下降趋势，第一天是一根大阴线。

（2）第二天是一根大阳线，它的开盘价低于第一天的最低价。

（3）第二天的收盘价应该高于第一天大阴线实体的中点。

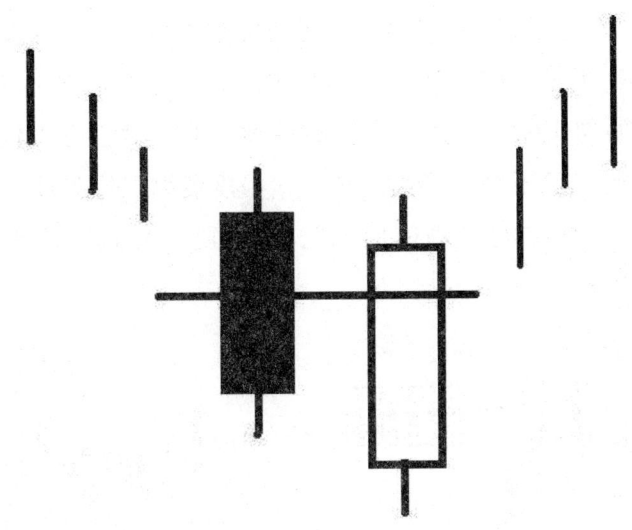

图 89　曙光初现形态示意图

　　关于曙光初现形态背后的心理过程，我们可以作如下理解：市场本来处于下降趋势中，曙光初现形态第一天的疲弱的绿色实体加强了这种市场预期。第二天，市场以向下跳空的形式开盘。到此为止，空方观察着行情的发展，感觉诸事顺遂。可是后来，到当日收盘的时候，市场却涨了回去，结果收盘价不仅完全回到了前一天收盘价的水平，而且变本加厉地向上大大超越了这个水平。现在，空方开始对手上的空头头寸忐忑不安起来。有些市场参与者一直在寻找买进的机会，他们据此推断，市场不能够维持这个新低价位，或许这正是入市做多的大好时机。

　　关于曙光初现形态，也有四项参考性因素，如果曙光初现形态兼具这些特征，那么它的技术分量将大为增强。

　　（1）在曙光初现形态中，白色实体的收盘价向上穿入前一个黑色实体的程度越深，则该形态构成市场底部的机会越大。

　　（2）曙光初现形态形态发生在一个超长期的下降趋势中，它的第一天是一根坚挺的黑色实体，其开盘价就是最低价（就是说光脚的），而且其收盘价就是最高价（光头）；它的第二天是一根长长的白色实体，其开盘价位于最高价，收盘价位于最低价。

（3）在曙光初现形态中，如果第二个白色实体的开盘价低于某个重要的支撑水平，但是市场未继续下行，那么肯定能证明空方已经无力控制市场了。

（4）如果在第二天开盘的时候，市场的交易量非常大，那么这里就猛涨。

例：如图 90 所示，四川圣达（000835）于 2007 年 6 月 13 日，股价在18.40 元见顶后便勾头向下，过程中虽有反弹，但明显空方占优。至 7 月 4 日收盘价为 12.45 元，已下跌了 32%，成交量极度萎缩。但 7 月 5 日至 7 月 6 日，日线图上突然出现标准的"刺透形态"，股价随后雄起，由 10.09 元拉升至21.24 元，升幅达到了 110%。

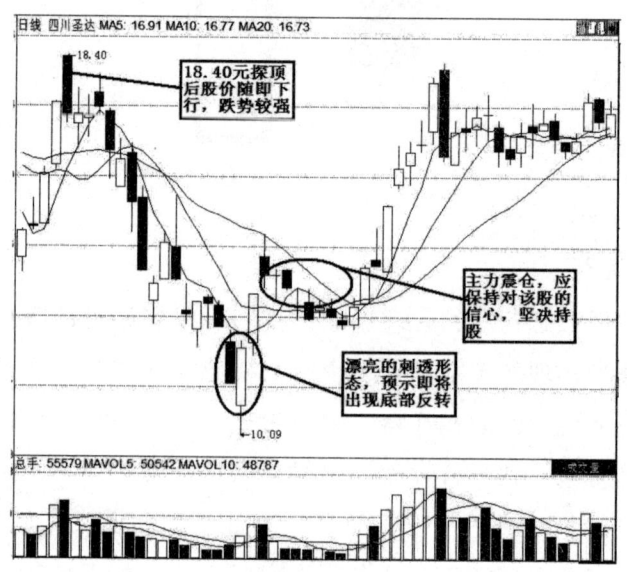

图 90　四川圣达曙光初现形态图解

曙光初现短线买入形态如果在熊市中应用时，注意第二根阳线的最低价必须是 13 个交易日以来的最低价，这主要是用于避免投资者在熊市中贸然追高，防止增大操作风险。但是，如果市场趋势向好，股市运行在牛市行情中时，投资者则不必过于拘泥这条规则。因为，牛市中股价涨多跌少，如果强调买入 13 天以来的最低价，就会错失良机。

需要特别指出的是，用于大盘分析的曙光初现形态的技术要求，与用于个股分析的技术要求有所不同，由于股指包含的市场容量较大，其短期震荡幅度远远小于个股的股价震荡幅度。因此，在分析大盘的 K 线组合形态时，对技术要求的标准可以适当放宽，只要大致符合"曙光初现"的基本条件就可以。

口诀点金

待入线形态，切入线形态，和插入线形态构造与曙光初现形态时相似的，但是这三种形态第二根 K 线深入的程度不够黑色实体的一半，在跌势中，他们被看作是继续看跌信号。在涨势中，是上涨信号。待入线形态，阳线的收盘价在阴线收盘价的下方附近。在切入线中，阳线刚刚切入阴线，再插入线中，阳线插入阴线，但不足一般，但比切入线要大一些。

口诀 8 底部身怀六甲，试探抢入筹码

口诀要点

口诀中"身怀六甲"指的是孕育线形态。后一根 K 线的最高价与最低价，均未超过前一根 K 线的最高价与最低价。其看上去就好像是长 K 线怀中的胎儿，故而该形态又称身怀六甲形态。该形态的出现，一般预示着市场上升或下跌的力量已趋衰竭，随之而来的很可能就是股价的转势。当孕育线形态出现在底部时，股价就将上扬，是绝好的短线买入时机。

口诀详解

孕育线可以分为三种形态：前一条图线是一条长大的阳线，第二条图线是一条短小的阴线，称为阴孕阳孕育线，简称阴孕育线；前一条图线是一条长大的阴线，第二条图线是一条短小的阳线，称为阳孕阴孕育线，简称阳孕育线；前一条图线是一条长大的阳线（或阴线），第二条图线是一条十字星线，为十字星孕育线，简称星孕育线。

低位出现的阳孕阴孕线（见图91），多为大底信号，孕线过后会出现一波中级以上的上涨行情，投资者应多加关注此处的孕线形态，一旦确认，就应该果断进场，以免错失进货良机。

在实际运用底部孕线的过程中，一定要注意以下几点：

（1）是在连续下跌过程中出现的。

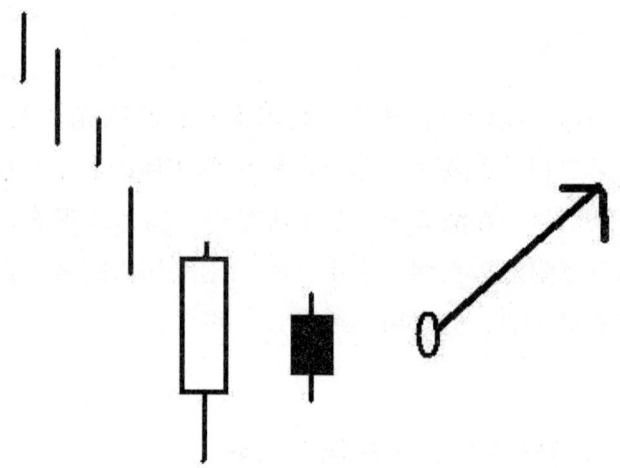

图 91　底部孕育线形态示意图

（2）由两根 K 线组成。

（3）第一根 K 线为大阳线或中阳线也可以是大阴线或中阴线。

（4）第二根 K 线为实体较短的阳线或阴线。

（5）第一根 K 线实体包容了第二根 K 线的实体。

（6）如第二根 K 线为十字星则为底部十字胎。

孕育线的形态组合也要满足几个特点：

（1）第一天的 K 线的颜色代表市场的趋势。

（2）第二天的 K 线一定要在前一天的 K 线中。（第一天 K 线一定要覆盖第二天的 K 线实体和影线部分）。

（3）两天的 K 线颜色一定是相反的。

孕育线分为见顶反击和见底反击两种，孕育线反击与包线类似但不如包线强烈，高位孕育线是明显的见顶信号，在上涨趋势中，收出一根大阳线，反映出多头的趋势，次日开盘股价下行，当天的股价在一个较小的范围内波动，收出一根小阴线，且全部被前一天的大阳线所覆盖，此时的可能是一个纺轴线，而纺轴线就代表了行情的不确定性，这个也是孕育线不如包线反击的力度大的原因之一，次日还不能说明行情就转头了，如果第三天的收盘于更低，说明了孕育线反击意义的成立。

在这里我们重点要讨论的是阴孕阳孕育线。在下跌行情中，先出现一根大阴线或中阴线，第二天是一根高开的较小的实体（阳线阴线无所谓，但多为阳线），且其开盘价和收盘价都在前一个实体范围内，被前者吞没。若第二天是一根十字线，则称为底部十字胎或看涨十字孕线，其看涨意味强于普通孕线。

阴孕阳孕育线是见底反击信号，表示目前市场下跌势头已经趋缓，股价可能横盘整理或见底回升，或者继续下跌空间已不大，市场正积蓄力量，等待机会向上突破。

请注意，孕线所提供的信号，只是"准市场逆转信号"，即在一个强劲的多头市场中，上升时出现孕线，股价并不会马上见顶，仍可能继续上涨；反之，在一个空头力量十分强大的市场中，下跌时出现孕线，股价不会马上见底，仍可能继续下跌。这就是人们通常所说的"涨要涨过头，跌要跌过头"。因而投资者在极强或极弱的市场或个股中见到孕线形态后，不要马上做出买进卖出的决定，可继续留心观察，并结合其他技术指标进行综合分析后，再作定夺。也就是说，除十字孕线以外，孕线看涨看跌的效果要弱于吞没形态，弱于锤子线上吊线，弱于黄昏星启明星形态。

例：如图92所示，首创股份（600008）在2007年7月12日、7月13日两天的蜡烛线构成了底部身怀六甲形态，投资者可重点关注此股，等待行情反转。第三日，该股收出了一根中阳线，随后放量上涨，投资者可进入把握一段主升浪。7月21日，股价跳空上涨，K线图底部出现了一个圆弧底形态，再一次确认了上涨行情，这是一种见底的复合K线语言，到了9月10日，该股已涨至23.95元，涨幅可观。如果你是一个保守的投资者，7月24日买入，也是一个不错的买点。

投资者在操作孕育线和包线必须注意的地方：

（1）操作孕育线要区别孕育线所处在的位置。如果位置判断不准，不论是做多或是做空都会造成不应有的损失。在区分包线位置时，要特别注意处于上升途中的包线和处于高位顶部的包线，这两处的包线最不容易区别开来，不是将上升途中的包线判断为高位的见顶包线卖出了造成踏空损失，就是将高位的包线当成了上升途中的包线持有不动而耽误了最佳卖出时间，同样造成损失。

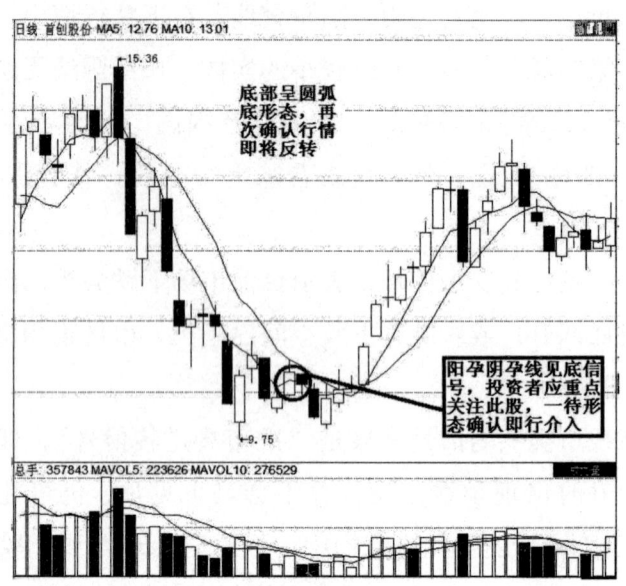

图92 首创股份孕线见底反转图解

区分这两处的包线没有一个绝对可靠的办法，如果行情已经出现大幅上涨的包线，不管后市是涨是跌，一律按高位的包线对待，迅速卖出。如果上涨的幅度不足时，而当时的趋势又不太坏，则可按上升途中的包线对待，持有待涨或追加买入均可。处于低位的包线和下降途中的包线的区分则和高位的包线同样。

（2）孕育线和包线有时形成连体形态，这不影响对行情的判断，无论是按包线形态进行操作，还是按孕育线形态进行操作，都是可行的。

口诀点金

实战中，成交量的变化对确认孕育线操作有较大影响，投资者应注意分析孕育形形态出现时成交量的变化。如果股价放量之后又大幅度萎缩，则市场趋势改变的可能性较大。

第八章　股票买入盈利口诀

口诀 1　一针锥底，买股时机

口诀要点

股价跌到低位后，当某日出现一条"长下影小实体"的 K 线，即向投资者发出了明确的买入信号，此时进场，短线获利可靠。这种图线被称为"一针锥底"（单针探底）线，长长的下影线，表明低档承接能力强，股价跌到这一价位后，就会招来多头的抢购，并且推动股价快速上扬。

口诀详解

一般来说，当股价（股指）在阶段性高位区域进行横盘整理，选择突破方向时，成交量的变化是至关重要的。若股价（股指）向上突破，则必须有成交量放大的配合。反之，如果股价（股指）只是单纯横盘，那么市场主力由于吸不到筹码，便会采用技术手段做出破位下行的走势，以引发恐慌性抛盘的出局。而为了避免短线抄底盘的介入，市场主力常会以阴跌的方式将股价（股指）回调至理想区域并再次进行横盘吸筹。对于散户投资者而言，要想识别出主力的这种手段，单针探底法（见图 93）是一个不错的选择。"单针探底" K 线形态的出现往往意味着股票价格的企稳，是新一轮上升行情的起点。

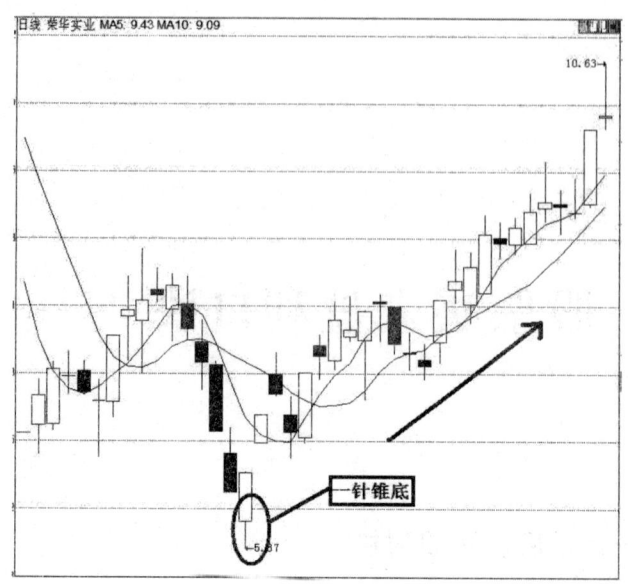

图93 "一针锥底"形态图解

单针探底形态能在任何部位出现，但只有处在底部低位和下降途中股价离30移动均线较远，以及上升途中股价调整到位后出现时才可买入，出现在顶部时是万万沾不得的。因为出现在顶部的长下影线，称为上吊线，此时买入等于上吊线单针探底形态能在下降途中出现时，要快进快出，不能恋战，稍有收获，就应获利了结。单针探底是个较为可靠的短线见底图形，选股的时候应尽量在形成图形当日买入。由于在持续下跌过程，短线反弹一般时间较短，幅度有限，操作上就要果断。即使是底部已经确立，由于筑底过程是个频繁震荡的过程，短线操作上也应快进快出，否则很容易频繁坐车。

单针探底形态在上升途中波段的低点和底部行情的低点位置出现时，可放心买入，既可进行短线操作，也可中线持有，在此两处出现的长下影上实体图线，是可靠的单针探底信号，据此操作，一般风险较小，获利稳当。中小散户，特别是入市伊始的新股民，应多按这一图线进行操作。对于下降途中出现的长下影小实体图线，应尽量避免参与抢反弹，因为此时出现的长下影小实体图体，反弹力度一般较小，缺乏经验的新股民，难于驾驭，稍有疏忽，就会前功尽弃。

例：如图94所示，民生银行（600736）在经过一波力度充足的下跌之后，于 2007 年 9 月 27 日日 K 线形成一根下影线很长的小阳线，呈典型的"单针探底"态势，给人以强烈的股价触底企稳，扬升行情已经展开的印象。我们看 9 月 11 日一根长下影大阴线的急速杀跌，股价出现企稳的态势，而成交量继续放大，说明抄底盘持续进场，第一根探底针的出现，预示着阶段底出现，空头杀跌动能已经被消化，多头能量大于空头，短线买点出现，这就是单针探底的判断要点。次日成交量急剧放大，短线抄底和跟风盘蜂拥入场，收出一根短上下影大阳线，表明短线行情处于强势应继续持有，第三日量能继续大幅放大，但是股价出现滞涨，表明获利盘出逃，投资者应提高警惕，股价脱线上涨一两天之后就应止赢出局。

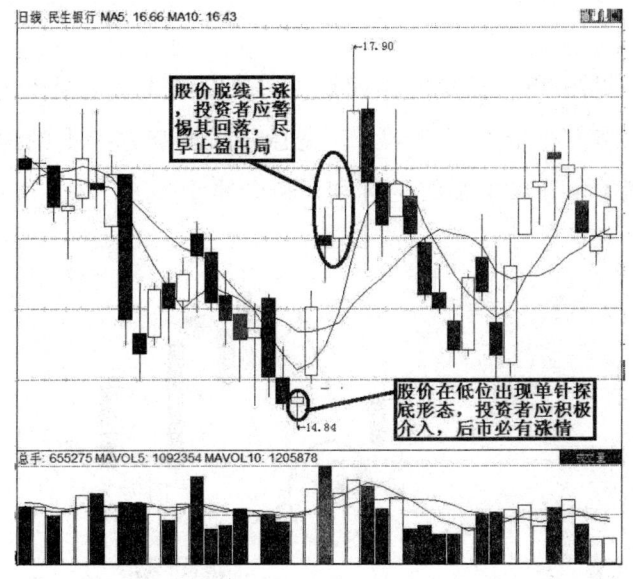

图 94　民生银行单针探底买入图解

口诀点金

"单针探底"固然十分灵验，但技术面意义尚不及"双针探底"，后者才能够更明确地表达出价格见底企稳的信号。双针探底的"两针"可以是紧密相连的两条长下影线，也可以是中间隔有几根 K 线的"两针"走势，但相隔的天数不能过多。"双针探底"形态出现后，股价一般是立即反弹，走出一波气势不凡的上涨行情。但个别股票会经过一段时间的调整后，才正式展开上升攻势。

口诀 2　身抱多线，好景出现

口诀要点

身抱多线也即一抱多线，低位一抱多线是指价格跌到低位后，出现了一条大图线（简称母线），将前面多条小图线（简称子线）包容起来的一种走势。一抱多线有两种形态。一种是大阳线包容前面的多条小图线，另一种是形态是大阴线包容前面的多条小图线。两种形态，性质一样，后市均应看好。

口诀详解

一抱多线（见图95）的见底原理是：一条大图线从上至下将前面的多条小图线包容，表示多方在全力围剿空方，决心夺回被空方掠去的地盘，后市显然免不了一番激烈的争斗，但最终的胜利，将会属于多方。

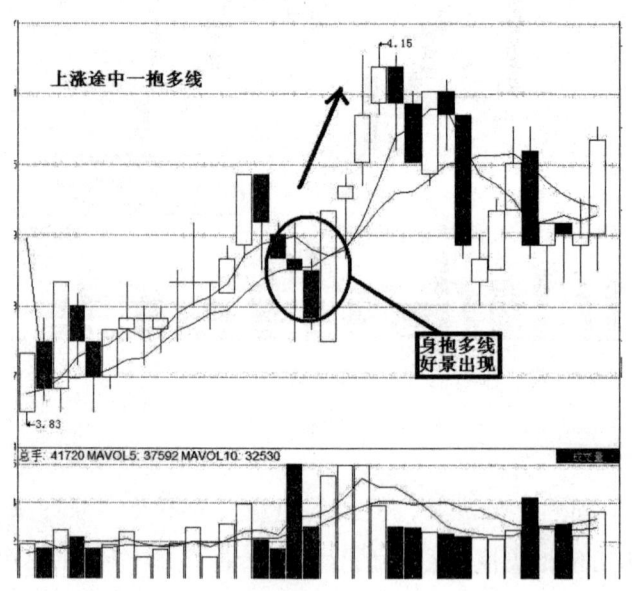

图 95　上涨途中一抱多线图解

价格跌到低位后，出现一连串的小图线，这是行情跌不下去的一种见底迹象，其后的一条大图线，虽然创了新低，但收盘价一般高于小图线最低价之上，这是对底部低点的试探，可以说，大图线的最低价也就是前面下跌行情的触底价，接下来会出现一波反弹行情，在大图线的最高价附近做多，就有把握获利。

低位一抱多线特征：

（1）要求处在较低的价位。

（2）被包容起来的子线最少有三条，条数越多越好。

（3）母线不分阴阳，但最高价必须高于各条子线的最高价，最低价必须低于子线的最低价，成包容形态。

低位一抱多线是底部反转的重要信号，抱线最高价以上的涨幅，一般能达到抱线本身长度的两倍以上。

低位一抱多线注意的事项：

（1）当该形态的母线是阴线时，应等到第二天收阳线、且价格向上突破了母线的最高价后，才可介入。

（2）当该形态的母线是阳线时，第二天无论收阴收阳，均可买入，最好是回档后买入，可买到较低的价格。

（3）只有股价深跌在较低价位出现才属买入信号。

（4）该形态的最佳止损价位是母线最低价以下3～5点的地方、或前低以下3～5点处。

（5）在上升途中也属买入信号，但要等待调整到位后才可出手。

（6）在下降途中出现，无论是阴抱线还是阳抱线，均是典型的卖出信号，后市股价还会下跌。

例：如图96所示，招商轮船（601872）在2009年3月份股价跌至4.5元低位，随即横盘窄幅震荡，未来趋势不明朗。3月10日，K线图上出现了一根大阳线，将前三日的阴阳线全部包住，形成了一抱多线形态，后市看涨。大阳线出现后第二日，股价高开低走收出了一根中阴线，随后两日也都以小阴线收盘。这种情况应视为股价调整，投资者不必过虑。果然，从第四日开始股价一路上涨，10个交易日后涨至6.08元。

口诀点金

与之方向相反的高位一抱多线则是做空信号。形态分为阳抱线和阴抱线，阳抱线就是形成抱线的母线为阳线。形成抱线的母线为阴线的图线，就称为阴

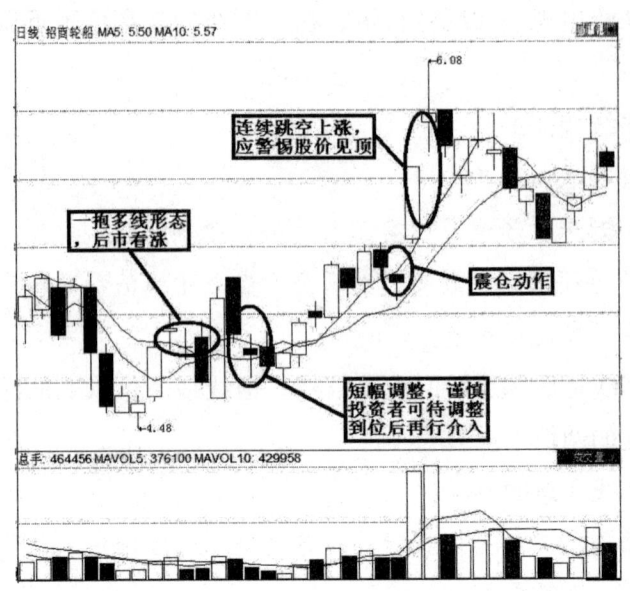

图 96 招商轮船一抱多线买入图解

抱线。阳抱线的最佳做空点位是价格向下跌破母线的开盘价；阴抱线的最佳做空点位是价格向下跌破母线的最低价。

口诀3 双管齐下，买进不怕

口诀要点

当股价下跌到低位后，如果连续出现了两条长下影小实体，且下影线的最低点较为接近的 K 线，称为"双管齐下"，得名是因为其形态像两条长管插向地下。"双管齐下"即为通常所说的双针探底形态，这种形态的出现表明股价已进入了底部，或者离底部已经不远了，中长线投资者可开始建仓，短线也可介入，后市获利一般较为可靠。

口诀详解

一般来说，双针探底形态（见图 97）是下档承接有力的迹象，股价跌到某一低点后，就能迅速被多头托起，不仅说明多方的力量强大，也表明，在这一价位抛压不重，后市能轻松地脱离底部，形成上升趋势。因此投资者在出现双针探底形态时买进，获利机会较大。

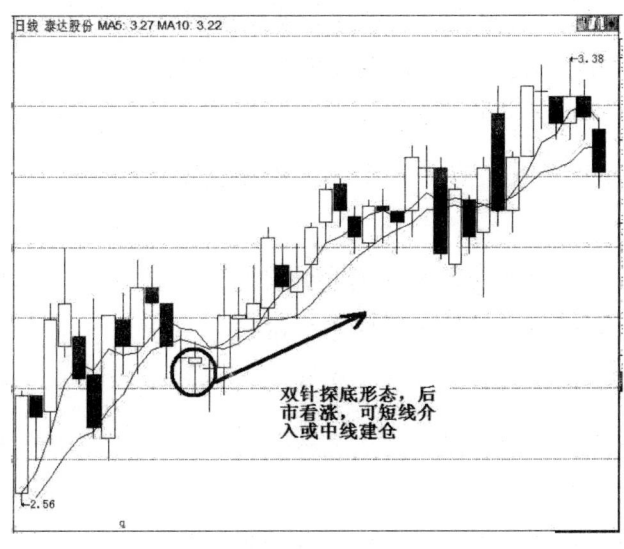

图97　双针探底形态图解

双针探底中的"针"在K线图上指的就是长下影线。单支K下影线表示当日盘中的空翻与转折，短期内连续在同一位置出现这种走势说明此价位支撑作用较为强烈，短线向上反弹的概率较大。

首先，下影线到达的位置很重要，它通常应该是前期某个重要技术支撑区域，或者心理上的整数关口位。从盘中走势来看，当出现探底的交易日中往往下跌行情很猛烈，盘面上基本上没有任何护盘的动作，表现为放任式的下跌，有一次性快速探明短线支撑的作用，随后盘中的反弹行情比较突然，迅速将股价拉升回正常价位。通过这样的走势，可以在短期内探明支撑区域。所以，两次探底的位置基本平行，第二次可能比第一次略高。

其次，K线组合的成交量也有特点，由于只是短线上的局部参照，所以成交量不会有过于明显的变化，但是"双针探底"中的两个"针"的日K线成交量要求是放量的，通常比前后最近几个交易日成交日的成交量都要大。另外，从短期的CCI、KDJ、RSI等变化比较灵敏的指标来看，往往有一个从超买到恢复的过程。图中这个案例在这一点上体现的也是比较明显。

当然，"双针探底"组合中下影线的长短并不太重要，如果下影稍短一点，就会类似于另一种K线组合"两次触底不穿"的走势，反弹的概率相对要小一

些。但是这两根下影线所下探的空间要求有一定的深度，前后交易日其他的日
K线位置都距这个价位比较远，否则在实战中没有太大的意义。

在操作双针探底形态时，一定要注意以下事项：

（1）该形态在顶部出现是卖出信号，在下降途中出现时多为卖出信号，即
使有反弹，也是昙花一现，很难做差价，只有在底部行情出现，才是可靠的买
入信号。

（2）两K线的下影长度均要达到实体部分的一倍以上，少于这一比例，有
效性会降低；两K线低点之间的差距不能超过1%。

（3）也有连续出现多条长下影小实体K线的情况，可参照本法操作。

（4）个别情况下本形态出现后不涨反跌，此时千万不要割肉，而应耐心持
股守候，不久必有收获。

（5）两条图线的最低价最好为同值或接近同值，不能有太大的差距。

例：如图98所示，青岛双星（000599）在2002年6月6日以9.82元短期
见底后股价转头上涨，10日开始形成了一个小平台，6月14日、17日两天股
价出现了双针探底形态，随后股价突破平台短线大幅上涨，5个交易日后股价
达到了13.80元，短线获利丰厚。6月26日，股价已连续脱线上涨3天，投资
者应警惕股价回落，及早止盈了局。

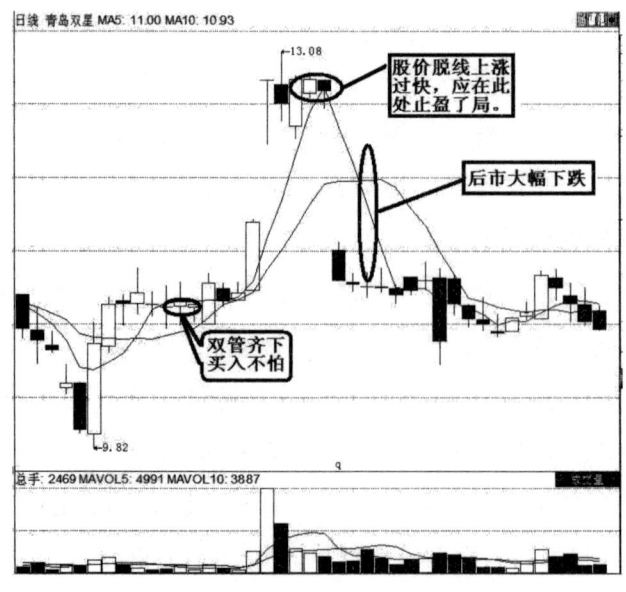

图98　青岛双星双针探底短线买入图解

口诀点金

双针探底形态出现后，要把握两个操作原则：最佳做多点位就是第二针的最高价位；第一止损位是双针线最低价为以下 3~5 点的地方，第二止损位是双针探底前的低点价位以下 3~5 点的地方。

口诀4 五阳上线，股价弹升

口诀要点

"五阳上线"是指底部低位连续出现五根小阳 K 线，也常被称为五连阳。五条阳线在低位出现也表明底部做多的力量开始增强，后市股价也将上升。

口诀详解

五阳上线（见图99）的 K 线组合，就是由 5 根低开走高或跳跃势的小阳线组合而成，它所对应的成交量也呈温和放大之势。其市场含义代表主力机构积极压低回补增仓，而又不使股指过于快速大幅上扬的一种较为隐蔽的增仓行为。

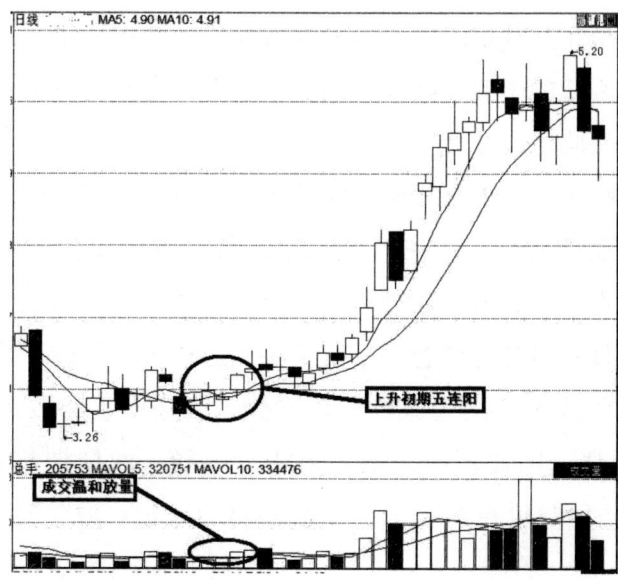

图99 上升初期五连阳图解

一般来说，五连阳 K 线组合方式，经常出现在股价长时间下跌后和股价的上升途中。出现在长时间下跌后，说明股价即将转势弹升；如果五连小阳的 K 线组合是出现在股价的上升途中，则预示着主升浪行情即将开始。

股价在长时间的下跌后，在低位连续出现的五个小阳线，特别是股价经过 ABC 三浪下跌后，或者在 W 底、头肩底即将形成时出现的五连小阳组合，说明股价经过较长时间的超跌后，多头资金或新增资金开始增仓和回补。这种以连续的小阳线方式增仓、回补的操作具有一定的隐蔽性，说明是一些志在长远的主力资金或前期被套的主力资金，开始较为急切地压低吸货的一种行为。在通常情况下，当低位出现五连小阳 K 线组合时，且能有效站上 20 日均线后，意味着阶段性底部的构成和下跌趋势的改变。

当五连阳出现在上升途中，往往预示着股价即将开始大幅拉升，而当低位出现五连阳时，说明主力资金急于补仓，底部开始确立。低位五连阳一般较低位的红三兵 K 线组合多二条阳线，说明主力低位吸筹补仓的急切性，因而较红三兵有更可靠的实战意义，因此当投资者在低位发觉这种 K 线组合时，是一种非常好的低位买入机会。尤其要注意的是小阳线上升时的角度和斜率越陡峭越好，如果连续 5 根小阳线收盘都在轨道线之上时，是难得的买入机会。但是投资者在实战操作中也要注意，最好是在下跌行情经过长时间的持续大幅下跌的第 3 浪，并且股价在反复筑底时，走出的这种五连阳组合走势，另外也要注意区别一些大幅上涨后的个股，在其回调途中，主力庄家刻意做的小阳串组合以吸引短线客的多头陷阱。

例：如图 100 所示，创业环保（600874）在 2010 年 2 月 2 日以 6.80 元中期见底，次日起股价回升，并在 K 线图上形成了五连阳的走势，股价后市看涨，投资者应重点关注介入。对于一般短线投资者来说，出现上升五连阳的行情，就考虑第五日收盘进行清仓，一般来讲，连拉五条阳线，第五日往往不是巨量就是大量。而从 K 线图上我们可以看到，五连阳走势较为陡峭，后市有很大机会出现回档，因此短线投资者可先行离场，回档调整后再行介入。2 月 12 日短幅回档后股价再次上涨，成交亦温和放量，股价迅速由 7.42 元涨至 9.07 元。

总之，在遇到五连阳走势时投资者一定要把握以下操作要点：

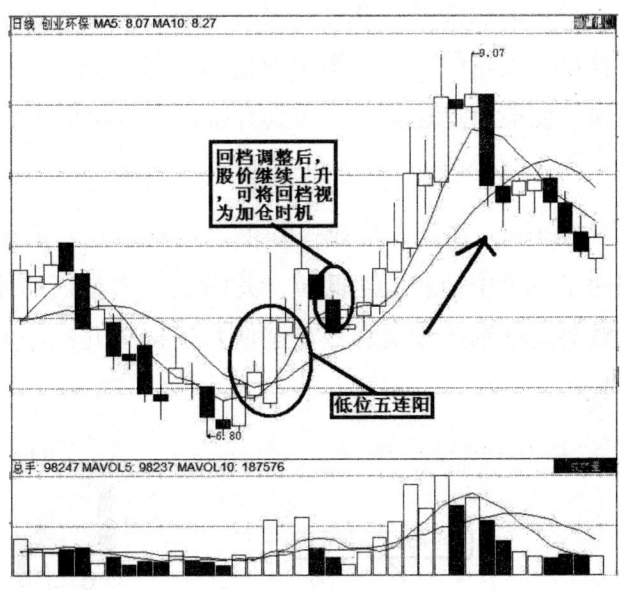

图100　创业环保低位五连阳图解

（1）必须是股价深跌后在底部低点价位出现时才起作用，如在下降行情的反弹走势中出现，则应反向操作，迅速卖出股票。

（2）五条阳线一般为横向排列，第一条阳线的开盘价与第五条阳线的收盘价之间的总升幅应小于8%，若大于8%，则应等待股价回档后再进场做多。

（3）五阳之间允许插入一条小阴线，其后升幅不受影响。

口诀点金

在股指充分下跌筑底成功后的低位五连阳，其可靠程度非常高，可操作性也非常强。低位五连阳的出现是一些志在长远的主力资金增仓回补的重要信号，投资者在介入后一般不要轻易地作短线，以免将廉价的筹码炒掉。

口诀5　三杆通底，反弹在即

口诀要点

"三杆通底"，也就是三连阴。股价出现了连续三条下降的大阴线，如同三根长杆，一根接一根地扎向底部。该图线出现后的反弹力度相当大，是短线获利的难得机会，有经验的投资者，都会利用这一机会做差价获利。因为该形态的3条大阴线，释放了大量的能量，作用于底部。与此同时，底部就产生了同等力度的反弹力量，使股价迅速弹升，而其升幅也常常超出人们的意料之外。

口诀详解

三杆通底（见图101）的形态形成过程可以这样表述：股价在经历了漫长的下跌之后，到达了一个中期或短期低位。此时空方力量已筋疲力尽，成交量萎缩严重，而且跌势也逐渐趋于缓和，甚至偶尔还出现几次小幅反弹，显示市场正在酝酿某种转机。

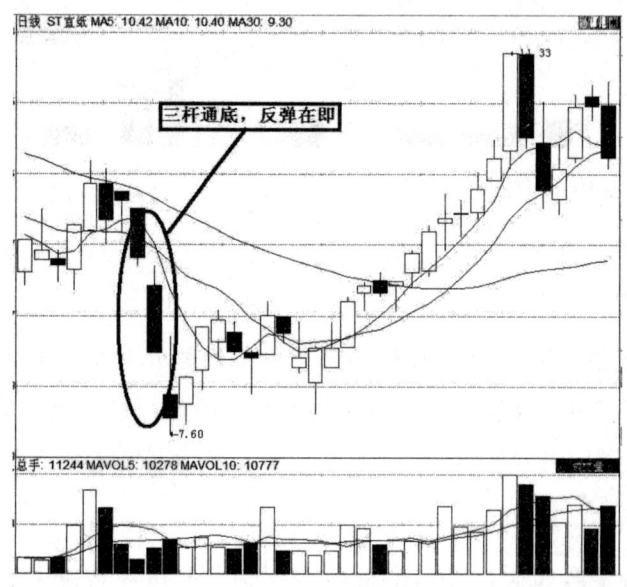

图101　三杆通底形态图解

但就在此时，在某种利空刺激下，股价再次下跌，而且跌势转急，连续收出三根大阴线，甚至还伴有跳空缺口。成交量在下跌过程中越来越大，导致场内恐慌气氛浓厚，斩仓割肉盘不断涌出。

当第三根大阴线出现之后，悲观气氛已到达顶点，但股价却奇迹般止跌并展开反弹。随后抄底盘也跟风杀入，股价很快反转直上。三根连续下挫的大阴线将做空能量全部释放后，多头势力迅速控制局面，且力度也相当强劲。

"三杆通底"形态，可在底部行情和下跌行情的途中呈现，投资者如能正确判断，勇于在市场最悲观的时候果断抄底，获利也相当丰厚。在底部行情中出现时，投资者可放心买入，由于此时能基本确认股票价格已跌到了底部，买进后，赢利较为可靠；途中出现三杆通底时，需要审慎对待，缺乏短线经验的投资者，最好不要介入，以防不测。

那么，如何区分是底部行情的"三杆通底"形态，还是下跌行情中的"三杆通底"形态呢？较为可靠的判断依占有两条：一是按照股票价格下跌的深度作为判断的依据。股票价格上涨到高位后，回档整顿不久，下跌幅度较小，这时候呈现的持续三条大阴线，多属下跌途中的"三杆通底"形态，操作时就应慎重一些。与之相反，股票价格下跌的幅度已很大，此时呈现持续三条降落的大阴线，多为见底特征，可大胆买入；二是依据30日移动平均线的走势环境举行判断。当30日移动平均线由高位转势下行，在没有与5日移动平均线金叉的环境下，如果出现了三条大阴线，就归属降落途中的"三杆通底"图线。与之相反，30日移动平均线在低位与5日移动平均线实现了金叉后出现的三条大阴线，就归属底部行情的"三杆通底"形态，此时就可重仓买入。

例：如图102所示，红星发展（600367）于2009年9月25日、28日、29日三天在K线图上出现了三杆通底形态，鉴于前期股价已经大幅下跌，可以判断为股价见底信号。次日股价开出了一根光脚阳线，可在此处建仓，后市股价跳空上

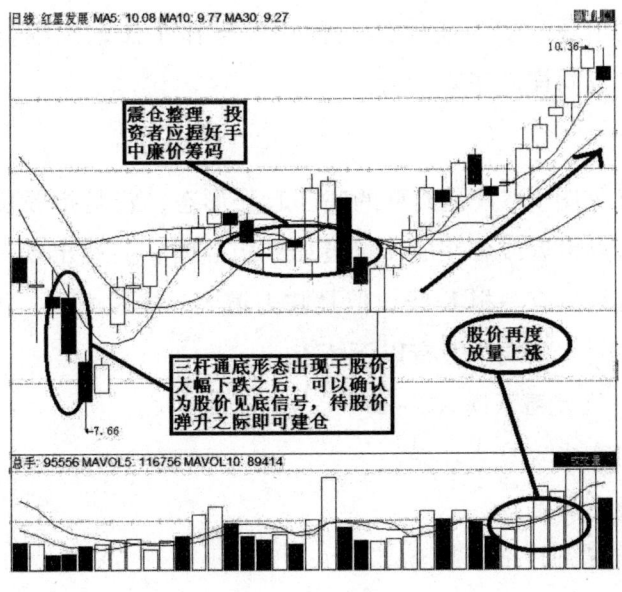

图102　红星发展三杆通底买入图解

涨，在底部形成了一个 V 字形反转，再次确认了后市涨情。10 月 20 日到 30 日股价在一个相对高位出现了窄幅横盘震荡，这是震仓行为，投资者不应轻易释放出手中的廉价筹码。果然，从 11 月 2 日开始，股价再次拉升，涨至 10.80 元才见顶回落，涨幅达 35%。

口诀点金

投资者在操作时应注意，三杆通底形态大多出现于股价长期下跌之后的低价区，且阴线实体较长，如伴有跳空缺口，则有效性更高。还有很重要的一点，成交量要逐日放大，最后一根阴线需有较大的成交量配合。

口诀 6　巨阳落海，放心购买

口诀要点

股价跌到低位后，某日大幅低开并收出一条巨大的阳线，这条阳线就叫"巨阳落海"。从理论上讲，该图线是多方发起攻击的一个重要信号，尽管开盘时，空方拼命打压股价，但多方早就做好了反击的准备，当空方的脚跟尚未站稳时，多方就全力以赴，最终占据绝对优势，形成一条特大的阳线。从实践上讲，这一图线的出现，多为庄家的一种特殊操作手法，大幅低开，是庄家所为；迅速拉高，也同样是庄家所为。

口诀详解

巨阳落海（见图 103）是典型的底部起涨形态，它是指股价经过长时间的下跌，在前期低点附近或者在成交量萎缩到极点时，突然出现一根放量的大阳线。该类形态虽然只有一根 K 线，但是它力道大、爆发力强、可信度高，值得关注。底部出现的大阳线一般有以下特点：

（1）前期一轮大幅下跌（3~5 个月）。

（2）K 线组合出现黄昏之星。

（3）底部逐步抬高。

（4）多数情况月内窄幅横盘。

（5）光头光脚（或上下影线极短）。

（6）成交量突然放大，至少是最近 5 个交易日平均成交量的五倍以上。

（7）往往出现在前期低点附近或者成交量极度萎缩时。该类形态出现后，往往预示着下跌阶段彻底结束，底部反转信号非常明确。

图 103　巨阳入海形态图解

一般来说，当巨阳在底部出现时，买入信号十分可靠，无论短中长线均可介入，但在实际操作时一定要考虑大盘走势情况。

当大盘走势处于强势，拉大阳线的个股又在低位运行时，考虑到此时主力做多意愿强烈，因此，无论大阳线后的走势是表示强势，还是一般、偏弱，都要以看多、做多为主；当大盘走势处于弱势，或拉大阳线的个股在高位运行时，考虑到此时主力做多意愿不强，因此，即使大阳线后的走势表现为强势，也要谨慎对待，切不可重仓持有；如果个股拉大阳线后，其走势表现为偏弱，则以减仓为主，并作好随时撤退的准备。

再进一步说，大盘处于强势或平衡势，个股又处在低位，并且所选的个股不是老庄股的情况下，投资者可按照下述方法进行操作。

第一，只要大阳线后的第 2 根 K 线，或这之后的几根 K 线在大阳线的收盘价上方运行，就坚决买进，积极做多。

第二，只要大阳线后的第 2 根 K 线，或这之后的几根 K 线在大阳线的收盘价和开盘价范围内运行，就不能盲目看空、做空（请注意：股价即使跌到大阳线的开盘价,但未跌破大阳线的开盘价,都不能盲目看空、做空),而要以守仓为主,一旦日后股价突破大阳线的收盘价,则要及时增仓。

第三,只要大阳线的第2根K线,或这之后的几根K线(甚至更长一段时间的K线)跌破了大阳线的开盘价,则要马上止损离场,千万不要因为恋战而拖着不走,拖得越久,损失越大。

第四,大阳线出现时的成交量,要大大高于前5日的均量(即5日成交量的平均数)。如果成交量不配合,这样的大阳线就值得怀疑,投资者应谨慎对待,不可盲目重仓跟进。指股价经过深幅下跌后,又大幅低开,随后一路上扬,报收大阳线。

例:如图104所示,(000416)于2009年7月开始了一波下跌行情,从8月初开始股价在低位横盘震荡。10月12日,该股突然放量开出一根巨阳线,第二日股价跳空上涨,随后几日股价也都在巨阳线收盘价上方运行,后市看多。投资者可在此处轻仓介入,看后市走势再行加仓。10月20日开始股价出现下跌,此时投资者不必惊慌,从K线图中我们可以看到股价虽然下跌,但仍然在巨阳线的开盘价与收盘价之间运行,不要轻易抛出手中筹码。果然10月30日开始股价缓缓回升,最终以10.47元探顶回落。

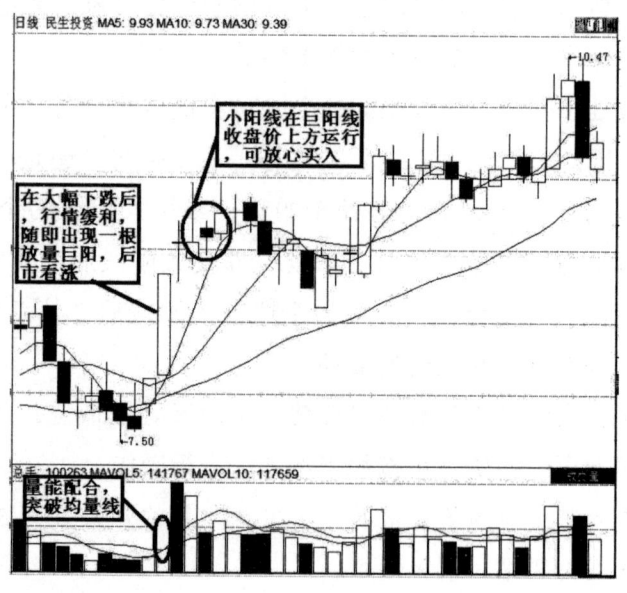

图104　民生投资底部巨阳买入图解

口诀点金

每天上午九点半开盘前，投资者可关注两市跌幅榜前 10 名，如发现某只股票无特大利空而以跌停开盘或低开 6% 以上时，应在第一时间买入，短线第二天即可获利了结。下降途中出现时，具有指示后市下跌深度的作用，可据此做波段操作，如在低开时买进第二天卖出后，当股价回落到前面大幅低开的价位附近时又可买入，第二次回升到大阳线的收盘位置时再次卖出。

第九章　股票卖出盈利口诀

口诀1　双峰触天，跌在眼前

口诀要点

所谓"双峰顶天"，就是指股价上升到高位后，先后出现了两个高度大致相等的顶部，如同两个耸立云天的山峰，此种走势，就称之为"双峰顶天"即"M"头或"双顶"。"双峰顶天，跌再眼前"，是很可靠的卖出信号。

口诀详解

一只股票上升到某一价格水平时，出现大成交量，股价随之下跌，成交量减少。接着股价又升至与前一个价格几乎相等之顶点，成交量再随之增加却不能达到上一个高峰的成交量，再第二次下跌，股价的移动轨迹就像M字（见图105）。

我们可以为M头形态的形成过程做一个市场分析。股价开始一段上升行情，价格持续上升为投资者带来了相当的利润，于是他们沽售，这一股沽售力量令上升的行情转为下跌。当价格回落到某水平，吸引了短期投资者的兴趣，而且较早前沽出获利的亦可能在这一点再次买入补回，于是行情开始回复上升。但与此同时，对该股信心不足的投资者会因觉得错过了在第一次的高点出货的机会而马上在市场出货，加上在低水平获利回补的投资者亦同样在这水平再度卖出，强大有沽售压力令价格再次下跌。由于高点二次都受阻而回，令投资者感到该股没法再继续上升（至少短期该是如此），接下来愈来愈多的投资者沽出，价格跌破上次回落的低点（即颈线），于是整个双头形态便告形成。

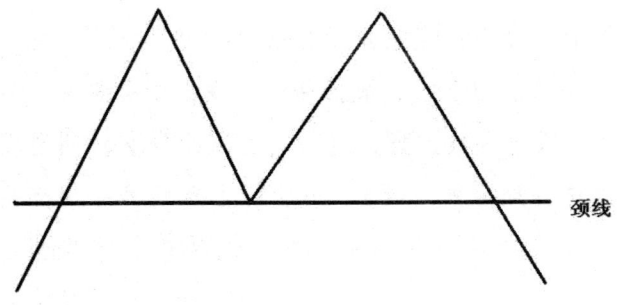

图 105　M 头形态示意图

当出现双头时，即表示价格的升势已经终结。通常 M 头形态出现在长期性趋势的顶部，所以当双头形成时，我们可以肯定双头的最高点就是该股的顶点；而当双头颈线跌破，就是一个可靠的出货讯号。

首先，我们来分析一下 M 头的形态特点：

（1）M 头（见图 106）是当某一股票急速上升至某价格水准时，必会回跌，而在峰顶处留下大成交量，然后成交量随股价下跌而萎缩，然后再度上升时，股价又回至前一峰顶附近（价位相同、低于或高于），成交量再度增加，却不再出现先前在第一峰所留下之成交量水准，上升阻力产生，随后造成第二

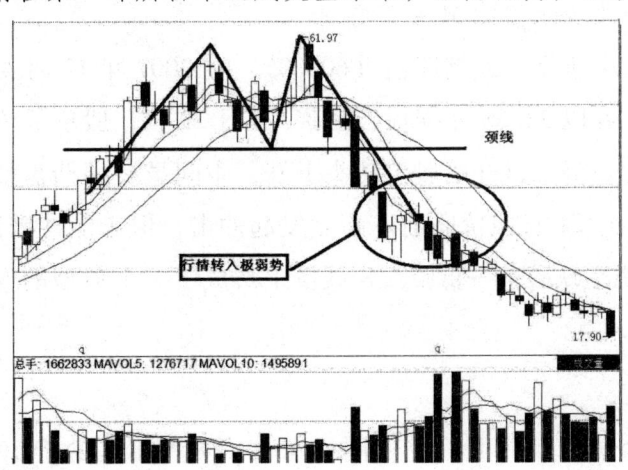

图 106　M 头形态图解

次下跌，突破颈线后，形成原始下跌趋势或中级下跌趋势，而向下突破颈线时，成交量亦不一定扩大，日后继续下跌时，成交量会扩大。

（2）颈线之所在，是画一条平行线通过双峰间之低点。双重顶完后突破颈线，从图形可看出，类似英文字母 M。

而在具体操作中，投资者应把握以下原则：

（1）假使第一个顶点出现后，股价回档下跌，成交量却呈现着忽大忽小的不规则变化，下跌后股价再次上扬，但这次上涨的成交量明显要小于第一顶点所形成的成交量（这一点至关重要），当股价上涨到第一顶点附近时，极有可能构成 M 头形态，股价有再次下跌的可能，这时第一顶点附近就是第一个卖出点。

（2）通过 M 头中的低点做一水平线，这条水平线就是 M 头形态的颈线。当股价向下跌破颈线3%以上时，是一个强烈的卖出信号，也是 M 头形态的第二卖出点。这时我们在两个顶点中选择一个最低点作颈线的垂直距离，再从第二顶点下跌到颈线所在的点量出相同的距离，到达的价位可能是 M 头形态股价下跌的最终价格，这个下跌幅度只是作为下跌的最小幅度。

（3）万一第二个顶点的股价，超过第一顶点的3%以上幅度时，M 头不成立。

（4）M 头由于构成所需时间较头肩顶短，套牢的浮动筹码也较头肩顶少，因此并不一定完全出现在原始趋势的顶部反转形态中。有时候在多头行情的整理过程中，也会出现小型的 M 头形态。

例：如图107所示，武钢股份（600005）在2007年12月4日启动了一波中线上涨行情，在以23.68元探顶后回落，1月29日，股价低位出现了一根十字星，变盘在即。第二日开始股价转头上涨，中间虽有回档盘整，但仍是多方占优。2月20日、21日股价向前一高点发起冲击，但未能冲破高点即行回落。3月21日股价跳空跌破前一低点，K 线图上形成了一个典型的 M，头形态，股价最终跌至11.51元。

口诀点金

双头的两个最高点并不一定在同一水平，两者相差少于3%是可接受的。通常来说，第二个头可能较第一个头高出一些，原因是看好的力量企图推动价格继续再升，可是却没法使价格上升超逾百分之三的差距。一般双底的第二个底点都较第一个底点稍高，原因是先知先觉的投资者在第二次回落时已开始买入，令价格没法再次跌回上次的低点。

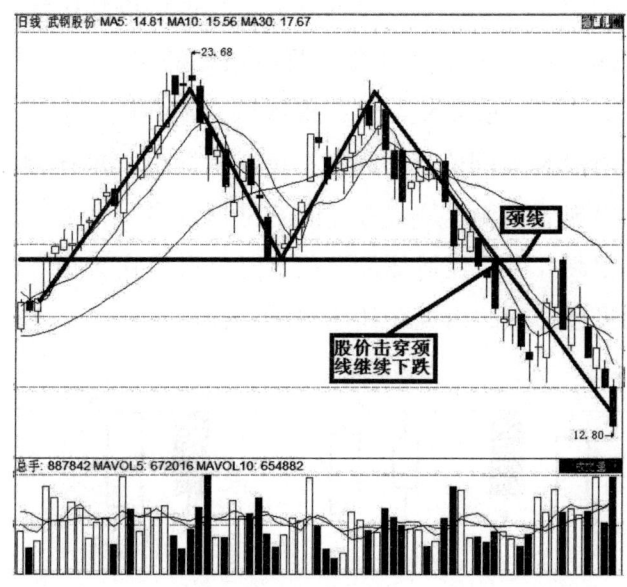

图 107　武钢股份 M 头形态图解

口诀 2　兄弟剃平头，卖出不能留

口诀要点

平顶线是见顶卖出信号，股价上升到高位后，如果相继出现了两组平顶线，就称为"兄弟剃平头"。该形态是由两组平顶线组合起来的图线，所以卖出信号更为强烈。该形态的出现，表明市场对当时的股价产生了疑虑，做多谨慎，所以股价出现了两次平顶走势，后市只有通过回档整理才有可能重拾升势。

口诀详解

股价在经过了一段时间上涨之后，出现了两根最高价同值的 K 线，这两根 K 线就叫做平顶线。平顶线出现的频率比较高，它可以在股价走势图的任何位置出现但只有在具有了一定的涨幅，特别是有20%以上阶段涨幅后，一旦出现平顶线则短期见顶的可能性非常大。操作策略是在出现平顶线的当天收盘前卖出。

平顶线（见图108）的两根K线可以是阴线也可以是阳线，最高价可以是影线也可以是实体，只要是在阶段高位两根相邻的K线最高价同值就是平顶线。在个别情况下，第一根K线与第二根K线之间相隔一两天也可以视为平顶线，只要相隔的两根K线同值且中间没有更高价即可，这样的图形见顶信号更可靠。处在高位出现的平顶线是非常可信的见顶信号，一般下跌空间较大。平顶线出现的频率很高，可在任何部位出现，但只有处在天顶和波段峰顶的平顶线，才是可信的见顶信号，出现在其他部位没有意义。

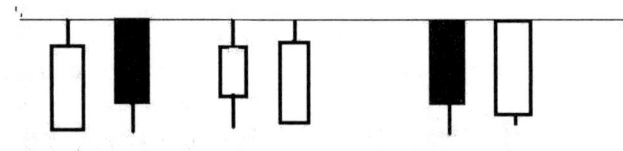

图108　平顶线形态示意图

用两组平顶线（见图109）作为卖出信号时，投资者应注意以下几点：

（1）要求前一对平顶K线应高于后一对，否则不能作为后市走势判断依据。

（2）本形态出现后，或多或少会有一跌，卖出要果断。

（3）即使出现在下降行情的下降途中，卖出信号也与顶部一样强烈。

平顶线的操作策略为：

（1）一般来说，平顶线的最佳卖点就是形成平顶线的当日。而如果K线图上出现了两组平顶线，不用说，第二组平顶线形成的当日投资者就应迅速清仓离场。

（2）平顶线可出现在任何位置，但只有出现在高位或波段顶部，才是可信的见顶信号。出现在其他位置不一定是卖出信号。是否处在高位的判定办法，可采用"抱线"判定高低位置的办法进行。

（3）平顶线一般为两条相连的图线组成，但在个别情况下，第一条线与第二条线之间相隔一两天也可算作平顶线，只要相隔的两条图线的最高价均为同值就行。这种形态的平顶线比两条相连的平顶线有效性更高、更可靠。因为这种形态的平顶线，实际成为"双顶"图线。一般来说双顶比平顶线的见顶信号更为强烈，后市股价下跌的可能性要比平顶线大得多。

（4）平顶线可以连续出现，即第一组平顶线出现后，接着又出现另一组平顶线，第二组平顶线有时高于第一组，有时低于第一组，但不管高于还是低于，均是强烈的见顶信号。

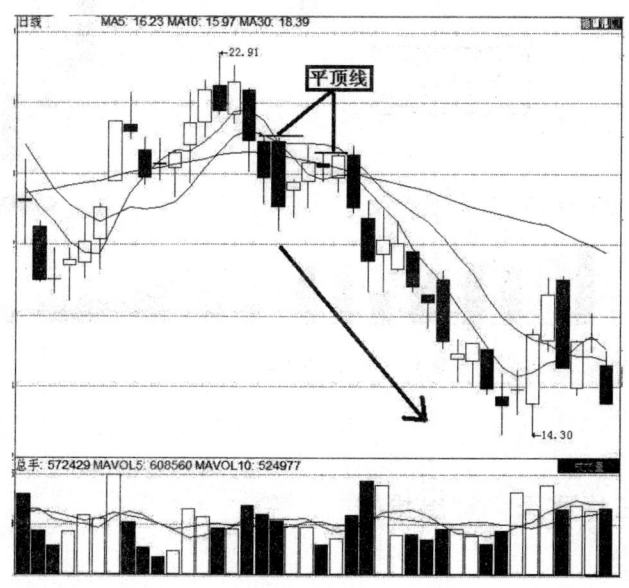

图 109 两组平顶线形态图解

例：如图 110 所示，首创股份（600008）于 2006 年 6 月 27 日、28 日形成了一组平顶线，发出了见顶回落信号，紧接着 29 日、30 日两天又形成了一组平顶线，向投资者发出了强烈的卖出信号，最后股价下跌至 3.96 元。

口诀点金

前后两组平顶均表明股价上攻遇到了重重阻碍，多方已无力继续推高股价，相反，空方步步逼近，这便是结束反弹，进入获利回吐走势的信号。这种类型的回调不影响长期升势，甚至是持续走强的必要洗盘，但对于短线而言意义非凡。只要是股价反弹 20% 以上见到第一组平顶线，就该至少减半仓，当第二组平顶线露出水面，短线清仓。

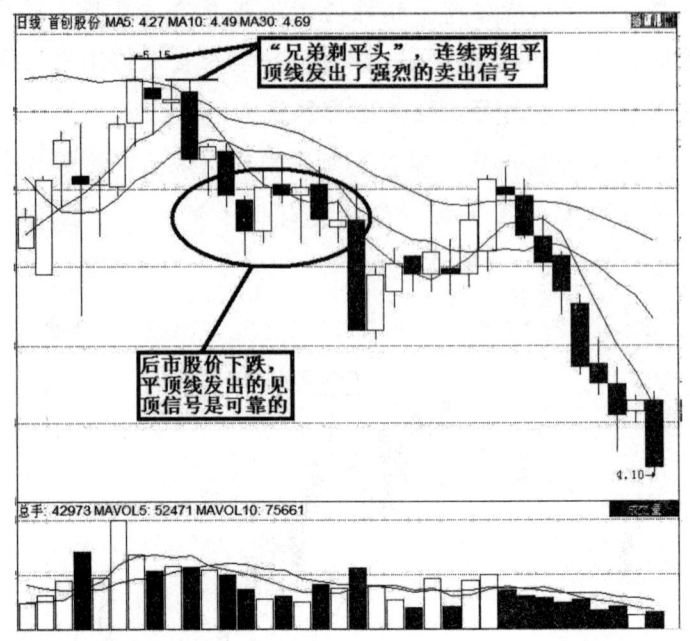

图 110 首创股份双重平顶线见顶图解

口诀3 三峰顶天，卖出抢先

口诀要点

"三峰顶天"也常被称为三重顶，是指股价在上升到一定高度后，连续出现三个高点大体相同的顶部，当第三个高点出现时是强烈的最后逃命信号。

口诀详解

三重顶形态（见图111）是头肩形态的一种小小的变体，它是由三个一样高或一样低的顶组成。另外，三重顶的颈线和顶线是水平的，这就使得三重顶具有矩形的特征。

三重顶的形成过程可以这样解读：股价上升到某一高度后，受到获利盘的抛压，冲高回落，当价格跌到某一位置时，得到逢低买盘的承接，股价上升，形成了第一个顶部；当二次上涨到前一高点附近时，短线获利盘和前期下跌时的套牢盘纷纷沽出，股价再次下挫，当跌到前期低点附近，又一次受到新买盘和做空回补盘的托起，形成第二个顶部；随后股价又继续弹升，但上升到前两次高点左右，再次遭到获利盘和套牢盘的双重打压，价格再度下跌，形成第三个顶，当向下跌破颈线时，就构成了如同三座山峰的三重顶形态。值得注意的是，成交量在上升期间是逐级递减的。

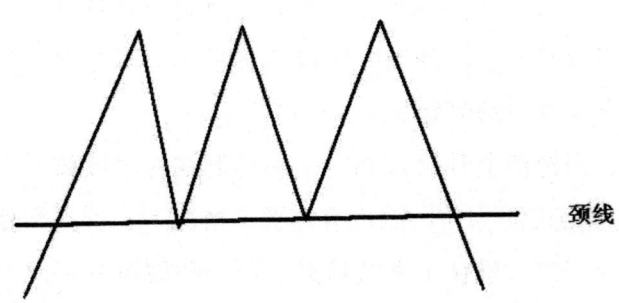

图 111　三重顶形态示意图

一般来说，"三峰触天"或者说三重顶形态（见图112）具有以下要点：

图 112　三重顶形态图解

（1）三重顶的三个顶点和低点，价格不必相等，相差3%以内就行．间隔距离与时间不致相近即可。

（2）三重顶理论最小跌幅是指三个顶部高点的连线到颈线的垂直距离．顶部愈宽，下跌力量愈强。

（3）在三重顶中，三个波峰相对应的成交量是相继减少的，反映出随市况的发展，看多的投资者在逐步减少，是市场即将发生逆转的一种迹象。

（4）三重顶形态的三个顶部之间应有一定的间隔，一般来讲两顶间应有 5 根 k 线以上，过少则会影响判断的准确性。

（5）只有处在高位的三重顶形态，才是有效的下跌信号，如果出现在低位或是上升途中，多数情况下，经过一段横盘整理，价格会向上突破，如果按三重顶形态抛出，就有踏空的可能。

图 112 显示，当价格上升到 A 点，交易徘徊在这区域数个交易日后，仍未成功穿破 B 点与 C 点之阻力位。因没有需要之情况下，价格开始回落，而且跌破三重顶图形的支持位，确认了下跌趋势图形。随后再升回此价位，尝试穿破这图形形成的阻力位（前市的支持位）。

在实战中，确定"三峰触顶"的形态主要依据是看股价前期涨幅的大小，如果在持续拉升后的高位或下降通道中出现均为见顶态势。"三峰"的出现与间隔时间没有必然联系（长则数月短则几天），同为阶段性顶部的重要讯号，表明此处压力很大，每一个顶部出现时都是绝好的卖出时机，投资者可在第一峰与第三峰之间高抛低吸获取利润，然后等到第三次冲关未果时及时撤退。实盘操作中，三重顶形态出现的概率极低，但一旦出现后市必深跌，因此投资者需牢记"第三峰"是安全撤离的最后机会。

操作说明：

（1）"三峰顶天"形态中的三个峰顶，出现的时间间隔有长有短，长的达数周甚至数月，短的只有三五日。相隔的时间不论长短，均显示卖出信号。

（2）"三峰顶天"形态，可在高位出现，也可在下降途中出现。在高位出现时，无论如何要卖出股票。在下降行情中出现时，也应坚决卖出，但可在第一个峰顶和第三个峰顶之间，进行高抛低吸做差价。

（3）区分"三峰顶天"形态所处的位置十分重要。通常的区分方法是以该股前期升幅的大小来判断。在一般情况下，前期升幅较大，处在高位的可能性也就较大。总的说来，处在高位和下降途中的"三峰顶天"形态，均显示见顶信号，应果断卖出股票。

（4）当三重顶的第二个波峰形成时，如成交量出现顶背驰现象，持股的投资者可考虑适当减仓。

（5）当三重顶形成第三个顶时，如果上升时成交量非常小，显示出即将下跌的征兆，要引起投资者的警觉，可果断离场观望。

（6）当三重顶向下跌破颈线时，要及时退出，后市实际跌幅不好估量。此时发出的卖出信号，有时则显得稍迟，极端的情况，在后市连续跌停的过程中投资者根本无法出局。

口诀点金

三重顶与二重顶（M头）也有相似的地方，只是比二重顶多了一个顶。识别和应用三重顶的方法与识别头肩顶、双顶（M头）的方法基本上是一致的，直接应用头肩顶和双顶的结论即可。三重顶是非常可靠的看跌形态，出现后一般会有较大的下跌幅度；一旦出现三重顶，出局观望为上策。

口诀4　顶天立地，卖出要急

口诀要点

股价经过一段涨升后，如果某一天出现了长上影线（或长实体图线），同时放出了大成交量，这种形态的组合，就称为"顶天立地"。长上影线是一种明显的见顶信号，收盘时出现长上影线，表明冲高回落，抛压沉重。如果次日股价又不能收复前日的上影线，成交开始萎缩，表明后市将调整，遇到此情况要坚决减仓甚至清仓。

口诀详解

"顶天立地"（见图113）是典型的见顶形态，K线图上出现"顶天立地"形态，后市一般要出现较大的调整走势，如不及时卖出，就会将已经到手的利润变成一场美梦，又原封不动地退给了庄家。

这种K线形态为一根K线（可为阳线亦可为阴线），带着长长的上影线，同时伴随着较大的成交量，股价往往当日反转向下。此形态通常在升势末期出现，股价加速上扬之后出现跳空缺口，当日股价快速拔高之后直线下挫，留下长长的上影线。

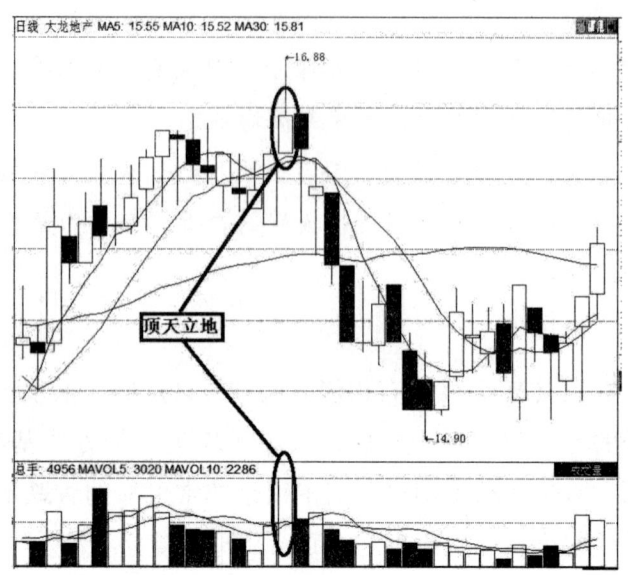

图 113 "顶天立地"形态图解

"顶天立地"形态的市场意义不难理解。股价上升到高位后，出现了长上影图线，表明上档压力较大，抛盘重，股价难在高位站稳，被迫下行，于是留下了一条长长的上影线（如果是长实体图线，显示的是超买严重）。同时出现的大成交量，表明庄家已在出货，要不然就不会在高位出现大成交量了。

出现此形态的原因：

（1）主力诱多，早市先大幅拉高，吸引跟风盘涌入，待"鱼儿"上钩之后再反手做空，股价先升后跌。

（2）股价连续上升后获利盘丰厚，对后市看法出现分歧，多头阵营出现哗变，短线客纷纷落袋为安，导致股价冲高回落，亦会留下长长的上影线。

而投资者在具体操作时，应当注意以下问题：

（1）"顶天立地"形态，多在股价历史顶部位或上升途中和下降途中的波段顶部位出现，投资者应根据所处的位置进行不同的操作。

当该形态处在历史顶部位时，要坚决迅速地卖出股票，卖出股票后，还应远离市场，不经过一段较长时间的深跌，不能随便重新入市。

当该形态处在上升途中波段峰顶部位时，卖出股票后，只要调整到位，就可重新介入。

当该形态处在下降途中时，应按处在天顶部位的形态进行操作，卖出股票后，远离市场，休息一段时间后，再寻求进场的机会。

（2）"顶天立地"形态，是由一条长上影K线（或长实体K线）与成交量的高大柱线组成的图线。只要具备上述条件，就应卖出股票。但这并不排除股价处在高位时，只出现了长上影K线（或长实体K线），而没有出现，或者是只出现了大成交量柱线，而没有出现长上影K线（或长实体K线）情况的卖出因素。在不少情况下，大成交量与长上影K线（或长实体K线）并不同时出现，但卖出信号并不弱于"顶天立地"形态。

例：如图114所示，日照港（600017）于2009年9月2日从短期底部拉起上升红三兵一路上涨，短期升幅较大，9月18日股价继续冲高，以6.90元见顶，当日大盘冲高回落，该股难敌大势亦扭头向下，收出带长上影的中阳线，当天成换手率达9.46%，短期内大幅换手，短线客撤离后，股价短线见顶。9月19日开始股价下跌，连收阴线，跌幅巨大。

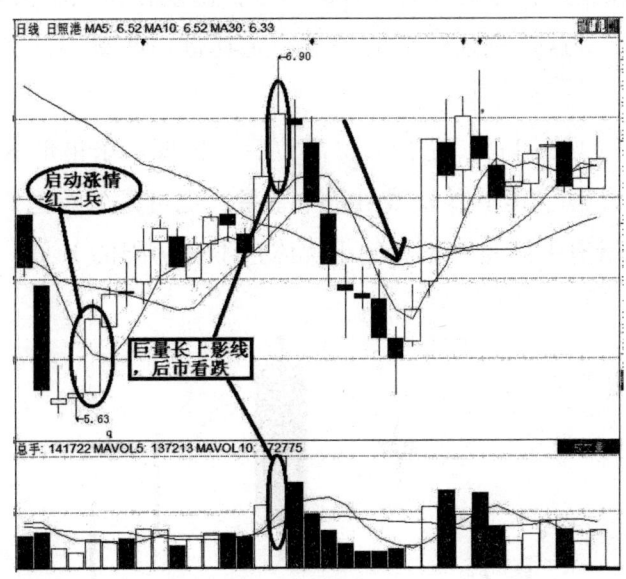

图114 日照港"顶天立地"卖出图解

口诀点金

股价上升到高位后，除了"顶天立地"形态应坚决卖出外，当出现只有"顶天"而无"立地"的图线，或只有"立地"而无"顶天"的图线时，同样要提高警惕，可视具体情况考虑卖出股票。

口诀 5 长阴夹星，股价降温

口诀要点

在涨幅已大的情况下，股价跳空上扬，形成一根十字线，第二天却向下跳空拉出一根阴线，这是行情即将转盘下跌的先兆。

口诀详解

十字星是指收盘价和开盘价基本上在同一价位，没有实体或实体极其微小的特殊的 K 线形式，它表示多空双方势均力敌，处于相持阶段，但无论是阴十字星还是阳十字星，都是一种变盘的信号，比如出现在持续下跌末期的低价区，称为"希望之星"，这是见底回升的信号；出现在持续上涨之后的高价区，称为"黄昏之星"，这是见顶转势的信号。尤其是一些跳空的大十字星，其信号更为明显。

而长阴夹星（见图 115）是指股价高位后，出现一条星形 K 线，随后又出现一大阴线。请注意，其星形 K 线可是十字星，也可是只有上影无下影或只有下影无上影，或既有上影也有下影的小实体且不分阴阳的 K 线。长阴线的实体

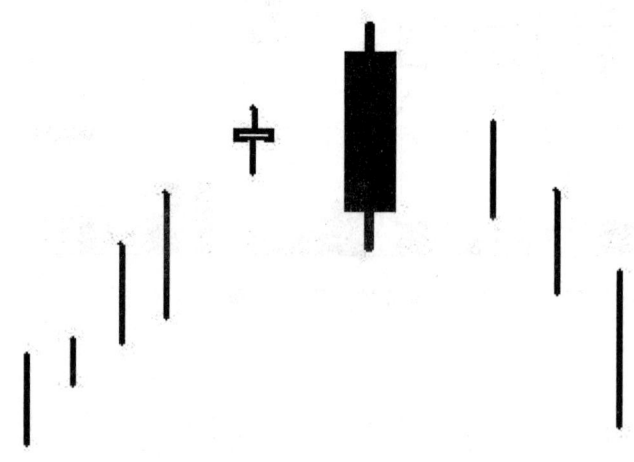

图 115　长阴夹星形态示意图

要求长大一些，与前面的星形既可形成"抱线"关系，也可形成"黄昏星"形态，但不能处在星形 K 线之上，否则不构成本形态。

长阴线的含义为：

（1）如有大阴线，预示股价有连续调整的需要，此时投资者应提高警惕。而一般来说，连续调整，股价会连续下跌盘整 6~9 天。

（2）急剧拉升后的大阴线可能是洗盘，如连续大涨 2 天后，特别是涨停板后，更有大阴线深幅洗盘的可能。

高位十字星的含义为：

（1）上涨行情结束，马上发生变化了，要反转下跌。

（2）多空力量平衡，在空头行情，必要卖出。多头行情，可以看看明天，如果收阳，持有。

（3）无论如何，在高位置，风险很大，要卖出。

当两者在高位形成"长阴夹星"形态时，就是强烈的看跌信号，投资者应早早离场，以免被套。

出现在高位，同样是十字星，但出现在股价长期攀升之后的高价区，则分析意义与出现在底部相反，往往是多方势力衰竭的表现，空方将发动反攻的信号。股价将陷入低迷，是强烈的卖出信号。当然，与低位十字星需放量不同，高位十字星可以是等量或缩量，若出现于刚刚开始的上升途中，并且放量，有可能是洗盘，股价还有继续攀升的能力；若十字星的上影线较长，意味着上档抛压沉重，按此信号卖出，成功率相当高。

高位十字星本身说明多头上攻时已经十分犹豫，再加上一根实体较长的下跳阴线，出局信号非常明确。一般情况下，即使不再出现高档十字星的当天获利了结，也应该考虑在第二天跳低开盘时及时出局。

例 1. 如图 116 所示，南方建材（000906）在 2008 年 1 月初股价经过了一段时间的上涨，在 1 月 15 日跳空上扬形成一根阴十字线，第三日又向下跳空拉出一根小阴线，预示行情即将转盘下跌，投资者应迅速离场，以免被套。

例 2：如图 117 所示，世纪星源（000005）于 2008 年 4 月 23 日，在一个跌停板后股价迅速上涨，并且获得量能配合，看起来多方实力很强劲。但是到了 5 月 6 日，突然跳空开出一根十字阴线，向投资者发出预警，第二日又向下跳空出现一根中阴线，说明行情即将逆转，投资者应果断离场。

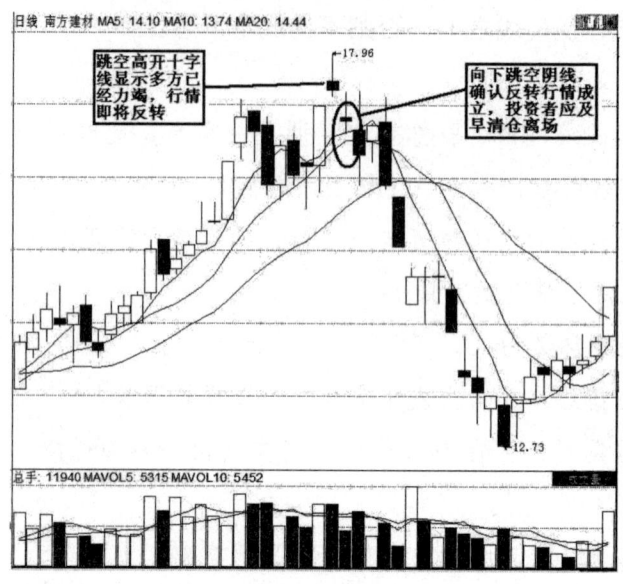

图 116　南方建材长阴夹星操作图解

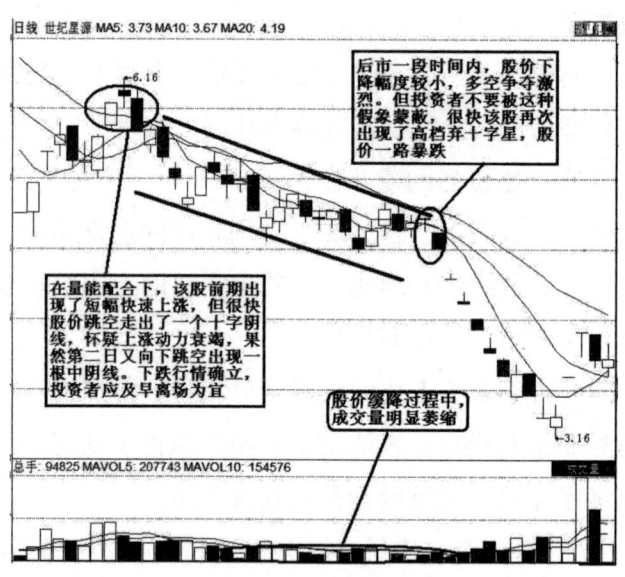

图 117　世纪星源长阴夹星操作图解

　　"长阴夹星"形态，既可在天顶部位出现，也可在调整行情的波段高点出现。在天顶部位出现时有大跌，为非常可信的见顶信号，应坚决卖出；在调整行情中出现时，股价同样会下跌，一般要比高位出现时的幅度要小，投资者可进行高抛低吸，做波段差价。

"长阴夹星"形态与成交量的关系是：在大多数情况下，星形图线出现日的成交量较大，随后出现的大阴线的成交量反而缩小。缩小了的成交量，并不意味着股价不会继续下跌，因为股价处在高位，下跌时并不需要成交量的配合，成交量缩小，同样会出现大跌走势。

在大多数情况下，星形出现日成交量较大，随后出现大阴线时成交量反而缩小，此时别以为成交量少了就不会大跌了，因为股价处在高位时，下跌并不需要成交量的配合。

口诀点金

十字星是 K 线的一种特殊形态，一只个股在上涨末期，收一根十字星，一般有见顶嫌疑。因为一只个股长期大幅上涨后，个人获利都较丰厚。收十字星，就是代表涨不动；涨不动，就意味着下跌的开始。

口诀6 双叉扼颈，不卖不行

口诀要点

所谓"双叉扼颈"，就是指股价上升到高位后，5 日移动平均线在相隔不太长的时间里，先后两次由上向下穿过了 10 日移动平均线，这种先后两次的"死叉"组合，称之为"双叉扼颈"。该形态通常是上升行情结束的信号，后市将会出下一波跌幅不浅的下调行情，投资者应乘机卖出股票，离场观望。

口诀详解

短期均线对行情变化最为敏感，起伏很大，遇到大的单边行情，短期均线可能与当日指数相差很远；如遇到震荡行情则可能出现扭曲现象，没有一定的轨迹可寻。例如 5 日均线，这是被投资人广泛使用的一条均线，它确实能反映股价短期的成本变动情况与趋势，可作为短线操作的依据之一。

在实战中，当股价处于高位区域，先后两次出现 5 日均线在股价相对接近的位置击穿 10 日（或 30 日）均线（见图 118），则是庄家在高位派发筹码所为，这时投资者一定要提高警惕。

在第一次死叉前将伴随着成交量的突然放大，由于庄家持股量大无法一次

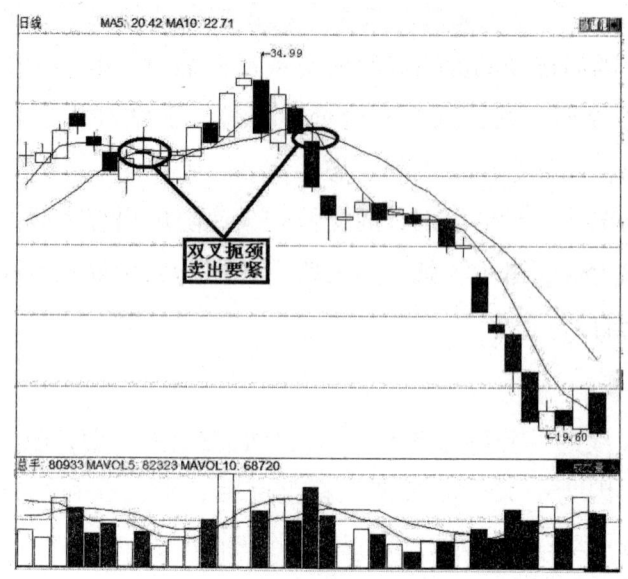

图 118　双叉扼颈形态图解

出货，因而在第一个死叉后 5 日均线会拐头向上继而与 10 日均线形成金叉，这一连串的动作是庄家的掩护出货的惯用手法，意为制造"多头陷阱"，造成趋势依然坚挺的假象，诱惑普通投资者跟进。当第二次"死叉"形成后，代表庄家货已派完，一轮下跌行情才刚刚拉开序幕。在此位置上个别情况会出现第三次死叉，也就是所谓的"三重顶"，但投资者切记：此形态的杀伤力很强，切莫心存侥幸等待概率极低的第三次顶部，第二个死叉将是逃命的最后机会。

双叉扼颈形态的研判要点为：

（1）只有处在股价高位，且两个死叉相交日的股价大体接近，方为有效，若两死叉交点处在上升途中，且交叉日的股价相差太大时，不能应用。

（2）本形态可分为 5 日移动均线两次死叉 10 日移动均线，和 5 日移动均线两次死叉 30 日移动均线两种类型，有效性是一样的。

实战中，投资者在操作本形态时应注意以下要点：

（1）"双叉扼颈"形态，只有处在高位，同时两个死叉相交日的股价大体接近，才是有效的形态，如果两个死叉的交点处在上升途中，且交叉日的股价又相差太大时，则不能应用。

（2）"双叉扼颈"形态，两次死叉之后，可能还出现第三次死叉，我们只按前两次操作就行，无须考虑第三次死叉的走势。

例：如图 119 所示，2008 年 7 月，中海发展（600026）股价已经经过了一段时间的上涨，达到了一个相对高位。7 月 17 日，5 日均线下穿 10 日均线形成死叉，但第二日股票又跳空高开，且 5 日均线很快上穿 10 日均线形成金叉，看起来股价似乎只是进行了一个小幅震荡。但 7 月 25 日、26 日两天股价形成了高位并列阴线，向投资者发出了见顶信号，随后 5 日均线与 10 日均线在相隔了 7 个交易日后再度死叉，K 线图上也再次出现了并列阴线。之后股价一路下跌，10 个交易日即跌至 14.90 元，跌幅达 39%。

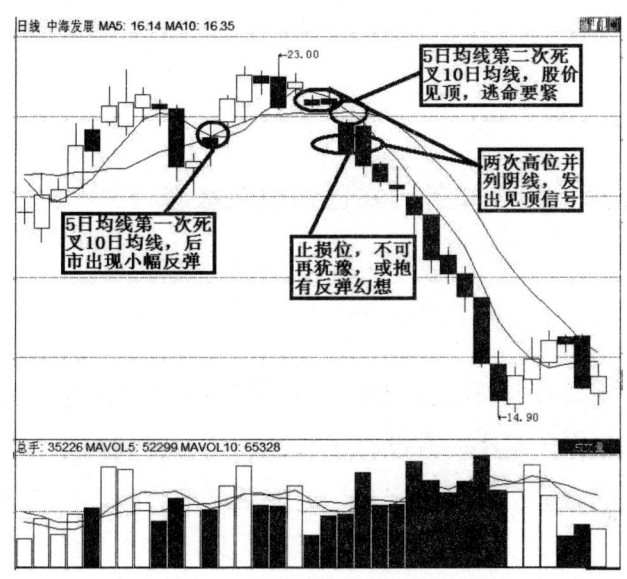

图 119　中海发展双叉扼颈卖出图解

口诀点金

一些投资者往往喜欢设置一些非常短期的移动平均线（如 4 天线、9 天线），这些线的表现十分灵敏活跃，时时出现穿越现象，非常贴近收盘价格的轨迹，这些穿越讯号可能有效，也可能无效。如果跟随这些讯号买卖一是损失手续费，二是作出错误决定，但同时它也更及时地揭示出趋势的变化。

第十章 风险规避盈利口诀

口诀 1 市盈业绩全知道，知己知彼免被套

口诀要点

选择股票一定要看股票的公司基本面，该公司的业绩怎么样？市盈率是高还是低？流通盘是大还是小，有没有成长性？是否受到国家政策鼓励，是否享受政策优惠等。综合分析后再确定一个选一备二的方案，这样才能最大限度降低投资的风险。

口诀详解

基本面的分析一般都含有大量的数据和图表，好的报告中数据不仅全面而且相当准确，大部分都是研究人员自己搜集整理的，有的甚至是自己去企业考察而得来的。研究人员通过大量的数据和图表分析，会得出一个结论：市场未来上涨和下跌的可能性有多大。这样的报告肯定是具有价值的，也会得到行业专家或学者的认可，自然也会得到大部分投资者的认可。

在分析个股基本面时，我们一定要注意以下因素：

经济因素。一般指经济周期，国家的财政状况，金融环境，国际收支状况，行业经济地位的变化，国家汇率的调整等，以上因素都将影响股价的沉浮。比如说，国家的财政状况出现较大的通货膨胀，股价就会下挫，而财政支出增加时，股价会上扬；金融环境放松，市场资金充足，利率下降，存款准备

金率下调，很多游资会从银行转向股市，股价往往会出现升势；国家抽紧银根，市场资金紧缺，利率上调，股价通常会下跌。

行业因素。上市公司所属行业的发展前景和发展潜力，新兴行业带来的冲击等，以及上市公司在行业中所处的位置，经营业绩，经营状况，资金组合的改变及领导层人事变动等都会影响相关股票的价格。

政治因素。国家的政策调整或改变，领导人更迭，国际政治风波频仍，在国际舞台上扮演较为重要的国家政权转移，国家间发生战事，某些国家发生劳资纠纷甚至罢工风潮等都经常导致股价波动。

公司因素。股票自身价值是决定股价最基本的因素，而这主要取决于发行公司的经营业绩、资信水平以及连带而来的股息红利派发状况、发展前景、股票预期收益水平等。

市场因素。投资者的动向，大户的意向和操纵，公司间的合作或相互持股，信用交易和期货交易的增减，投机者的套利行为，公司的增资方式和增资额度等，均可能对股价形成较大影响。

市场周期性。市场是有周期性的，涨多了就会跌，跌多了就会涨，所有的证券市场都是这样。当大盘下挫时，绝大多数的股票都会下跌，这时最好不要建仓。大盘企稳并重新上行时建仓最好。

季度每股收益是否有大幅的增长。成长性是股市恒久的主题，是股价上涨最主要的推动力。但在考察上市公司成长性时要注意：要剔除非经营所得；考察增长可否具备可持续；收益增长有无销售增长作为支撑；增长率是否有明显放缓，如果是这样，其股价可能会发生下挫。

年度每股收益的增长。一般来说，连续多年业绩稳定增长30－50%以上的公司是最有可能成为牛股的。市盈率低并不一定有投资价值，业绩大幅增长的预期才是股价上涨的动力。

利好消息。新产品的上市，增加新的生产能力，新的变革，新的管理层，都可能带来好的投资机会，关注行业变化和个股公开消息，机会往往就在其中。

流通盘的大小。同等条件下，盘小的股票涨幅可能会大一些。

公司盈利报告，包括年报、中报和季报。在大盘走稳的前提下，业绩有良好预期的个股，在报告发布前的二周到四周或之前就开始上涨，可在个股技术面形成多头时建仓，到报告发布前几天涨势减缓或开始下调时出货。

公司股本分割，包括送红股和转增。在大盘走稳的前提下，大比例的股本分割可能会带来10%以上的涨幅。送得越多越好，最好是10送8或10送10。在方案公布后会有一波上涨，方案执行前也有一波上涨。

市场热点板块，大盘每一轮上涨都有一定的热点板块。大盘强势时，跟热点机会多一些；大盘弱势时，大多数热点不具有持续性，这时就需要谨慎。

口诀点金

基本面分析的功能不是预测市场，而是使投资者更清楚地认识和了解市场目前的状况，更好地跟上市场运行的步伐，制定适应市场的交易策略，并根据新的情况来调整自己的交易计划。掌握基本面，可以使投资者更清楚地认识和了解市场，不至于因为一无所知而对市场价格的涨跌感到迷茫和恐惧。

口诀 2　被套从来总有因，专听消息乱遵循

口诀要点

一些股民炒股喜欢收集、打听所谓的"内幕消息"，然后根据所谓的内幕消息进行操作，这就给股票投资带来了额外的风险。过分看重消息，很多时候会导致你选错股，甚至是上当受骗。

口诀详解

市场中，有太多的真真假假"利好"或"利空"在四处传播。其中，指鹿为马的信息非常多，股民跟着操作，会有很高的风险。有些机构为了出货，经常会在各处放假消息，特别是当大势不好的时候，股民听消息操作往往会套牢。

对任何信息、消息都应该经过自己的头脑过滤、分析。许多投资者尤其是中小散户平时炒股最爱听消息，迷信消息，打听哪只股票是黑马，结果常常却是丢掉了黑马却骑上了死马。

投资大师彼得·林奇这样最是反对投资者通过打听"内幕消息"而去投

资。对有所谓"内幕消息"而被"小声议论"的公司，正是他认为投资者必须回避的六类公司之一。在管理麦哲伦基金期间，时常会有人打电话给彼得·林奇，向他推荐一些发展稳定的公司。然后，这些人往往会压低自己的声音再补充一句："我想告诉你一只非常好的股票，可能对于你管理的基金来说太不起眼了，但你应该为了自己而去关注一下它。这真的是太妙了，它有可能会是一只非常好的股票"。彼得·林奇的经验是，这些被"小声议论"的股票，实际上就是高风险的股票。而可能在我们听到这些消息的同时，你的同事或者你的邻居也都听到了类似的消息。

市场上有这样一句名言："谁都知道的好消息，绝不是好消息；谁都知道的利空，绝不是利空。"从国内外的历史经验看，投资者对"内幕消息"或被"小心议论"的股票，应该以谨慎对待为好。与其把大量的精力花在打听股市"内幕"上，还不如实实在在地把时间花在对公司基本面的研究和对个股走势的技术把握上。

面对市场传言，首先要看公司的估值水平。在股价高时"宁可信其无"，在股价低时"宁可信其有"。虽然会有散户打听消息受益的情况出现，但我们至少没有听到过一个普通的投资者，因为靠所谓消息而在投资上长期大获成功的案例。而反过来，凡是长期成功的投资人，一定不是仅仅靠"内幕消息"而获得成功的。

更糟糕的是，一些股民往往容易被的"内幕消息"所诱惑，被一些所谓能够提供内幕消息的公司个人所骗。

一般来说，提供"内幕消息"的骗子都未向工商部门注册登记，没有固定的办公场所和联系方式，采取电话营销或网络宣传联系客户，不与客户见面或签订书面协议，拒绝透露具体的办公地址，经常变换电话号码，使用私人银行账户收取咨询费用；采用QQ、博客、网页等对外发布广告，以赠送"涨停板""免费赠送金股"等为诱饵；反调查能力增强，短期内通过频繁变更宣传网页、电话、收款账户等，频繁转移违法活动地点，潜入住宅小区、租用民宅等开展非法活动，更有甚者将公司客服部、营销部等部门分设在不同办公场所。

投资者可通过以下方式识别陷阱：

（1）从事证券投资咨询业务必须取得中国证监会业务许可。因此，投资者可查看对方是否取得相关证照。

（2）从事证券投资咨询业务的机构接受投资人或者客户委托，应当与投资人或者客户签订投资咨询服务合同。一旦遇上不能提供书面证券投资咨询服务合同或合同要件不齐备的，投资者要格外谨慎。

（3）证券投资咨询机构及其投资咨询人员，不得代理投资人从事证券买卖，不得向投资人承诺投资收益等。因此，投资者应格外小心那些承诺收益、保证盈利的夸大宣传。

（4）证券投资咨询机构取得咨询服务费用，必须全额汇（存）入应以法人名义开立或指定唯一的用于收取咨询服务费用的银行存款账户。

我们一再强调不要被"内幕消息"左右，并不是要求股民不重视消息的价值，而是说我们绝大多数人得到的消息是不全面的和错误的。消息的积累是必须的，但不是听所谓的小道消息，而是要自己去观察总结：

（1）多留意国内外最新的财经信息，可收看一些主流电视台的证券类节目。

（2）订阅一份主流的财经报纸，坚持阅读。

（3）阅读一些财经类的书籍，多了解投资者大师的经典投资理论，但不要相信，也不要买那些吹嘘可以短时间内让你暴富的书和软件。

（4）树立正确的价值观和投资理念，就是价值投资，长线持有，在正确的方向坚持，坚持，再坚持，这样你才可能在股市中活得长久。

口诀点金

在实际操作中，散户不可能像机构那样去了解一家公司的实际情况，但要尽量通过各种渠道去研究它，绝对不要购买自己一无所知的股票，尤其是那些所谓的'消息股'和'内部股'，否则就很难获得持久的收益。

口诀3　价高犹有傻瓜追，侥幸图赢不可为

口诀要点

选股是一项复杂的脑力工作，绝不是看涨就选那么简单。有时候追涨还会

给投资者带来巨大风险，一来过高的股价可能已经严重偏离其实质价值，再来容易成为主力出货的接棒手，因此盲目追涨短期内亏损的可能性非常大，不少股票甚至会以连续跌停的方式实现价值回归。

口诀详解

实战中，追涨被散户们广泛运用，与抄底相比，追涨在建仓与加码上均强调了顺势而为的理性原则，但是，不可否认的是追涨往往面临着巨大的高位套牢风险，无异于火中取栗。

做股票赚钱，赚大钱，赚快钱，是不少投资者追求的目标。为此，许多投资者希望通过加快操作频率，来以小博大，达到收益最大化的目的。于是，在快进快出中渐渐助长了盲目追涨杀跌的习惯，急功近利，心态情绪控制不好，频繁追进杀出，最终事与愿违，交了大量的佣金，还造成不必要的投资损失。

如何才能走出追涨这种理解和操作上的误区？下面一些小方法或许对你有些帮助。

不要迷信单根 K 线。对于普通的投资者而言，用一根 K 线判断头部会经常犯错误。就拿高位放量十字星来讲，有些是中继的十字，有些才是真正的见顶信号。正确区分两者的区别需要投资者有很好的经验和高超技术水平，对于一般的投资者最好暂时放弃这种想法，我们将见顶看成一个过程结果会更好。对于强势股的上涨一种相对稳妥的方法是在高位接连收出二根阴线，第三根无法收复前面的阴线就是一种非常明确的见顶信号。投资者的策略是在第一个见顶信号出现后进行减仓操作，直到最后信号的确认后完全清仓。

运用多种指标方法研判。任何一种指标都会有局限性，完全依靠一种指标和方法进行判断也容易出现错误。使用多个指标进行判断会提高成功率，比如综合利用 CCI、ASI、OBV、VR 等指标，能最大限度地提高方向判断的准确率，即这四个指标的方向以较大的角度上扬。

那么实战操作中，投资者应怎样规避追涨被高位套牢的风险呢？

（1）追涨不能追价而是要追势。走势高于一切，不管是股价从底部反转之后突破阻力位时追涨买人还是当股票创新高后追涨买人，一切以趋势是否处于上升状态为准则。不能在股价尚处于下跌趋势中追反弹，这时往往抢的都是最高价，且极易被套。

（2）追涨要避免介入前期涨幅过大的品种。涨幅过大本身就是一种风险，操作这样的品种，投资者容易犯大的方向性错误。选股时，不能仅看近几日的走向就盲目进场，应该仔细观察股票的走势从什么价格起步，上涨多长时间了……对上涨时间过长、涨幅过大的股票，一定不要再留恋和贪心。

（3）追涨要先看底部形态。一般情况下，一个庞大的底部通常意味着迅猛而持续的下跌，下跌的幅度会很深，从这样的底部向上追涨，效果一般较好；而一个规模较小的底部往往只是短期底部，成为长期底部的一可能性要小得多，采取追涨操作容易落入陷阱中。衡量一个底部的大小，主要看底部形成时持续的时间长短。

（4）短期涨幅过快，股票价格脱离 5 日均线，高高在上，在均线和价格之间形成很大的空间，短线不要买，一买就将面临短线回调。

（5）短线涨幅过快，价格迅猛抬高带动 5 日均线快速上移，5 日和 10 日均线之间形成很大的开阔地带，此时买进，也会发生一买就跌的现象。

（6）追涨要追领头羊股。许多投资者追涨的时候往往陷入一个误区，他们不愿追涨启动早、上涨时间长、涨幅惊人的领头羊个股，认为领头羊启动较早，回落也快。实际上，领头羊具有先板块启动而起、后板块回落而落的特性。也正是因为这个原因，领头羊的追涨安全系数与投资收益均远远大于跟风类个股。

口诀点金

需要提醒投资者的是，股票开始走下降通道，在达到一定跌幅之后，在某一价格区间开始盘整，不要以为股价跌到底了，往往是下跌中继而已。股票处于下降通道之中，均线层层压制股价下行，这样的股票，不要想当然认为不会再跌了，很多股票在涨之前往往主力会来一次能量宣泄，短时间内急速暴跌，杀出最后一次浮动筹码，这样的股票也不要碰。

口诀 4　场上洋洋气象浓，无异铿然响警钟

口诀要点

投资买卖决定全部基于市场投资者的行为。当市场投资者几乎都看好股市

进度，就是牛市开始到顶，是卖出股票的关键。相反，当人人几乎都看淡时，熊市已经见底。

口诀详解

股票市场在很多时候适用反市场理论操作，比如在投资者都看好股市，或投资者都看淡股市的特殊时刻，与绝大多数投资大众持相反意见，反其道而行之，往往能够逃大顶与抄大底。

1929 年，美国道·琼斯指数屡创新高，全美民众欣喜若狂。老肯尼迪是当时美国十分出色的证券投资家。当鞋童在街边为他擦皮鞋时，十分感兴趣询问他如何投资股市，表示自己很想入市买入股票。敏感的老肯迪心中掠起极度恐慌，连鞋童都想买入股票，可见市场十分火爆，能拿出闲钱买入的投资者几乎都满仓，买方力量已经接近枯竭，股市再也难有后续资金来推高，"气泡"随时可能破灭。老肯尼迪转身奔向华尔街证券交易所，把手中股票全部卖出。仅过一个星期后，道·琼斯指数崩盘，大幅暴跌，形成历史上第一个大熊市，数年后道·琼斯指数跌得只剩几十点，跌幅竟高达90%以上。

实际市场研究中发现，赚大钱的人只占百分之五，有百分九十五都是输家。要做赢家只可以和群众思想路线相背，切不可以同流。

这样说并不是大部人看好，我们就要看淡，或大众看淡我们便要看好。市场投资者通常都在主要趋势上看得对。大部分人看好，市势会因这些看好情绪变成实质购买力而上升。这个现象有可能维持很久。直至到所有人看好情绪趋势于一致时，市势会发生实质的变化——供求的失衡。

在市场行情将转势，由牛市转入熊市前一刻，股票大都涨了又涨，每一个人都看好后市，都会觉得价位会再上升，无止境的升。大家都有这个共识时候，大家会尽量买入了，升势消耗了买家的购买力，直到想买入的都已经买入了，而后来资金，却无以为继。牛市就会在大家所有人看好中完结。相反，在熊市转入牛市时，就是市场一片淡风，所有看淡的人士都想沽货，直到他们全部都了货，市场已经再无看淡的人采取行动，市场就会在所有人沽清货时见到了谷底。

在牛市最疯狂，但行将死亡之前，大众媒介如报章、电视、杂志等都反映了普通大众的意见，宣传市场的看好情绪。人人热情高涨时，就是市场暴跌的先兆。相反，大众媒介懒得去报导市场消息，市场已经没有人去理会，报章新闻，全部全都是市场坏消息时，就是市场黎明的前一刻，最沉寂的时候，曙光就在前面。大众媒介永远都采取群众路线，所以和相反理论原则刚刚违背。大众媒介全面看好，就看淡，大众媒介看淡反而是入市时机。

许多投资者都明白市场中只有少数人赢钱，因此自己的投资行为往往与众不同，认为只有这样才能获得满意回报。在股市行情稍上扬一段时间，升幅有一定幅度，见买入的人多，少数投资者马上抛售股票，结果卖出的股票，稍有回档后又立即大幅上扬，眼见自己抛出股票仅在上升中途，十分可惜。当市况下跌才一段时间，幅度有限时，少数投资者这时不恰当地买入，结果被套在下跌中途中。

因此反市场操作的难点是对市场人气的冷与热，没有一个具体的参考标准，在运用方面存在很大的主观性与差异性。到底证券公司门口有多少人才能算得上"门可罗雀"呢？市场人人近乎绝望，你如何全面了解？市场极度冷清，如何具体衡量？应用相反理论抄大底的前提条件是股市行情大幅下跌，到底跌多少才算大幅下跌呢？一般来说，下跌幅度相对高点有50%以上时，可以考虑抄底。否则跌幅不深，过早来抄所谓的"底"，成功率极低，反受其害。

在这里要给投资者一些建议：

（1）深思熟虑，不要被他人所影响，要自己去判断。

（2）要有怀疑精神，市场投资者所想所做未必是对的，即使投资专家所说的，也要用怀疑态度去看待处理。

（3）一定要控制个人情绪。恐惧贪婪都是成事不足，败事有余。周围环境的人，他们的情绪会影响到你，你反而因此要更加冷静。当投资者一窝蜂地争着在市场买入股票时，你要考虑市势是否很快就会见顶而转入熊市。

口诀点金

投资者不妨将报纸杂志投资专家发表的言论去归纳分析好淡观感的比例，以做买卖决策。一般来说，当大众媒介都争着报导好消息时，大市见顶已为时不远。这个说法，屡经印证，屡试不破，投资人士可以加倍留意。

口诀 5 投资手法多变换，胜券在手稳赚钱

口诀要点

投资股票手法应是多变的，要能够根据市场形势变化、个人投资资金多寡来制定相应的投资计划，盲目投资或者应用不适合个人的投资计划只会增加投资的风险。

口诀详解

投资股要的手法主要有以下几种。

1. 固定投入法

固定投入法又称金额平均法、平均资金投资计划和均价成本投资法，是一种摊低股票购买成本的投资方法，也就是说，投资者可以在一定时期对自己选择的股票投入固定量的资金，同时对股价的短期波动置之不理，这样投资者所持有的高价股与低价股就可以互相搭配，使股票的购买成本维持在市场的平均水平上。

这种做法的关键在于选择不同价位的企业，找准其投资价值所在，而不是一味讲究分期。

采用这种方法应注意三点：

（1）选择经营稳定、利润稳定上升的公司的优良股票。

（2）有一个较长的投资期间。如果期限较短，则效果将不很明显。

（3）价格波动幅度较大，且股价呈上升趋势的股票，如股价一直处于跌势，则会发生投资亏损。

固定投入法的优点是：

（1）方法简便，投资者只定期定额投资，不必考虑投资的时间确定问题。既可避免在高价时买进过多股票的风险，又可在股票跌价时，有机会购进更多的股票。

（2）少量资金便可进行连续投入，并可享受股票长期增殖的利益。

一般来说，"固定投入法"是一种比较稳健的投资方法，它对一些不愿冒太大风险，尤其适宜一些初次涉入股票市场、不具备股票买卖经验的股民。采

用"固定投入法",能使之较有效地避免由于股市行情不稳可能给他带来的较大风险,不致损失过大;但如果有所收获的话,其收益也不会太高,一般只是平均水平。

2. 固定比例法

固定比例法是指投资者采用固定比例的投资组中,以减少股票投资风险的一种投资策略。这里的投资组合一般分为两个部分,一部分是保护性的,主要由价格不易波动、收益较为稳定的债券和存款等构成;另一部分是风险性的,主要由价格变动频繁、收益变动较大的股票构成。两部分的比例是事先确定的,并且一经确定,就不再变动,采用固定的比例。但在确定比例之前,可以根据投资者的目标,变动每一部分在投资总额中的比例。如果投资者的目标偏重于价值增长,那么投资组合中风险性部分的比例就可大些。如果投资者的目标偏重于价值保值,那么投资组合中保护性部分的比例可大些。

例如,某投资者有现款1 000元,按照"固定比例法"进行投资。首先他要根据自己的投资目标,为投资组合确定一个比例。假如该比例为保护性部分和风险性部分各占50%。于是,他就得把其中的500元投资股票,另外500元投资于债券,各占50%。在其后,根据股票价值的变化,对投资组合进行修正,使两者之间始终保持既定的比例。假如股票价格上涨,使他购买的股票价值从500元上升到600,那么,在投资组合中风险性部分就要大于保护性部分,破坏了原先各占50%的比例规定。这时要进行修正,将升值的100元按50%的比例进行分配,即卖出50元股票,再投资于债券,促使两部分的比例重新恢复到各占50%水平。

固定比例法是建立在投资者既定目标的基础上的。如果投资者的目标发生变化,那么投资组合的比例也要相应变化。比如其价值增长的欲望加大,投资组合中的风险性部分的比例就要加大;反之,风险性部分的比例就要缩小。

3. 可变比例法

可变比例法是指投资者采用的投资组合的比例随股票价格涨跌而变化的一种投资策略。它的基础是一条股票的预期价格走势线。投资者可根据股票价格在预期价格走势上的变化,确定股票的买卖,从而使投资组合的比例发生变化。当股票价格高于预期价格,就卖出股票买进债券;反之,则买入股票并相应卖出债券。一般来讲，股票预期价格走势看涨时，投资组合中的风险性部分比例增大；股票预期价格走势看跌时，投资组合中的保护性部分比例增大。但无论哪一种情况，两部分的比例都是不断变化着的。

例如，某投资者有现款 1 000 元，按照可变比例法进行投资。最初股票与债券各占50%的比例，即500元投资于股票，购入某种每股50元的股票10股，500元投资于债券。假如股票预期价格走势线是看涨的，并且预期每股每月上涨5元。投资者根据股票价格与预期价格的差额买入或卖出股票，并相应买卖债券。那么，当股票价格与预期价格一致时（即每月上涨5元），投资组合中的风险性部分的比例在第二个月就会从50%上升到52.4%（股票额550元与债券额500元之比），在第三个月又从52.4%升到54.5%。

当股票价格低于预期价格或者高于预期价格时，则可以根据实际差价的分配百分比买入或卖出股票，从而也会使投资组合中的风险性部分的比例逐月加大。比如股票价格上涨到每股61元，较预期价格每股55元高出6元，这6元就是股票价格与预期价格之间的实际差价。如果实际差价的分配百分比仍然为各占50%，那么投资者就要在每股股票中抽出3元（即6×50%＝3），将总价值为30元的股票抛出，并买入同额债券，这样他的投资组合是股票580元，债券530元，风险性部分占52.25%，保护性部分占47.75%。这里实际差价的分配百分比可以根据投资者的需要和具体情况而确定。假如股票的预期价格走势线是看跌的，那么情况正好相反，投资组合中的风险部分的比例会逐步减小。

因此，在使用可变比例法时预期价格走势至关重要。它的走势方向和走势幅度直接决定了投资组合中两部分的比例，以及比例的变动幅度。

4. 分段买高法

分段买高法是指投资者随着某种股票价格的上涨，分段逐步买进某种股票的投资策略。股票价格的波动很快，并且幅度较大，其预测是非常困难的。如果股民用全部资金一次买进某种股票，当股票价格确实上涨时，他能赚取较大的价差；但若预测失误，股票价格不涨反跌，他就要蒙受较大的损失。

由于股票市场风险较大，股民不能将所有的资金一次投入，而要根据股票的实际上涨情况，将资金分段逐步投入市场。这样一旦预测失误。股票价格出现下跌，他可以立即停止投入，以减少风险。

例如，某投资者估计某种在50元价位的股票会上涨。但又不敢贸然跟进，怕万一预测失误而造成损失。因而不愿将1 000元现款一次全部购进该种股票，就采用分段买高法投资策略。先用250元买进5股，等价格上涨为55元时再买进第二批；再上涨到每股60元时，买进第三批。在这个过程中。

一旦股票价格出现下跌，他一方面可以立即停止投入，另一方面可以根据获利情况抛出手中的股票，以补偿或部分补偿价格下跌带来的损失。假如投资者买进第三批股票后，价格出现下跌，这时投资者应停止投入，不再购买第四批；同时要根据股票价格下跌幅度来决定是否出售已购股票。当股票价格不跌为55元可考虑出售全部股票。这样，第三批股票上的损失可以用第一批股票上的盈利来弥补，保证1 000元本金不受损失。当然，投资者也可以根据股票下跌幅度，分批出售股票。

5. 分段买低法

分段买低法是指股民随着某种股票价格的下跌，分段逐步买进该种股票的投资策略。按照一般人的心理习惯，股票价格下跌就应该赶快买进股票，待价格回升时，再抛出赚取价差。其实问题并没有这么简单，股票价格下跌是相对的，因为一般所讲的股票价格下跌是以现有价格为基数的，如果某种股票的现有价格已经太高，即使开始下跌，不下跌到一定程度，其价格仍然是偏高的。这时有人贸然大量买入，很可能会遭受重大的损失。因此，在股票价格下跌时购买股票，投资者也要承担相当风险。一是股票价格可能继续下跌，二是股票价格即使回升，其回升幅度难以预料。

股民为了减少这种风险，就不在股票价格下跌时将全部资金一次投入，而应根据股票价格下跌的情况分段逐步买入。

举例来说，某种每股50元股票，其价格逐步上涨，当上升到每股60元时，开始回跌，假如跌到每股55元，这时可能继续下跌，也可能重新回升。由于原先上涨幅度较大，使得继续下跌可能性要大于重新回升的可能性。如果某投资者在下跌时将所有的资金1 000元一次投入该股票，那么他很可能会因股票价格继续下跌而遭受较大的损失。他只有在股票价格重新回升，并超过每股55元时，才有获利的可能。如果他采用分段买低法逐步买入该种股票，就能通过出售股票来补偿，或部分补偿遭受的损失，以减少风险。当股票价格跌到每股

55 元时，他先买进第一批 5 股该种股票，待股价跌到每股 50 元时，买进第二批，再跌到每股 45 元时，买进第三批。这时，如果股票价格重新回升，当上升到每股 50 元时，投资者就可以用第三批股票来抵销买进第一批股票的损失。如股票价格继续下跌，那么也能减少投资者的损失。如股票价格重新回升到最初的每股 60 元时，那么股民就能获得巨大收益。

分段买低法比较适用于那些市场价格高于其内在价值的股票。如果股票的市场价格低于其内在价值，对于长线股民来说，可以一次完成投资，不必分段逐步投入。因为股票价格一般不可能低于其内在价值，其回升的可能性很大，如不及时买进，很可能会失去获利的机会。

6. 相对有利法

相对有利法是指在股市投资中，只要股民的收益达到预期的获利目标时，就立即出手的投资策略。股票价格的高低是相对的，不存在绝对的高价与绝对的低价。此时是高价，彼时却可能是低价；此时是低价，而彼时则有可能是高价。所以，在股票投资过程中务必要坚持自己的预期目标，即"相对有利"的标准。因为在股票投资活动中，一般投资者很难达到最低价买进、最高价卖出的要求，只要达到了预期获利目标，就应该立即出手，不要过于贪心。至于预期的获利目标则可根据各种因素，由投资者预先确定。

需要注意的是，相对有利法虽然比较稳健，可以防止因股价下跌而带来的损失，但也有两个不足之处，一是股票出手后，如股票价格继续上涨，那么股民就失去了获取更大收益的机会；二是如果股票价格变化较平稳，长期达不到预期获利目标，那么投资者的资金会被长期搁置而得不到收益。投资者除了事先确定预期获利目标外，还可相应确定预期损失目标，这就是止损线，只要股票价格变化一达到预期损失目标，股民就立即将股票出手，防止损失进一步扩大。

口诀点金

其实股市永远存在机会和风险的循环转化，无数的例子证明成功的投资仰赖于良好的投资计划，投资者应该结合自身情况制定适合自己的风险较低的投资方法，盲目投入资金会给你带来难以承受的风险。

口诀6　防范风险要记牢，止损停利是高招

口诀要点

极端情况下，某些投资者只是为了一两毛钱、甚至只是为了几个价位，就把本该到手的较高利润，在优柔寡断、摇摆不定的过程中消耗殆尽了，这是由不会止利造成的；还有另外一种情形，就是某些投资者往往不了解"止损"的重要性，当情况开始恶化时，依然紧抱着缥缈的幻想，无法客观分析和看待不利的状况，抱着侥幸的心态，盲目坚守以至持续深陷，直至无法挽回的地步。记住，来到停利点时你不要贪婪，出现止损点时你要果断。

口诀详解

停利点是指当你的投资已经开始获利，那就要开始设定出场时机，不管是要设定获利一成或是获利两成出场，你所设定的这个出场点就是停利点，停利点的设定也就是你的最低获利满足点；而止损点是指当你的投资已经开始亏损，那就要开始设定出场时机，不管是要设定亏损一成或是亏损两成出场，你所设定的这个出场点就是止损点，止损点的设定也就是你的最大亏损承受点。

炒股利润常被称为纸上富贵，你的股票增值了多少不重要，重要的是最后拿到手里的有多少。停利原则的建立虽然会少赚但可确保盈利到手，这就是我们为什么一再强调停利的重要性。简单来说，止损机制是一个看错方向后的及时补救措施，这就是"赔钱要当机立断"，做一个敢于认输的赢家，尤其处于高位买入或在下跌途中抢反弹时特别需要。

那么实用的停利方法有哪些呢？

1. K线停利法：你要做空的那根K线出现就是你的停利点。做多有买点，做空有空点，当买点出现就进多单，卖点出现就下空单，空点自然的就是你的停利点。

2. 百分比停利法：通常一波股票上涨大约是20%～25%，因此当你获利20%的时候就卖吧，这样有可能会丧失后面的可能涨幅，但是有更大的百分比你会卖在那一波的相对高点。我们很难骑到飙涨好几倍的大黑马，但是好几匹

小黑马组装起来，也不输大黑马吧。而且黑马也不是不休息的，休息的时候，也会有买点可以第二次上车的，高速公路都有休息站不是吗？

3. 趋势停利法：均线、趋势线都是有关趋势是否持续的重要判断方式。当脱离成本之后，何妨交给趋势，顺着趋势的进行，没有跌破趋势线之前不必出脱，趋势走多远，你就持有多远，轻松自在。

止损与停利相对，也是投资者规避、减少投资风险不得不掌握的基础技能。

我们常常看到"股市有风险，投资须谨慎"的提醒，那么怎么防范股市风险呢？防止风险发生的最有效的方法之一就是设立止损价位，并且严格执行止损纪律。止损价位一经确定，必须严格执行，不能随意更改，除非向有利于你减少损失的方向更改。

一般来说，当投资者持有的股票已经出现账面损失，而且该股出现明显见顶迹象，或者持有的是非市场主流品种以及下跌趋势明显的股票都需要止损。特别是在基本面等市场环境出现重大变化或投资者对行情的研判出现重大失误时，投资者更不能再对市场抱有幻想，必须拿出壮士断腕的决心来止损。

当然，止损不仅需要良好的心态，还需掌握具体的止损操作技巧：

1. 止损作为风险投机市场中控制损失扩大化的有效手段，在具体实施过程中要注意的是：绝对不能等到亏损已经发生时才考虑用什么标准止损，这样常常为时已晚。投资者一定要在买入前就要考虑：如果判断失误应该如何应对，并且制定周详的止损计划和止损标准，只有这样才能有备无患，一旦发觉研判失误时，才能果断止损。不会在突如其来的打击中束手无策，也不会因为一时应变不及而被深套。

2. 根据预先设立的止损计划和止损标准，一旦股价形成破位走势，要坚决止损。即使判断失误，止损所造成的损失也往往较小。但是，不止损的结果往往是深度的套牢，甚至是亏损巨大的割肉。

3. 利用技术指标确定：

（1）SAR 指标。SAR 指标运用类似移动平均线的原理，多空方向显示于图形中，且止损点（或停利点）完全依照指标所设定，完全不须自行判断，但缺点为止损点通常过大、遇趋势不明的盘局时绩效非常不利。

（2）移动平均线。利用移动平均线作为止损点（或停利点），因为某些参数的移动平均线可视为支撑或压力，至于参数的设定依各人的交易策略与各个市场的不同而定。

4. 无条件止损法。极端情况下，不计成本，夺路而逃的止损称为无条件止损。当市场的基本面发生了根本性转折时，投资者应摒弃任何幻想，不计成本地杀出，以求保存实力，择机再战。基本面的变化往往是难以扭转的。基本面恶化时，投资者应当机立断，砍仓出局。

口诀点金

许多投资者在成功止损后，往往为了急于弥补止损造成的失误，又再次陷入盲目抄底的境地中，常常会因此被股市中各种各样虚假的技术底、政策底或市场底等套牢。事实上，止损策略的应用是市场整体趋势出现转弱迹象的一种应变策略，在这样的市场环境中，投资者如果为了急于扭亏，而采取频繁的短线操作，将很容易加重投资的失误概率。

第十一章　交易守则盈利口诀

口诀1　热股不可恋，持股要常换

口诀要点

一只热门股，当股价达到一定的高点后，就可能变成了一只冷股，就要及时换掉，否则前期的获利都可能损失掉。不能由始至终炒一只股票，如果一直炒它，则会先赚后赔，这是人们常犯的一种错误。也是人们常说的——不可与股票谈恋爱。

口诀详解

在选股的过程中，投资者会不自觉地对自己所选择的股票投入感情。投资者买入某种股票后，对该股票价值的知觉便大幅上扬，"情人眼里出西施"，投资者往往只听好消息，对坏消息不是否定就是不理会。因此，股价上张时，即使小涨，也兴高采烈。相反，股价轻微下跌时便会否定，认为只是短时震荡；而股价再度下跌时，便开始忧虑和恐惧，但还是对该股的未来抱有幻想，直至赔钱甚至深套为止。

股票操作守则的重要一条就是不要与股票谈恋爱。很多投资者往往在决策的过程中掺杂些许个人情绪的因素，结果导致股票操作的失误，但你要知道股票只是一个纸面的符号，在投资决策的过程中应对其完全的科学和理性化。

要成为一个成功的投资者，一定要牢记不与股票谈恋爱的规则，要客观分析该股票是否"价有所值"，股票的价值不会因为我们的拥有而变得价值较高，也不会是我们没拥有的就价值较少。

20 世纪前半叶有两位最杰出的投资天才：巴鲁克和利弗莫尔。他们两人的一个共同特点就是不会对所持有的股票投入过多的感情，他们两人都喜欢在看不准市场的时候清空所有股票，清仓，然后休假。休假结束后，他们将会重新开始建立一个新的组合仓位投资。

那么，投资者对股票的贪恋都体现在哪些方面呢？

涨情结束后，很多投资者仍站在原地，不舍得抛掉手中的已经进入下跌阶段的股票。因此，不管行情怎么下跌，不管行情是否已经确实转势，大多数投资者的操作行为仍是持股待涨；直到股票大幅下跌，与其"绝情"后，才可能会被动地了断。

恋旧心理严重，很多投资者对曾经"赚过钱"的股票有一种天然的眷恋。投资者会不自觉地多关注赚过钱的股票，时时把该股目前股价与之前"赚钱时"的股价作比较，甚至把价格比较的结果作为买卖依据。

迷信报表数据，对过去的报表数据有着深厚的"恋情"。一些投资者经常死抱公司财务报表，在股票表现不佳时经常会出现"这个股票业绩这么好，为什么不涨？"的哀怨。须知，报表数据总结的是过去，股市投资永远是站在现在看未来。

被传言左右，对市场传闻与小道消息有着浓厚的兴趣。前面已经说过，市场的信息链永远是不对称的，当消息流传到普通投资者层面上，此消息要么是已经滞后了的，要么是别有用心的，剩余的十有八九是虚假的。

以上种种是很多投资者都有的通病，投资者必须明白，投资毕竟不是谈恋爱，你对一只股票忠诚，并不一定就能让你获得超额的利润回报。当你手上有些股票，你想卖的时候又觉得便宜不舍得卖，想买的时候又觉得不够理想，持有这样的股票只能让你的资本金不断缩水。

西方的价值投资理念越来越深地影响着中国的投资者，长期投资不能说是错的，但是投资者必须注意直接把这种投资理念移植过来，很容易造成"水土不服"。价值投资理论认为，应该投资于那种盈利和分红都稳定增长的公司股票，然后持有这些上升行业的股票，直到行业开始衰落；卖出则是因为行业前景发生变化而不是股价上涨。事实上，如果你具有绝好的眼光，购买了盈利增长最快的公司的股票，不管它的估值如何，你得到的长期投资回报绝对是惊人的。但实际上，这是一件很困难的事：成长型公司很容易丧失其原有的成长性。另外，当投资者可以清晰地将一只股票认定为成长型股票时，它的成长性多半已经在股票价格上得到了充分的反映。此时，你所谓的"成长型价值投资"也只不过是花高价买下了一家好公司的股票而已。

市场是冷酷的，在这样一个市场上生存，你也必须具有一颗"冷酷"的心。当你决定抛弃跟股票恋爱和不舍得止损的心理之后，你可以开始重新建立一个新的投资组合和仓位；这个时候你不必一直纠缠于以前的组合，不必考虑当初的投资原因是否改变了，不必与当初的投资成本相对比。你会发现，原来还有更好的股票，更好的投资组合，而你也将在这个零和游戏中获得更大的回报。

口诀点金

很多投资者对行情的历史高点有着深刻的记忆，总想着已经到过这个价格，后面还应该再到这个价格甚至更高，这也是造成贪恋一只股票的重要原因，那么从这一刻起请记住这个事实：行情的头部价格往往只出现一次，过去了就很难再出现。与其苦等，还不如去寻找更好的股票。

口诀 2　高低盘整，再等一等

口诀要点

当一只股票持续上涨或者下跌了一段时间后就进入了横盘状态，此时不必在高位全仓卖出，也不必在低位全仓买进，因为盘整之后就会变盘，故盘整时期不可主观决定建仓或清仓。这种情况一般出现在底部或者是庄家在洗盘吸货，投资者这时不应参与操作，应注意观察，等形态走好，再行介入。

口诀详解

横盘又被称为盘整，是指股价在一段时间内波动幅度小，无明显的上涨或下降趋势，股价呈牛皮整理，该阶段的行情振幅小，方向不易把握，是投资者最迷惑的时候。在横盘时应尽量减少或避免交易，一是前景不明朗，你很难预测横盘结束后是上涨还是下跌，容易进行反向操作造成损失；二是横盘时差价不大，投资者往往没有耐心，多次交易，势必会造成手续费亏损。所以，此时投资者一定要有点耐心，带走势明朗时再介入：如果是高位向下变，则及时清仓，不会有损失；如果是低位向高变，及时追进，也不会踏空。

股市里的横盘整理，无论是在上升趋势还是在下降趋势中，大体上有以下特征：

（1）横盘整理从本质上来说是由市场多空双方的力量均衡所形成的。也反映出的是机构或投资者对大盘运行趋势和方向出现了分歧，更多的还是市场心理的一种反映。因此，对外部因素的影响非常敏感，如政策因素、周边市场的影响，长假效应等等，并由此形成股指短期的上下小幅波动。

（2）在横盘整理阶段，市场的短线行为往往较为活跃，并受外部因素的影响较大，因此，市场资金在个股与板块之间出入频繁，市场热点难以集中，但如果出现少有的持续热点，必定是政策性引导或国际因素所致，而这往往预示着这一热点在市场结束横盘整理之后，将会成为市场的主升潮流，然而，即便是这样的热点，在大盘进行横盘整理之际，也只是以成交活跃或震荡蓄势为其主要特征，其总体涨幅有限。

（3）在横盘整理中，市场中的板块结构常常也会形成相互制约，即某些个股或板块的上涨，必是以其他个股或板块的下跌为代价的，并通过个股行情，热点转换与板块轮动的方式表现出来，但个股行情与板块轮动均难以出现持续性的上涨。

原则上，横盘区不应该买卖股票，因为不知道何时能脱离横盘区，而且也不知道突破方向。而之所以不应轻易卖出股票，是因为暂时不能判断该回落是庄家有意震仓还是下跌开始，如果是前者，很快就会启动，少许的耐心是合算的，若是后者，当然毫不犹豫卖出，下面给出横盘的几种不同情况，供投资者参考操作：

（1）上涨中的盘整：此种盘整是股价经过一段时间急速的上涨后，稍作歇息，然后再次上行。其所对应的前一段涨势往往是弱势后的急速上升，从成交量上看，价升量增，到了盘整阶段，成交量并不萎缩，虽有获利回吐盘抛出，但买气旺盛，不足以击退多方。该盘整一般以楔形、旗形整理形态出现。

（2）下跌中的盘整：此种盘整是股价经过一段下跌后，稍有企稳，略有反弹，然后再次调头下行。其所对应的前一段下跌受利空打击，盘整只是空方略作休息，股价略有回升，但经不起空方再次进攻，股价再度下跌，从成交量看，价跌量增。

（3）高位横盘：此种横盘是股价经过一段时间的上涨后，涨势停滞，股价盘旋波动，多方已耗尽能量，股价很高，上涨空间有限，庄家在头部逐步出货，一旦主力撤退，由多转空，股价便会一举向下突破。此种盘整一般以矩形、圆弧顶形态出现。

（4）低位横盘：此种横盘是股价经过一段时间的下跌后，股价在底部盘旋，加之利多的出现，人气逐渐聚拢，市场资金并未撤离，只要股价不再下跌，就会纷纷进场，由空转多，主力庄家在盘局中不断吸纳廉价筹码，浮动筹码日益减少，上档压力减轻，多方在此区域蓄势待发。当以上几种情况出现时，盘局就会向上突破了。此种盘整一般会以矩形、圆弧底形态出现。

口诀要点

在横盘整理阶段，投资者应密切注视板块、个股的成交量的变化与其之间的联动关系。因为无论是个股行情，还是板块轮动，抑或是热点的出现，都是以成交量的增加变化来体现的，尤其是对板块中个股出现价升量增的联动性上涨要重点看待，一般出现这种情况，其上涨的可能性较高，投资者就应及早介入

口诀 3　主力强买快跟庄，主力强卖快出逃

口诀要点

在中国股市中，投资者经常谈论的热门话题之一便是主力的动向，善于跟庄者便有了收益的保障。当主力入货时，散户要跟着买进；当主力出货时，投资者也要快快卖出，这样便可以轻松获利。

口诀详解

在中国股市赚钱，最重要的是要懂得做庄或做庄家相关人。有些上市公司股票，在大环境（如经济增长、利率）与其实际业绩均无大变化的情况下，在短期内（一两个月或三四个月）会暴涨两三倍或者跌四五倍，这都是庄家介入造成的。

跟庄说来容易，做起来却不简单，最麻烦的是把握主力动向，即主力何时入货、何时出货。尽管如此，投资者只要细心研判，还是能够找到庄家行动的蛛丝马迹的。

首先，任何一个庄家的操作套路不外乎以下几点：

（1）目标价位以下低吸筹码阶段。一般情况下，在这一阶段，庄家往往极耐心地、静悄悄地、不动声色地收集低价位筹码，这部分筹码是庄家的仓底货，是庄家未来产生利润的源泉，一般情况下庄家不会轻易抛出。这一阶段的成交量每日量极少，且变化不大，均匀分布。在吸筹阶段末期，成交量有所放大，但并不很大，股价呈现为不跌或即使下跌，也会很快被拉回，但上涨行情并不立刻到来。因此，此阶段散户投资者应观望为好，不要轻易杀入以免资金呆置。

（2）试盘吸货与震仓打压并举阶段。庄家在低位吸足了筹码之后，在大幅拉升之前，不会轻举妄动，庄家一般先要派出小股侦察部队试盘一番，将股价小幅拉升数日，看看市场跟风盘多不多，持股者心态如何。随后，便是持续数日的打压，震出意志不稳的浮码，为即将开始的大幅拉升扫清障碍。否则，一旦这些浮码在庄家大幅拉升时中途抛货砸盘，庄家就要付出更多的拉升成本，这是庄家绝对不能容忍的。因此，打压震仓不可避免。在庄家打压震仓末期，投资者的黄金建仓机会到来了。此时，成交量呈递减状况且比前几日急剧萎缩，表明持股者心态稳定，看好后市，普遍有惜售心理。因此，在打压震仓末期，趁 K 线为阴线时，在跌势最凶猛时进货，通常可买在下影线部分，从而抄得牛股大底。

（3）大幅拉升阶段。这一阶段初期的典型特征是成交量稳步放大，股价稳步攀升，K 线平均线系统处于完全多头排列状态，或即将处于完全多头排列状态，阳线出现数多于阴线出现次数。如果是大牛股则股价的收盘价一般在 5 日

K线平均线之上，K线的平均线托着股价以流线型向上延伸。这一阶段中后期的典型特征是，伴随着一系列的洗盘之后，股价上涨幅度越来越大，上升角度越来越陡，成交量越放越大。

若有量呈递减状态，那么，这类股票要么在高位横盘一个月左右慢慢出货，要么利用除权使股价绝对值下降，再拉高或横盘出货。当个股的交易温度炽热，成交量大得惊人之时，大幅拉升阶段也就快结束了，因为买盘的后续资金一旦用完，卖压就会倾泻而下。因此，此阶段后期的交易策略是坚决不进货，如果持筹在手，则应时刻伺机出货。

（4）洗盘阶段。洗盘阶段伴随着大幅拉升阶段，同步进行，每当股价上一个台阶之后，庄家一般都洗一洗盘，一则可以使前期持筹者下车，将筹码换手，提高平均持仓成本，防止前期持筹者获利太多，中途抛货砸盘，从而使庄家付出太多的拉升成本。

二则提高平均持仓成本对庄家在高位抛货离场也相当有利，不至于庄家刚一出现抛货迹象，就把散户投资者吓跑的情况。此阶段的交易策略应灵活掌握，如是短暂洗盘，投资者可持股不动，如发现庄家进行高位旗形整理洗盘，则洗盘过程一般要持续11－14个交易日左右，则最好先逢高出货，洗盘快结束时，再逢低进场不迟。

（5）抛货离场阶段。此阶段K线图上阴线出现次数增多，股价正在构筑头部，买盘虽仍旺盛，但已露疲弱之态，成交量连日放大，显示庄家已在派发离场。因此，此时果断出仓，就成为投资者离场的最佳时机。此阶段跟进者则冒了九死一生的风险，实为不智之举。

其次，实战中投资者可以通过个股交易的买卖盘来把握庄家动向。具体操作中就是一只股票委托买入的价格、数量及委托卖出的价格、数量的反映。目前我们使用的钱龙交易系统可以为投资者提供三档的买卖盘情况，即个股当时走势中买一、买二、买三对卖一、卖二、卖三。这种买卖盘是个股庄家的"发言"场所，其动向在这里经常暴露。具体表现为：

1. 巨大抛单被吃掉的情形，很可能是庄家在建仓

当某只股票长期在低迷状况中运行，某日股价有所启动，而在卖盘上挂出巨大抛单（每笔经常上百、上千手），买单则比较少，此时如果有资金进场将

挂在卖一、卖二、卖三档的压单吃掉，可视为是主力建仓动作。

注意，此时的压单并不一定是有人在抛空，有可能是庄家自己的筹码，庄家在造量，在吸引投资者注意。此时，如果持续出现卖单挂出便被吃掉的情况，那便可反映出主力的实力。投资者要注意，如果想介入，千万不要跟风追买卖盘，待到大抛单不见了，股价在盘中回调时再介入，避免当日追高被套。主力有时卖单挂出大单，也旨在吓走持股者。无论如何，在低位出现上述情况，介入一般风险不大，主力向上拉升意图明显，短线有被浅套可能，但终能有所收益。

与上述情况相反，如果在个股被炒高之后，盘中常见巨大抛单，卖盘一、二、三档总有成百、上千手压单，而买盘不济，此时便要注意风险了，一般此时退出，可有效地避险。

2. 大抛单下压股价后又被迅速拉起，很可能是庄家在试盘

当某只股票在某日正常平稳的运行之中，股价突然被盘中出现的上千手的大抛单砸至跌停板或停板附近，随后又被快速拉起。或者股价被盘中突然出现的上千手的大买单拉升然后又快速归位，出现这些情况则表明有主力在其中试盘，主力向下砸盘，是在试探基础的牢固程度，然后决定是否拉升。

在这里有必要解释一下什么是试盘。庄家在拉升股价之前，为了避免给散户抬轿子，就要尽可能把不坚定的浮筹吸纳到自己的手中，以便自己的利益最大化。

怎样才能知道浮筹已被吸纳殆尽了呢？试盘的目的就是为了解答这个问题。如果打压股价后，卖盘踊跃而买盘稀少，说明股价的底部还不牢固，还有下跌的空间，庄家会趁势进一步打压，以便在更低的价位获取筹码；反之，如果打压股价后，买盘踊跃而卖盘稀少，说明股价的底部基础很牢固，再无下跌的空间，庄家为避免散户得到便宜的筹码，会大幅拉升股价。这就是庄家试盘的基本思路。

3. 连续下跌后出现的大买单，是典型的庄家护盘

某只个股经过连续下跌，出现了经常性的护盘动作，在其买一、买二、买三档常见大手笔买单挂出，这是绝对的护盘动作，但这不意味着该股后市止跌了。因为在市场中，股价护是护不住的，"最好的防守是进攻"，主力护盘，证

明其实力欠缺，否则可以推升股价。

此时，该股股价往往还有下降空间。但投资者可留意该股，因为该股"套住了庄"，一旦市场转强，这种股票往往会一鸣惊人。

口诀点金

近些年来，选股的依据逐渐由技术和消息面向基本面倾斜，因此投资者应多研究一下基本面信息，对股票有个全局观，因为这也是庄家的选股方法。其次，操作上需要尽量宏观全面分析个股踪迹，尤其注重看周 K 线和月 K 线图。再者，选准有价值的潜力股后，就是要有坚定的持股信心。

口诀 4　满仓操作是大忌，轻仓买入更可取

口诀要点

满仓，就是把账户中所有用来炒股的钱，都买成了股票。一般认为，这是炒股的大忌，不仅会带来较大投资风险，而且日后有了更好的投资机会也容易因资金不足而错过。

口诀详解

在中国股市中，满仓买入是中小散户较为偏爱的操作方式，实际上，这种投资方式存在很大弊端：

第一，难以保持心态稳定；

第二，被套后难以补仓自救；

第三，一旦新的热点产生无法及时跟进。最重要的是当阶段性热点生成时，往往是以新的热点来带动市场人气的，而这时你手中套牢的股票一般来讲都是过时了的。

股市最吸引人的魅力是不断地向人们提供巨大的获利机会，尤其在某一区域震荡期间。满仓操作最大的缺陷是自己常常处于被动挨打的地步。一个百点的大阴棒杀将下来，单日狂震上百点，没有现金就只有观望的份了，而半仓操作则显得游刃有余。所以，在方向仍未明朗时，应以半仓操作为佳。

我们强调，凡事要留有回旋余地，方能进退自如。对于散户而言，投入股

市的钱，如果都是积存数年甚至十数年所得，一旦满仓被套，巨大的心理压力下造成的忧虑情绪，必将影响对后市行情的分析判断，最后结果不言而喻。其实，满仓做多，就是贪心的一种具体表现。不放过任何机会和利润的操作意图，结果，往往是被迫放弃的机会更加多。

因此，满仓时投资者的精神压力会陡然加大，心态容易变坏。天有不测风云，股市瞬息万变，只有根据行情的变化，合理控制仓位，才能控制风险。

让我们来看一下满仓操作与轻仓操作的风险对比：

假设获胜率为 55%。那么满仓操作亏损的可能性为 81.82%，当资金分成 10 份时亏损的可能性为 13.44%

假设获胜率为 60%。那么满仓操作亏损的可能性为 66.67%，当资金分成 10 份时亏损的可能性为 1.73%，当资金分成 7 份后风险下降明显减缓，继续将资金细分的意义就不大了。

因此最好的资金操作模式为：分三次进场，获利后平仓一半，已经赚回成本后，再等待更多额外的利润，如果处于主升浪阶段持股待涨，还要设好停利点与止损点，一旦跌破迅速离场。

口诀点金

是否满仓操作，不能一概而论，应该取决于市场环境，如果身处牛市，就应该满仓操作，以充分分享牛市成果，实现投资收益最大化．反之，如果身处熊市，最好控制在 25% 以内的仓位，进行反弹浪的操作，以有效回避市场系统性风险。

口诀 5　炒股耐心等时机，不可过度来交易

口诀要点

频繁交易甚至比不懂得止损危害更大，因为频繁交易会让人失去理智，无端增加交易费用。投资者切记，不能为了一点蝇头小利频繁操作，耐心和等待胜过激动和狂热，只有善于等候的人才能捕捉到好的投资机会。

口诀详解

一种错误的观点认为，只要交易的次数够多，就会抓到真正的好机会。交易越频繁，成功的概率越高，因此必须碰到机会就赶快操作，否则就可能踏空。还有些人认为，暴利的机会本就不多，而频繁地进出，不断赚些蝇头小利，最后还是能聚少成多。这些看法都是错误的。交易者必须认识到，唯有培养自律精神，减少交易成本，谨慎筛选机会，才能从股市中获利。

我们来看看，频繁投资过度交易都有哪些危害呢？

（1）耗费精力，长时间紧张，造成心理干扰，影响判断力，易导致疲劳。

（2）收益差。频繁操作必然造成交易成本的增加，如果没有特别好的盈利点，往往是赚和亏相抵消，交易变成了刺激的娱乐活动，失去了交易目的。

（3）容易引发大亏损。做多错多，频繁的止损中难免有一单失手，造成不必要的损失。

一个有趣的事实是，所有交易者当中，大约有90%最终都会赔钱，所以交易的频率越低，成功的机会越高。如果把总交易笔数减少为零，最起码还可以保持不赢不赔，显然胜过绝大多数交易者的绩效。

为什么频繁交易会使你的资金账户不断缩水呢？除了做多错多外，一个投资者容易忽略的事实是：每一次交易都是有成本的，投资者应该交易的次数越多，成本也越高，获利的胜算也越低。如果你想长期留在股票市场上，绝对要想办法降低交易成本，最简单的办法就是减少交易次数。

投资大师巴菲特认为，虽然卖出股票是必然的，但如果从降低交易成本、提高投资获利水平出发，尽可能减少股票买卖次数就是必需的。他说，这不但符合股票长期投资理念，更能避免把已经赚到的一点点蝇头小利用来支付交易佣金还不够。

目前，投资者在我国券商交易上交所和深交所挂牌的A股、基金、债券时，需交纳的各项费用主要有：委托费、佣金、印花税、过户费等。

委托费，这笔费用主要用于支付通讯等方面的开支。一般按笔计算，原来交易上海股票、基金时，上海本地券商按每笔1元收费，异地券商按每笔5元收费；交易深圳股票、基金时，券商按1元收费，现在大部分券商这项费用已经取消，因此我们在计算中就对此项忽略不计。

佣金，这是投资者在委托买卖成交后所需支付给券商的费用。上海股票、基金及深圳股票均按实际成交金额的 X‰（0 < X < =3）向券商支付，上海股票、基金成交佣金起点为 10 元；深圳股票成交佣金起点为 5 元；深圳基金按实际成交金额的 X‰收取佣金；债券交易佣金收取最高不超过实际成交金额的 2‰，大宗交易可适当降低。

印花税，投资者在买卖成交后支付给财税部门的税收。上海股票及深圳股票均按实际成交金额的 1‰支付，此税收由券商代扣后由交易所统一代缴。债券与基金交易均免交此项税收。

过户费，这是指股票成交后，更换户名所需支付的费用。由于我国两家交易所不同的运作方式，上海股票采取的是"中央登记、统一托管"，所以此费用只在投资者进行上海股票、基金交易中才支付此费用，深股交易时无此费用。此费用按成交股票数量（以每股为单位）的 1‰支付，不足 1 元按 1 元收。

股票交易佣金在总成本中所占比重并不大，在我国目前是 1% 多一点；可是如果频繁交易，这一笔笔不大的交易佣金累积起来就很可观。无论可观不可观，它会直接扣减你的获利收益，增加亏损。甚至，由于这种频繁交易，还会使得你本来可以盈利的现在不得不转盈为亏。

口诀点金

减少无谓的交易并不等于不交易，也并不是说只要减少了交易次数投资者就必然能抓住有价值的机会。适当的交易是与市场保持联系的重要手段，关键是你每次交易一定要慎重考虑，完全清楚进场之后在哪里止损，以及市场目前是否具有好的进场点位等。

口诀6 补仓摊平不足取，亏损加码讨没趣

口诀要点

股民易犯的一个错误就是当股票在相对高位套牢后，便迫不及待地向下摊平成本的问题，抱着侥幸心理，不断地向下摊平，把平均进价降低，希望股票小有反弹就能挽回损失，甚至赚钱只能是越陷越深。

口诀详解

很多股民被套时往往依赖着"补仓"这个看起来"很有效"的手段来对自己的投资进行修正，补仓摊平可以使投资者贴户上的成本马上降低，于是感觉上离"解套"又近了一步，但是这个方法的确有待商榷：假使股价仍然下跌，如果没有更多的成本增加的话，就会增加亏损面，使得补仓的成本也像滚雪球一样加入亏损的行列。

所谓的下档摊平是指投资者在买进股票后，由于股价下跌，使得手中持股形成亏本状态，当股价跌落一段时间后，投资人以低价再买进一些以便匀低成本的操作方式。下档摊平的操作方法大体上可以分为三种：

（1）逐次平均买进摊平法。即将要投入股票的资金分成三部分，第一次买进全部资产的三分之一，第二次再买进三分之一，剩余的三分之一最后买进，这种方法不论行情上下，都不冒太大的风险。

（2）加倍买进摊平法。加倍买进摊平法有二段式和三段式两种。二段式为将总投资资金分成三份，第一次买进三分之一，如果行情下跌，则利用另外的三分之二，三段式是将总投资资金分成七份。第一次买进七分之一；如行情下跌，则第二次买进七分之二；如行情再下跌，则第三次买进七分之四，此法类似于"倒金字塔买进法"，适用于中、大户的操作。

（3）加倍卖出摊平法。加倍卖出摊平法是将资金分成三份。第一次买进三分之一的，如发现市场状况逆转，行情确已下跌，则第二次卖出三分之二，即要多卖出一倍的股票。这样可以尽快摊平，增加获利机会。

我们说补仓是无奈的选择，是被动性的建仓，其成功率很低。因为股价每次的反弹都是暂时的修整，向下破位是最后的结果，补仓损失只会越补越大。除非价格的不利变动已经停止，否则我们无法预测它将在什么时间、什么价位停止。所谓"上升无顶、下跌无底"就是此意。因此，没有人可以忍受不断扩大的损失，此为其一；其二，加码摊平的做法如果可以成功，必须具备一个潜在的前提，即交易者的资金是无限的；但既然任何人的资金都不是无限的，那么在亏损的情况下继续加码摊平必败无疑就应该成为一个常识。

此外，对手里股票的技术判断很重要，如果是主力出货完毕，或者因为近期由于利空而趋势明显转坏的股票，我们不能盲目补仓。一些投资者陷入了摊平的迷梦里，宁可补仓死等，也不割肉认赔。如果碰到长期不能解套的股票，这样做就是把手里的资金继续往赚钱无望的项目里投入。对于将来有希望解套的股票也没有必要补仓操作，我们还要考虑资金时间效益，千万不能把所有的资金投入到没有时间表的无底洞里，这样即便是有了很好的机会，你只能白白错过！

那什么时候是补仓的时候呢？从补仓的意义来说应该是一个主动进攻的方法，而不是被动防守的一个手段。就是在大势向上的时候，出现回调，抓住难得的一个降低成本的机会，然后主动补仓，等待上涨，获取更大的收益。

口诀点金

无论多么精明的投资者也总有犯错的时候，如买进的时机不对，或者买进价格高了等。因此，有经验的股票投资者都必定会摒弃赌徒心理，讲求逐步操作，即任何买卖进出都不用尽全部财力，以便下档摊平，或上档加码。

口诀 7　把握趋势最关键，顺势而为利翻番

口诀要点

对于那些小额股票投资者而言，谈不上能够操纵股市，要想在变幻不定的股市战场上获得收益，只能跟随股价走势，采用顺势投资法。当整个股市大势向上时，以做多头或买进股票持有为宜；而股市不灵或股价趋势向下时，则以卖出手中持股而拥有现金以待时而动较佳。

口诀详解

顺势而为是道氏理论的理论精华，特别对中小散户投资者而言，要想在变幻不定的股市战场上获得收益，只能跟随股价走势，采用顺势投资法。当整个股市大势向上时，以做多头或买进股票持有为宜；而股市不灵或股价趋势向下时，则以卖出手中持股而拥有现金以待时而动较佳。

股票指数与任何市场都有三种趋势：

短期趋势，持续数天至数个星期；

中期趋势，持续数个星期至数个月；

长期趋势，持续数个月至数年。任何市场中，这三种趋势必然同时存在，彼此的方向可能相反。

三个趋势中，长期趋势最为重要，也最容易被辨认。它是投资者主要的考量，对于投机者较为次要。

中期趋势虽然对于投资者仍是较为次要，但却是投机者的主要考虑因素。它与长期趋势的方向可能相同，也可能相反。如果中期趋势严重背离长期趋势，则被视为是次级的折返走势或修正。在这里要提醒股民朋友注意，次级折返走势必须谨慎评估，不可将其误认为是长期趋势的改变。

短期趋势最难预测，唯有交易者才会随时考虑它。投机者与投资者仅有在少数情况下，才会关心短期趋势：在短期趋势中寻找适当的买进或卖出时机，以追求最大的获利，或尽可能减少损失。

对于股票投资者来说，只有准确把握这三种趋势才能从股市中获利：第一，如果长期趋势是向上，投资者可在次级的折返走势中卖空股票，并在修正走势的转折点附近，以空头头寸的获利追加多头头寸的规模。第二，上述操作中，投资者也可以购买卖权选择权或锁售买权选择权。第三，由于投资者知道这只是次级的折返走势，而不是长期趋势的改变，所以投资者可以在有信心的情况下，渡过这段修正走势。第四，投资者也可以利用短期趋势决定买，卖的价位，提高投资的获利能力。因此，不要仅仅把这三种趋势的研判仅当成是学术研究，它同样是一种很好的股票实战投资策略。

一般来说，一位投机者如果对长期趋势有信心，只要在进场时机上有适当的判断，便可以赚取相当不错的获利。

对于那些小额股票投资者而言，谈不上能够操纵股市，要想在变幻不定的股市战场上获得收益，只能跟随股价走势，采用顺势投资法。当整个股市大势向上时，以做多头或买进股票持有为宜；而股市不灵或股价趋势向下时，则以卖出手中持股而拥有现金以待时而动较佳。这种跟着大势走的投资作法，似乎已成为小额投资者公认的"法则"。凡是顺势的投资者，不仅可以达到事半功倍的效果，而且获利的概率也比较高；反之，如果逆势操作，即使财力极其庞大，也可能会得不偿失。

采用顺势投资法必须确保两个前提；一是涨跌趋势必须明确；二是必须能

够及早确认趋势。这就需要投资者根据股市的某些征兆进行科学准确的判断，就多头市场而言，其征兆主要有：

（1）不利消息（甚至亏损之类得消息）出现时，股价下跌。

（2）有利消息见报时，股价大涨。

（3）除息除权股，很快做填息反映。

（4）行情上升，成交量趋于活跃。

（5）各种股票轮流跳动，形成向上比价的情形。

（6）投资者开始重视纯益、股利；开始计算本益比、本利比等等。

口诀点金

顺势投资法也并不是万灵丹，比如股价走势被确认为涨势，但已到回头边缘，此时若买进，极可能抢到高位，甚至于接到最后一棒，股价立即会产生反转，使投资者蒙受损失。又如，股价走势被断定属于落势时，也常常就是回升的边缘，若在这个时候卖出，很可能卖到最低价，懊悔莫及。

第十二章　心态调整盈利口诀

口诀 1　炒股获利总有因，心态百炼沙中金

口诀要点

做股票投资，修炼个人心态很重要，它甚至比知识技能更重要。培养一个好的炒股心态，你就能够在任何时候理性投资，你知道必须相信自己，要独立思考，要自我督促，胜不骄败不馁，这样长期坚持下来，最后自然会成为股市中成功的投资者。

口诀详解

很多投资者都有这样的体验：亏损接踵而至，看对了没做，做了没握住，看错了却做了，该止损却因犹豫而没止，进场出场时心存恐惧等等，这些都是由不良的炒股心态造成的。不要怀疑，心态才是交易最后能否有效执行的关键，可以说围绕交易所做的一切努力最终都需要良好的心态来落实，能否及时止损、能否让利润充分增长，关键也在于心态。

投资者必须学会平和地面对亏损。割肉止损当然是不愉快的，但你要明白，亏损仅仅是交易获利所必须付出的代价而已，是寻找获利机会的正常成本而已，任何获利都必须付出代价。刚学止损的时候，亏钱总是痛苦的，但随着时间的推移，你经历了小损成为大损的过程，其间的焦虑、怀疑、失眠，一次又一次，你就逐渐形成快速止损的心态。开始时定下的止损规则显得难以执

行，慢慢地成为下意识的行动，一旦股票运动不对，不采取行动就寝食难安。这个过程，就是你学股的成长过程。

不要太多地考虑获利。对获利的过度渴望常常会影响你心态的平衡，你的心情会随着价格的波动而时好时坏，买了总希望价格一路飙升，卖了总希望价格一路暴跌，这种急切获利的欲望本身就会导致心态不安。要知道市场永远不会按你的心情来走，在交易中我们唯一自己能控制的只有止损，而盈利却不会听我们的摆布。我们只能做我们能做的，并且要努力做好我们能做的，做好了我们能做的，你追求的东西自然会来。

学会细致地观察市场。用你的知识及经验判断市场的行动及发展，做到这点的基础当然是你必须有一定的市场知识和经验。随着时间的推移，自然地，你会"感觉"到市场下一步的"方向"何在。潜意识中，你会听到一个声音："现在是买进的时候"，或者是"现在是卖出的时候"。这时你开始将这个声音和你的规则相比较。你若想买进某只股票，你开始问：这只股票处在升势吗？这家公司有没有新产品？股票的大市是牛市还是熊市？这只股票的价格变化和交易量的互动是否正常？你问自己内心中"买"的声音是源自"自以为是"还是客观的判断？

正确地做好资金管理。在正常情况下，你只能做你能亏得起的交易，你的亏损应在你能承受能力之内。所以资金使用规模可以你的最大止损额来计算，而不能以预计利润来算。你的资金使用规模应和你的交易能力结合。交易能力强可以使用大一点的资金比例，否则你会认为你的获利太小而心态不佳；而交易能力差的投资者最好谨慎一点，否则你的亏损会超出你的想象和承受能力，令你心态大乱。

专心地研究股票知识。工欲善其事必先利其器，要想在股市中有所斩获，你要专心研究股市的规律，这需要实践。只看几本书是不够的，就如同游泳，无论你读了多少游泳的书，不下水是不会成功的。专心地观察股市，它是公众参与的行业，是有迹可循的。你如果每天都告诉自己："我从炒股中得到很多乐趣"，你的心态就会不一样。把工作当中享受，你会更专心。很多人把炒股当成业余消遣，他们永远都达不到专业的层次。

口诀点金

特别要指出的一点是，投资者应学会独立思考，这对培养稳健的投资心态很有帮助。在这一过程中，你可以能会碰到很多嘲笑你的人，或者试图以自己的想法影响你决策的人，此时你一定要坚定自己的想法。要记住，在股市中真正赚钱的是非常少数的人。

口诀 2　炒股玩的是心态，贪婪恐惧成大害

口诀要点

投资者在做决策时往往会受到某些心理的影响，做出并不理智的决定，这些心理就是恐惧与贪婪。巴菲特曾说过，贪婪和恐惧是投资界中传染性极强的灾难，而要想在股市中获得成功就要在别人贪婪的时候恐惧，在别人恐惧的时候贪婪。

口诀详解

股市的高收益具有极强的诱惑力，许多投资者既爱它，又难以把握它；股市的风险具有极大的杀伤力，令众多投资者既怕它，又难以割舍。要知人性最大缺点是贪婪与恐惧，这两种情绪足以使投资者错过机会，先成功，后失败，从而惨淡收场。

在投资中，投资者往往陷入恐惧与贪婪的心理误区。比如很多人买股票，有盈利的时候心情紧张，会迫不及待卖出股票，而在被套牢的时候却一直给自己暗示，总会涨回来的。结果是我们经常听到这样的抱怨，"这么好的股票我买过，就是太早出局了。"或者"早知道要跌成这样，18 元时我就卖掉了。"

知道了贪婪与恐惧的危害，我们该如何克服它们呢？

1. 不要因恐惧而畏首畏尾

恐惧是一种极端的情绪，它往往令人过于退缩。我们知道股市升升跌跌是正常的。股价刚上扬时，涨了还涨，见股价已高，怕追进吃套，然后越怕，它越涨，强者恒强。许多股民在低位踏空，在高位买入被套。在股价不断下跌，风险随之释放过程中，看到自己手中的股票持续几只跌停板而恐惧，不但不敢抄底，反而"割肉"在地板价上，失去机会。

恐惧是有传染性的。听到战争爆发的时候，人人都充满恐惧，虽然远离战

场的普通百姓，受到身体伤害的可能性其实很小，但因大家都恐惧，所以我们也恐惧。在股市上，熊市来了，股民们开始恐惧，我们也随其他股民的恐惧而恐惧。事实是当普通股民感到恐惧的时候，熊市通常已接近尾声。但我们绝没有胆量在这个时候逆大众心理而动，恐惧使我们在应该进场的时候反而出场了。

恐惧有很强的记忆能力。你如果在股市经历了一个可怕的亏损，你将恐惧同样的经历会重新出现。在下次投资的时候，你的判断力就会受到这个经历的影响，任何可能有麻烦的迹象，无论这迹象是多么小，多么的基于想象，你都将做出离场的决定，以避免再次受到伤害。这就是炒手们常常过早离场的原因。应该获利五万元的机会，你可能只得到五千元。上次你有了赚钱股票以亏钱收场的惨痛经历，你这次要避免同样的伤痛，什么走势、大市、分析等等你都顾不了了。

2. 不要因贪婪而陷入风险

贪婪是人类与生俱来的一种情绪，只不过有些人克制的比较好一些。一方面出自人这种动物对争夺生存资源的自然反应，另一方面源自对自己的无知，对外界的无知，所谓缺乏自知之明。在股票投资上，这种情绪是极其有害的。

股市中隐含着许多充满诱惑力的赚钱机会，于是很多人的贪欲就被释放出来，赚 1 万元，又想赚 10 万元，持有的股票上涨了 2 元，又想上涨 4 元……贪婪使人永远得不到满足。一波行情结束，总有那么多贪婪的失败，沪指劲升到 5000 点，还在盼高 8000 点，本来出手已有大利可得，但还继续持有，梦想暴富。岂不知股市突然狂泻，不仅本来可赚的利润没有得到，甚至连老本也赔了进去，搞得自己痛不欲生。还有一种贪婪，却是希望股市不断下跌，想在底部捡到更廉价的筹码，真正的底部便在贪心中逃逸。

贪婪是情绪反应的另一极端，它会使你失去理性判断的能力，不管股市的具体环境，你无法让钱闲着。不错，资金不入市不可能赚钱，但贪婪使你忘记了入市的资金也可能亏掉。不顾外在条件，不停地在股市跳进跳出是还未能控制自己情绪的股市新手的典型表现之一。

口诀点金

一个成功的投资者不但要有丰富的知识，还需要有良好的心态和清醒的头脑。更为重要的是，需要去克服某些心理因素进而做出更理性更准确的决策。特别是散户，入市一定要量力而行，不以涨喜，不以跌悲，多点逆向思维。别人贪婪我"恐惧"，别人恐惧我"贪婪"，这样才能笑看风云。

口诀3　入市心平莫躁狂，赚钱未走反遭殃

口诀要点

炒股之前，一定要先提醒自己保持心平气和的炒股态度。越是着急赚钱的人越是赚不到钱，真正赚到钱的人，反而经常是那些置输赢于度外的人。

口诀详解

投资者必须明白这一点，炒股不但需要知识，需要技巧，但是更需要保持好的心态，只要有钱赚就快乐，不为少赚而坏自己的心情，也不为暂时的亏损而烦恼不已。接触躁狂情绪，面对深套，特别要乐观，因为股市的钱实际上是不断流动的，只要还没有打算离开股市，那么现在亏了钱迟早也会赢回来。

很多投资者之所以在股市中屡战屡败，原因就是心态不够平和。在股票投资中平和的心态是至关重要的。一个成熟的投资者，应该首先通过自己对上市公司基本面的充分了解和研究，发现市场中价值被低估的股票，耐心等待买入时机。买入后以投资的心态坚定持有，直到获得满意的投资收益。这个成功的投资过程说起来简单，真正做到是很不容易的。尤其是在牛市的环境中，始终保持一种平和的心态就更难。

一些投资者看到大盘疯涨，总是嫌自己手中的股票涨得慢，不停地换股，不停地被套，心态变得越来越坏。回过头来看到自己最初买过的股票已经翻番，惊叹中懊悔不已。

还有些投资者看见别人持有的股票涨停了，或者获利多好，心里对自己的股票持有怀疑态度，然后做出错误的决定，割肉或随便调仓，等你换股，股票涨了。要知道股市中，没有一直涨的股票，也没有一直跌的股票，就看你是否拿得住，是否有耐心，所以，不要随便割肉，割肉斩仓也要讲究水平和技巧，该割肉或止损时不要犹豫，不到时候，耐心持股待涨。

下面列出一些常见的炒股浮躁心态表现，投资者不妨自检一下：

（1）要求苛刻，希望每买一只股票就立即飙升，稍微套一下都无法容忍。

（2）要求卖在最高点，如果自己卖出后股票继续上涨，内心就很不平衡。

（3）要求任何时候都领跑。任何时间段，自己的股票不仅要涨，而且要领涨，否则就认为必须赶紧换马。

（4）要求零风险，风险意识太过强烈。买进的股票，成天提心吊胆，还没有开涨，就慌忙扔掉了。

（5）要求短线急涨，对持有的股票缺少耐心，即使幸运地骑上一匹黑马，也只是赚了点零花钱，就匆忙换股操作了。

当感到自己的炒股心态过于浮躁时，就要及时地调整。最好的方法就是不要离股市太近，不要天天盯着电脑，盯着行情，被股市种种随机的变化所干扰，变得六神无主；遇到股票行情不好，也要暂时离开股市，否则越看行情或者 K 线图，就会越受刺激，甚至会做出不理智的事情。

口诀点金

戒除心浮气躁，炒股要冷静的分析该股的盘口和大盘走势，才便于你做出可行的、有效的决策。同时，还要注意不能把炒股当成自己生活甚至生命的全部，在我们的生活中，有比炒股更重要的事情，纵然炒股失败，也并不代表自己生活失败。这样想有助于维持平和的心态炒股。

口诀 4　胜败兵家之常事，不可患得与患失

口诀要点

在入市炒股之前一定要做好心理准备，那就是既要赢得起也要输得起，要清醒看待股市的发展变化，保持良好的心态，坚持周密谨慎的操作，避免迷失自己。如果总是患得患失，那么就只能在股市中一败涂地。

口诀详解

一些投资者将股市想得太美好，股市里确实投资机会多多，充满财富神话，但也不是遍地黄金，而是荆棘密布，失败者多数，成功者凤毛麟角。

　　投资者必须明白胜败乃兵家常事，在股市中操作次数多时，总是有时胜、有时败，没有只胜不败的，但有胜多败少、胜少败多之分。不要过于计较一时的成败，而要放眼将来，不断总结经验教训，完善操作策略，坚持正确的前进方向。

　　投资股票当然没人想着要输，但是，如果抱着一进股市就能赚大钱的幼稚心理，那也太不现实；投资者要抱着"输得起"的心态，否则，很快就会被淘汰出局，因为你禁不起风吹草动，太容易在恐慌是杀跌，也容易在赚小钱后卖出，结果一定亏损。

　　那么投资者应该怎样做来克服患得患失的心理呢？

　　抛弃买低卖高的理想。这个理想很美好，但在实战中要实现很难，不要抱有买到最低价、卖出最高价的想法，那是痴心妄想，即使是"股神"巴菲特也无法做到这一点。

　　不要为打翻的牛奶哭泣。已经发生的就是已经发生了，没有"假如当初……，就好了！"这种事。但要在每次操作前制定周密计划，操作中严格执行，操作后总结经验教训。

　　不要嫉妒别人获利。股市里有人成功、有人失败，不要嫉妒别人赚了多少钱，而要思索自己如何才能赚到钱。要分析赚钱的原因，总结赚钱的方法。

　　预先制定适合自己的操作策略。操作策略有很多种，有短线的、中线的、长线的，有追击强势股的、抢超跌反弹的、买向上突破的、逢低吸纳的，关键是找到一种适合自己、又能成功的操作策略，而不是东施效颦、胡学乱用。

　　"投资法则一，尽量避免风险，保住本金；法则二，尽量避免风险，保住本金；法则三，坚决牢记法则一、法则二。"这是一句广为传诵的一段大师的名言，很多人也是张口闭口也来这么一句，但是，这不是上面割肉做法的借口或理由，降低风险，并不是建立在止损上，而是建立在，买前多做功课，留出足够的安全边际，买后，就不要那么敏感，就要有颗平常心，安心持股。

　　最后还要再说一下，一般投资者在股市投资中出现巨额亏损后，心灵往往受到极大地打击，会因为严重的挫折感而并丧失信心，表现为意志消沉、悲观和绝望。这也是很多成功投资者都经历过的事情。但是，经过无数次的投资失败和总结经验，并找到适合自己的投资方法后，投资者就会明白亏损是不可能完全避免的，只要赔小钱赚大钱就是投资成功。

为了避免投资者的账户资金受到太大损失，投资者好效仿成熟投资者的经验：遇到亏损后就立刻承认事实；或者在买入股票时就做好可能亏损的准备，并根据情况适时止损，不要让亏损带来过重的心理负担。

口诀点金

股市有牛市、熊市之分，牛市不言顶，熊市不言底；股价有时涨，有时跌，涨时不贪婪，跌时不恐惧；操作有时胜，有时败，胜时不骄傲，败时不气馁；炒股有时赚，有时亏，赚时不欢喜，亏时不悲伤。只有做到以上几点才能在股市中笑傲风云。

口诀5 犹豫不决是大忌，当机立断黑马骑

口诀要点

股民熟知的一句话是："股市有风险，入市须谨慎。"没错，股市中充满着不确定性和危险，风险时常与机遇为伴，过于求稳与无视风险，必将一事无成。因此，投资者要客观认识风险和收益的关系，在做好充分的准备，保持理性思维的前提下，战胜犹豫的心理，以获得好的收益。

口诀详解

股市里的机遇往往是转瞬即逝，买卖都是如此。因此投资者应当预先制定操作计划，设定停利点与止损点，当卖则卖，当买则买，犹豫不决只会导致投资失败。

很多投资者在买卖前已经制定了计划，但是偏偏意志不够坚定，碰到风吹草动就心猿意马，进也不是，退也不是，或者白白地让投资机会溜走，或者让自己陷入套牢的泥沼。这并不是个例，在投资决策过程中，大多数股民都会被犹豫不决的心态所左右，而产生这种心态的原因不外乎以下几种：

（1）被市场气氛左右。一些投资人事先已经订好了投资的计划和策略，但步入现实的股票市场时，听到他人你一言我一语地说着与自己不同的看法时，其股票的决策马上改变，从而放弃了一次抛售或买进股票的大好时机。甚至，

投资者事前已看出某只股票价格偏低，是适合买入的时候，并做出了趁低吸纳的投资决策。结果到市场一看，卖出股票的人挤成一团，纷纷抛售股票，于是又临阵退缩，放弃了入市的决策，从而失去了一次获利的良机。

（2）面对盈亏患得患失。有的投资者明明事先已经编制了能有效抵御风险的止赢和止损计划，但是，一旦现实中的盈亏牵涉到自己的切身利益时，往往就不容易下决心了。有时候深度套牢不是因为没有完备的止损计划造成的，而是由于在执行止损计划时犹豫不决才造成的。

（3）预期目标制定过高。部分投资者由于缺乏对市场的客观认识，或是试图获取丰厚的暴利，因而会制定过高的盈利目标。但这种目标不仅没有起到指示方向的作用，反而由于目标定得过高，给投资者带来一定心理压力，束缚投资水平的正常发挥。并且，过高的盈利目标与微小的实际收益之间存在鲜明的反差，使得投资者在操作中产生犹豫心理。投资者应该让预期目标发挥辅助作用，不能完全听命于预期。最后，股市投资需要有长远眼光。对趋势的研判要立足于长远，要认清大势所趋，只有当市场趋势从长远看是向好的时期，才是投资者获利的最佳阶段。

（4）求稳心态过于严重。前面已经说过，股票市场就是一个高风险的投资市场，一味求稳不如不要进入。现实中就有这样的投资者，他们既想获取股市的收益，又不愿承担股市的高风险，总是在求稳和冒险之间的决策中犹豫不决。证券市场是一个高风险、高收益的投资场所。参与其中的投资者，适当注意风险是必要的。但是，如果过于惧怕风险，则股价跌下来不敢买，涨上去又不敢追。那么，机会必将在犹犹豫豫中随风而去。

口诀点金

犹豫不决的心态是能够通过投资者自身的努力修正的，投资者在平时就要养成独立思考和严格执行操作纪律的习惯，严格执行操作环节中的风险控制方案。如果不能有效执行自己的操作规划，随时随地地否定自己的投资设想，那就会在犹豫不决的路上越走越远，最后变成一个彻头彻尾的"墙头草型"投资者。

口诀6 炒股切记别豪赌，赌徒心态要戒除

口诀要点

股市盈亏交错在所难免，但是一些股民却往往以一种赌徒形态去炒股：输了还想再把输掉得赢回来，赢了还想继续赢下去，使自己的占有欲得到进一步的满足。赌徒心理是炒股的大忌，稳健投资方是正道。

口诀详解

一些投资者认为炒股与赌博很相似，两者都是以小博大，都要冒一定风险。只要你把大量的金钱投入到股票之中，心情就自然会随着股市的上升或下跌而澎湃不安。但这只是一种片面的看法，赌博靠概率取胜，而炒股更多的是要靠基本面分析、技术分析，以赌博的心态来炒股注定一败涂地。

一般来说，股民炒股的动机有以下三种：

（1）明确地以赚钱为目的。这类投资者渴望以小博大，希望以较小的投资，赚上一笔钱，让自己的资产迅速升值。这种动机是目前最常见的，但容易引发各种心理问题，比如赌徒心理。

（2）实现自我价值的一种手段。很大一部分投资者并不是以炒股为本业，他们有正常的工作，只把炒股作为工作外的休闲方式，投入不大，赢亏都在能承受范围内。这类人把炒股当作锻炼自己的方式，听听相关讲座，看看电视评论、书籍等，想通过在股海里的搏击衡量自己的能力，实现自我价值。这类投资的投资心态一般会比较好。

（3）炒股作为偶尔一试的娱乐。这类投资者在股民中所占比例不小，他们大多之前没有接触过股票，看着大家都在炒，于是盲目追随。他们抱的希望往往不大，只抱着试试看、玩玩的心态，投入不会太大，对输赢无所谓。

目前市场上就有很多第一种以赌博心态来炒股的投资者，他们盲目地做出投资决策，但并没有完全可靠的依据来支撑这个决策的正确性，一旦赌对了，获得高利润，一旦赌错了，损失惨重。

那么怎么判定一个投资者是否是赌徒型投资者呢？

赌博的特点是在开牌之前并不知道自己点数的大小，赌的就是这个不确定的结果。也就是说，如果投资者对一个股票没有充分的了解，对自己买的股没有把握盈利，仅凭一时冲动就买入该股，那么就是赌徒型投资者。这类投资者思维易受外界影响，分不清用钱的轻重缓急，容易把所有鸡蛋放在一个篮子里。他们希望发财、渴望一夜暴富，因此有人不惜借钱、贷款、抵押房产来投资股市。但他们这种投机心理，容易患得患失，这种不健康的心态导致他们对股市的评判不客观，反而容易赚不到钱，离他们所期望的越来越远。

更为糟糕的是，赌徒型股民由于搬出老本甚至借资炒股，往往背负的心理压力较大，害怕万一赔了会对不起家人朋友，他们比普通人的反应会更加极端、焦虑、自责、内疚，极端的情况还会导致精神崩溃。

一般来说，赌徒型投资有如下心理表现：

（1）无知者无畏。进市场来时，对股票甚至缺少基本的了解，仅凭小道消息就不断投入，最后有些输红眼了，砸锅卖铁也就进来了。

（2）总想回本。炒股亏钱了，不去反省自己的错误或及时止损，而是想等反弹到多少多少一定出来，以后不再炒股了。

（3）莽撞投资。听到一个消息，甚至没有去验证一下该消息的准确性就莽撞介入，生怕失去赚大钱的机会。

（4）不敢操作。看机会到来，就是怕输，等股价真正涨起来了，又后悔，然后就去追涨。很多时候8元不敢买的，最后28元都敢买，结果又赔个精光。

投资者一定要调整好自己的心态。对散户而言，由于信息的相对不对称，从长远来看，赚钱的只有少数。只要还在股市，赚的钱最终总是要还的。炒股，炒的就是一个心态，如果以赌博心态去炒股，那么结果就只能像俗话说的那样——十赌九输。

口诀点金

炒股风险巨大，投入之前一定要慎重，你的投入一定是在你能够承受的范围内。如果亏了，也只当交了学费，当然如果"学费"交得太多，建议还是及早抽身，不要因小失大。毕竟，除炒股外，还可以培养其他的兴趣爱好。